南京大学"985"三期建设工程
江苏高校优势学科建设工程 联合资助

南京大学人文地理丛书

盐碱地产权安排的农户行为响应研究

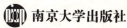

◎徐 慧 著

南京大学出版社

图书在版编目(CIP)数据

盐碱地产权安排的农户行为响应研究 / 徐慧著. —南京：南京大学出版社，2013.12

(南京大学人文地理丛书/黄贤金，张捷，张京祥主编)

ISBN 978 - 7 - 305 - 12582 - 9

Ⅰ. ①盐… Ⅱ. ①徐… Ⅲ. ①盐碱地—土地产权—研究—中国 Ⅳ. ①F321.1

中国版本图书馆 CIP 数据核字(2013)第 300442 号

出版发行 南京大学出版社
社　　址 南京市汉口路 22 号　　邮　编 210093
网　　址 http://www.NjupCo.com
出 版 人 左　健

丛 书 名 南京大学人文地理丛书
书　　名 盐碱地产权安排的农户行为响应研究
著　　者 徐　慧
责任编辑 陈　露　荣卫红　　编辑热线 025 - 83592409

照　　排 南京紫藤制版印务中心
印　　刷 丹阳市兴华印刷厂
开　　本 787×960　1/16　印张 13.5　字数 213 千
版　　次 2013 年 12 月第 1 版　2013 年 12 月第 1 次印刷
ISBN 978 - 7 - 305 - 12582 - 9
定　　价 30.00 元

发行热线 025 - 83594756　83686452
电子邮箱 Press@NjupCo.com
　　　　 Sales@NjupCo.com(市场部)

南京大学人文地理丛书

编　委　会

总　序[1]

曾尊固　崔功豪　黄贤金　张　捷　张京祥

自1921年竺可桢先生创立地学系以来，南京大学地理学已走过了91年发展路程；若追溯到南京高等师范学校1919年设立的文史地部，南京大学地理学科的历史则已有93年之久。九十多年的历史见证了南京大学人文地理学科发展的历程与辉煌，彰显了南京大学人文地理学科对中国当代人文地理学发展的突出贡献。

南京大学是近代中国人文地理学科发展的奠基者。从最初设立的文史地部，到后来的地学系，再到1930年建立地理系，一直引领着中国近代地理学科建设与发展；介绍"新地学"，讲授欧美的"人地学原理"、"人生地理"，以及区域地理、世界地理、政治地理、历史地理、边疆地理和建设地理等，创建了中国近代人文地理学学科体系；南京大学的人文地理一贯重视田野调查，1931年九一八事变前组织的东北地理考察团，随后又开展的云南、两淮盐垦区考察以及内蒙古、青藏高原等地理考察，还有西北五省铁路旅游、京滇公路六省周览等考察，均开近代中国地理考察风气之先；1934年，竺可桢、胡焕庸、张其昀、黄国璋等先生发起成立中国地理学会，创办了《地理学报》，以弘扬地理科学、普及地理知识，使南京大学成为当时全国地理学术活动的组织核心。人文地理学先驱和奠基人胡焕庸、张其昀、李旭旦、任美锷、吴传钧、宋家泰、张同铸等先生都先后在南京大学人文地理学科学习

[1] 感谢任美锷、吴传钧、张同铸、宋家泰等先生在《南京大学地理学系建系八十周年纪念》的文章以及胡焕庸、李旭旦先生为南京大学地理系建系65周年作的纪念文章，为本序内容提供了宝贵的借鉴和难得的资料。感谢南京大学地理与海洋科学学院院长、长江学者特聘教授高抒教授对于丛书出版的关心与支持。感谢南京大学地理与海洋科学学院党委书记、长江学者特聘教授鹿化煜教授，为完善序言内容提出了修改意见。

或教学、研究。早在1935年，任美锷先生、李旭旦先生就翻译、出版了《人地学原理》一书，介绍了法国人地学派；1940年设立中央大学研究院地理学部培养硕士研究生，开展城市地理与土地利用研究；20世纪40年代，任美锷先生在国内首先引介了韦伯工业区位论，并撰写了《建设地理学》，产生了巨大影响；胡焕庸先生提出了划分我国东南半壁和西北半壁地理环境的"胡焕庸线"——瑷珲—腾冲的人口分布线，至今仍然为各界公认。张其昀、沙学浚先生分别著有《人生地理学》、《中国区域志》及《中国历史地理》、《城市与似城聚落》等著作，推进了台湾人文地理学科研究和教育的发展。竺可桢先生倡导的"求是"学风、胡焕庸先生倡导的"学业并重"学风，一直引领着南京大学人文地理学科的建设与发展。

南京大学积极推进当代中国人文地理教育，于1954年在全国最早设立了经济地理专业；1977年招收城市规划方向，1979年吴友仁发表《关于中国社会主义城市化问题》，引起了学界对于中国城市化问题的关注，也推动了城市规划专业教育事业发展；1983年兴办了经济地理与城乡区域规划专业（后为城市规划专业），成为综合性高校最早培养理科背景的城市规划人才的单位之一；1982年与国家计划委员会、中国科学院自然资源综合考察委员会合作创办了自然资源专业（后为自然资源管理专业、资源环境与城乡规划管理专业）；1991年又设立了旅游规划与管理专业（现为旅游管理专业）。这不仅为培养我国人文地理学人才提供了多元、多领域的支撑，而且也为南京大学城市地理、区域地理、旅游地理、土地利用、区域规划等人文地理学科的建设与发展提供了有力的支撑。

南京大学不仅在人文地理专业教育与人才培养方面起引导作用，而且在人文地理学科建设方面也走在全国前列，当代人文地理学教学与研究中名家辈出。张同铸先生的非洲地理研究、宋家泰先生的城市地理研究、曾尊固先生的农业地理研究、崔功豪先生的区域规划研究、雍万里先生的旅游地理研究、包浩生先生的自然资源与国土整治研究、彭补拙先生的土地利用研究、林炳耀先生的计量地理研究等，都对我国人文地理学科建设与发展产生了深远的影响，在全国人文地理学科发展中占据着重要的地位。同时，南京大学人文地理学科瞄准国际学科发展前沿和国家发展需求，积极探索农户行为地理、社会地理、信息地理、企业地理、文化地理、女性地理、交通地理等新的研究领域，保持着人文地理学学科前沿研究和教学创新的活力。

南京大学当代人文地理学科建设与发展，以经济地理、城市地理、非洲地理、旅游地理、区域土地利用为主流学科，理论人文地理学和应用人文地理学并重发展，人文地理学的学科渗透力和服务社会能力得到持续增强，研究机构建设也得到了积极推进。充分利用南京大学综合性院校多学科的优势，突出人文地理学研究国际化合作，整合学科资源，成立了一系列重要的人文地理研究机构，主要有：南京大学非洲研究所、区域发展研究所、旅游研究所、城市科学院等；同时，还与法国巴黎第十二大学建立了中法城市·区域·规划科学研究中心。按照服务国家战略、服务区域发展以及协同创新的目标，与江苏省土地勘测规划院共建国土资源部海岸带国土开发与重建重点实验室，与江苏省国土资源厅合建了南京大学—江苏省国土资源厅国土资源研究中心。此外，还积极推进人文地理学科实验室以及工程中心建设，业已建立了南京大学—澳大利亚西悉尼大学虚拟城市与区域开发实验室，以及南京大学城市与区域公共安全实验室、旅游景观环境评价实验室、江苏省土地开发整理技术工程中心等。

南京大学当代人文地理教育培养了大量优秀人才，在国内外人文地理教学、研究及区域管理中发挥了中坚作用。如，中国农业区划理论主要奠基人——中国科学院地理与资源研究所邓静中研究员；组建了中国第一个国家级旅游地理研究科学组织，曾任中国区域科学协会副会长，中国科学院地理与资源科学研究所的郭来喜研究员；中国科学院南京分院原院长、中国科学院东南资源环境综合研究中心主任、著名农业地理学家佘之祥研究员；中国区域科学协会副会长、中国科学院地理与资源科学研究所著名区域地理学家毛汉英研究员；我国人文地理学培养的第一位博士和第一位人文地理学国家杰出青年基金获得者——中国地理学会原副理事长、清华大学建筑学院顾朝林教授；教育部人文社会科学重点研究基地、河南大学黄河文明与可持续发展研究中心主任、黄河学者苗长虹教授；中国城市规划学会副理事长石楠教授级高级城市规划师；中国城市规划设计研究院副院长杨保军教授级高级城市规划师；英国伦敦大学学院城市地理学家吴缚龙教授等，都曾在南京大学学习过。曾任南京大学思源教授的美国马里兰大学沈清教授、南京大学国家杰出青年基金(海外)获得者、美国犹他大学魏也华教授也都在人文地理学科工作过，对推进该学科国际合作起到了积极作用。

南京大学当代人文地理学科建设与发展之所以有如此成就，是遵循了任美锷先生提出的“大人文地理学”学科发展思想的结果，现今业已形成了以地理学、城乡规划学为基础学科，以建筑学、经济学、历史学、社会学、公共管理等学科为交融的新“大人文地理科学”学科体系。南京大学正以此为基础，在弘扬人文地理学科传统优势的同时，通过“融入前沿、综合交叉、服务应用”的大人文地理学科发展理念，积极建设和发展“南京大学人文地理研究中心”(www.hugeo.nju.edu.cn)。

新人文地理学科体系建设，更加体现了时代背景，更加体现了学科融合的特点，更加体现了人文地理学方法的探索性，更加体现了新兴学科发展以及国家战略实施的要求。为此，南京大学人文地理学科组织出版了《南京大学人文地理丛书》，这不仅是南京大学人文地理学科发展脉络的延续，更体现了学科前沿、交叉、融合、方法创新等，同时，也是对我国人文地理学科建设与发展新要求、新趋势的体现。

《南京大学人文地理丛书》将秉承南京大学人文地理学科建设与发展的“求是”学风，“学业并重”，积极探索人文地理学科新兴领域，不断深化发展人文地理学理论，努力发展应用人文地理学研究，从而为我国人文地理学科建设添砖加瓦，为国内外人文地理学科人才培养提供支持。

我们衷心希望《南京大学人文地理丛书》能更加体现地理学科的包容性理念，不仅反映南京大学在职教师、研究生的研究成果，还反映南京大学校友的优秀研究成果，形成体现南大精神、反映南大文化、传承南大事业的新人文地理学科体系。衷心希望《南京大学人文地理丛书》的出版，不仅展现南京大学人文地理学的最新研究成果，而且能够成为南京大学人文地理学科发展新的里程碑。

序

2050年全球人口将增长到90亿以上，人口增长的同时，人们对GDP以及高水平物质消费的“锲而不舍”的追求，加剧了“人类世”时代的资源消耗、生态破坏和环境污染，尽管如此，这一阶段人类社会还需要通过不断地开发边际资源以满足日益增长的需求。

盐碱地是最为广泛的边际资源。根据联合国教科文组织和粮农组织不完全统计，全世界盐碱地的面积约为9.543亿公顷。在我国东部沿海、黄河三角洲、黄河上中游、松嫩平原西部以及新疆地区，盐碱地均有广泛分布。为满足粮食消费以及建设用地扩张的需求，我国通过土地综合整治以及中低产田改造等项目，积极促进盐碱地开发利用。为此，如何通过协调盐碱地开发利用不同主体的权益关系，使得盐碱地开发利用更加符合“山水田林湖这一生命共同体”的自身特征与规律，有利于自然资源用途管制，从而引导盐碱地资源可持续开发、促进盐碱地农业持续发展，业已成为值得关注的研究课题。

农户是盐碱地农业利用的主体，农户土地利用行为对盐碱地持续利用十分重要。澳大利亚、俄罗斯、印度、巴基斯坦等国家针对盐碱地资源利用的经验也表明，社区和农户参与对盐碱地改良及农业利用起到了决定性作用。由于农户土地利用行为具有明显的有限理性经济人特征，因此其行为决策又受到土壤盐碱化程度等自然因素、自身资源禀赋及外部社会、经济、技术等环境因素的综合影响。联合国可持续发展委员会第17届会议(2008—2009年)认为土地产权是促进土地可持续利用的重要手段，对于农业持续发展具有重要作用。而长期以来，我国盐碱地农业利用重技术推广，而对于盐碱地利用主体农户行为的引导和激励重视不够。由于农产品市场、劳动力机会成本以及农业生产效率等多方面的原因，现阶段我国农村土地承包责任制的产权安排对农户生产激励机制逐渐减弱，问题也日益暴露，这有可能加剧土壤次生盐碱化风险。因此开展农户层面盐碱地产权安排的行为响应研究，一方面有助于深入分析农户盐碱地利用行为及其驱动机理，另一方面也为制定盐碱地持续利用的管理方式提供借鉴和参考。

该著作以山东省垦利县、吉林省镇赉县和新疆维吾尔自治区察布查尔锡伯族自治县为案例，分析了盐碱地产权与盐碱农用地持续利用的作用机理，结合农户调研数据，通过盐碱地产权安排的农户盐碱地经营行为、土壤培肥行为和水资源利用行为的响应研究，提出了盐碱农用地持续利用的管理方式。本书主要的创新在于：

一是基于农户调研方法，以盐碱农用地持续利用为目标，探索性地提出了盐碱地产权安排的农户行为响应研究的理论框架和研究方法，并根据盐碱地分布的区域性和综合性特征，以山东省、吉林省和新疆维吾尔自治区为研究案例，对农户行为响应进行了实证分析。该研究对于丰富盐碱地改良及利用研究，特别是对于构建区域差异化的盐碱地资源管理政策研究具有积极的理论意义。

二是根据农户政策需求和现行产权制度安排下我国典型盐碱农用地持续利用管理方式实践及评价，提出了基于盐碱地产权安排的农业持续利用管理方式的集成与优化技术路线，并根据盐碱地资源开发、利用与保护的思路，提出了山东省垦利县、吉林省镇赉县、新疆自治区察布查尔锡伯族自治县等区域盐碱农用地持续利用管理的方案建议。因此，本研究一方面为制定差异化的盐碱地产权制度与政策的方法研究提供技术参考，另一方面也为国土资源管理部门、农业部门等制定盐碱地资源开发利用战略提供实践指导。

盐碱地农业利用是以盐碱地为载体的自然资源要素系统之间不断进行物质、能量和信息交互的过程，农户行为只是盐碱农用地持续利用的影响因子之一，并且农户行为本身又受到多种因素的综合影响，因此盐碱地持续利用及其驱动机制分析相对复杂。本书作者以盐碱地产权为切入点基于农户行为所开展的探索性研究，只是盐碱农用地持续利用研究的一部分，期待有更多的专家学者关注这一领域，推进盐碱地可持续利用管理。

黄贤金

2013 年 12 月

前　言

土壤盐碱化是一种土地荒漠化过程，是由自然或人类活动引起的一种主要的环境风险。自 20 世纪初期，国内外专家围绕盐碱地治理开展了大量理论和实践研究。全球大部分地区土壤盐碱化原因已基本查明，业已形成以水改碱、以肥压碱以及生物工程和盐碱改良制剂等相对较为成熟的技术体系。技术的发展为盐碱地的开发和利用提供了保障，采取综合措施，在巴基斯坦印度河平原、澳大利亚墨累-达令盆地、中国黄淮海平原、松嫩平原、黄河河套地区等取得了良好的盐碱地治理效果，提高了盐碱地利用效益，同时也为研究人为因素对土壤盐碱化的影响提供了重要的研究思路。

盐碱地开发利用是一个人地关系相互作用的过程。不合理的盐碱地开发利用行为会改变土壤的物理结构和化学成分，破坏盐碱地农业利用脆弱的生态系统，加速土壤盐分趋向于表层积聚，诱发和加剧土壤盐碱化程度。因此，自 20 世纪 80 年代以来，澳大利亚就连续发起了改善水质量、减少干旱土地盐度的国家行动计划（National Action Plan）、国家土地管护计划（National Landcare Program）、环境管理计划（Environmental Stewardship Program）等主要的国家行动计划。而国内长期以来，在盐碱地利用过程中"重开发、轻管理"、"重利用、轻保护"，这加剧了土壤次生盐碱化风险。因此，盐碱地农业利用的人为调控机制近年来引起国内学者的重视，这给了我重要的启发。

本研究始于 2009 年末参与导师黄贤金教授承担的国家公益性行业（农业）科研专项经费项目"盐碱地农业可持续利用管理及其技术体系研究"（项目编号：200903001－1－4），这为我在攻读博士期间展开盐碱地农业持续利用管理的领域研究提供了重要的平台。在国内外研究的基础上，结合项目研究的深入，在黄贤金教授的悉心指导和诸位师长的点拨下，我不断思索盐碱地农业持续利用的内涵、特征，如何通过人为调控实现盐碱地农业持续利用等问题。通过针对黄淮海平原山东省垦利县、松嫩平原西部吉林省镇赉县、伊犁河谷地区新疆察布查尔锡伯族自治县有关农户、农场、政府及农业、土地管理等职能部门的走访调研，发现目前我国现行的盐碱地产权安排及管理体制对盐碱农用地利用微观主体的持续利用行为的激励功能减弱，阻碍了私人投资和土地利用效益。主要体现在：均分土地制度带来的农地细碎化、不断的农地调整引起盐碱地产权不稳定、现行盐碱地承包和土地流转缺乏对土壤质量保护的约束以及产权边界不清等方面。以上问题造成了农民对盐碱地投入产出的不稳定预期，导致农户生产性投资远远大于长期性、保护性投资，影响了盐碱地农业持续发展。因此，我又开始思考以下问题：我国在盐碱地开发利用与保护中，既定的产权制度安排对盐碱地农业持续利用具有什么样的作用？作用机理如何？农户作为土地利用的主体，能否通过产权制度创新，激发他们对盐碱地持续利用生产投入的主动性？

基于以上思考，本书着力突出以下两个特点：一是在界定盐碱农用地持续利用内涵的基础上，将盐碱地产权、农户行为和盐碱农用地持续利用置于一个系统框架内，分析盐碱地产权与盐碱农用地持续利用作用机理，为开展区域层面的盐碱农用地持续利用管理方式提供理论基础；二是从实践角度出发，采取自下而上政策研究思路，基于农户和田块调研数据，在区域层面上，分析盐碱地产权安排的农户盐碱地经营行为、培肥行为和水资源利用行为响应，并基于此探索综合性和区域性的盐碱农用地持续利用管理方式。

关于本书，这里需要特别说明的是，由于盐碱农用地利用是一个开放的系统，受到自然条件和自然资源的约束，同时也受到包括盐碱地产权制度在内的社会经济环境、盐碱地改良技术环境等因素的影响。在此基础上，基于农户行为响应视角分析提出的盐碱农用地持续利用管理方式具有明显的区域性，同时这些管理方式还需要结合自上而下的政策研究方法进行修正。本研究的相关结论仅作为参考，并不作为其他区域盐碱农用地持续利用管理方式的直接依据。

因个人能力有限，本书难免有不足之处，敬请各位专家及读者批评指正！

目　录

第一章　绪　论

世界盐碱地总面积近 1.5×10^{10} 亩[1]，多分布于地形平坦、土层深厚、利于机械耕作的区域，如美国西部加利福尼亚、亚利桑那、新墨西哥和科罗拉多等州，印度恒河流域，巴基斯坦印度河平原，澳大利亚及我国的黄淮海平原、松嫩平原、黄河河套地区、西北内陆、东部沿海等国家和地区，其中相当部分区域是重要的粮食生产基地，土壤盐碱化对世界和区域粮食安全带来极大挑战。《中国统计年鉴》(2010)数据显示，2008 年末全国耕地面积为 18.257×10^{8} 亩，人均耕地面积约为1.368亩，仅为世界人均耕地面积的 42.42%，并呈现减少趋势。全国 20%以上的县区人均耕地低于 FAO 确定的 0.632 亩的警戒线。[2] 为满足粮食消费需求，我国业已更加注重盐碱地等边际土地的农业开发。盐碱地开发利用是一个人地关系相互作用的过程，有农民、农户、农场(公司)、村集体以及各级政府和相关职能部门等各土地利用主体的直接或间接参与，并形成各种各样的人地关系，这些土地开发利用主体的行为及相互制约关系又反过来对盐碱农用地持续利用产生重要影响。因此，土壤盐碱化的人类活动响应及其驱动因素研究成了盐碱地持续利用的重要研究课题之一。

---

[1] 说明：根据农户对土地面积单位的认知，本研究中土地面积单位统一用亩，换算公式为：1 公顷=15 亩。

[2] 数据来源：中华人民共和国统计局年度数据库和国际数据库(www.stats.gov.cn)。

第一节　研究背景与意义

一、研究背景

1. 我国盐碱地面积大、分布广，农业利用潜力巨大

盐碱地是我国紧缺耕地资源的重要补充，是我国最主要的中低产土壤类型之一，现有盐碱地总面积约为 5.45×10^8 亩，占全国可利用土地面积的 4.88%，占全国耕地面积的 6%左右。从热带到寒温带、滨海到内陆、湿润地区到极端干旱的荒漠地区，均有大量盐碱地的分布，我国西北、华北、东北及沿海地区是我国盐碱地的主要集中分布地区，其中西部六省区（陕、甘、宁、青、蒙、新）盐碱地面积占全国的 69.03%（杨劲松，2008），农业利用潜力巨大。

2. 盐碱农用地利用中不合理的人类活动影响明显

目前人类在盐碱地利用过程中"重生产、轻生态"、"重利用、轻培肥"、"重开发、轻管护"，这些不合理的开发利用短视行为促使土壤盐分表层积聚，改变了土壤的物理结构及化学成分，也改变了自然生态系统的分布格局与面貌，诱发和加剧了土壤盐碱化程度。根据国土资源部公布相关数据[1]，近年来，我国可利用土地减少之势逐年加剧，其中约 1/3 的耕地是盐碱涝洼造成的中低产田；仅吉林省西部就有 1.0×10^7 亩优质土地退化为盐碱荒漠，且这一数字仍在以每年1.2%～1.4%的速度增加；新疆 90 个县（市）中有 80 多个县（市）有荒漠化分布，全自治区有一半的宜农荒地受到盐碱化侵害。

3. 现行产权制度对盐碱地利用主体采用持续利用行为激励功能减弱

联合国可持续发展委员会（UNCSD）第 17 届会议就土地产权对土地持续利用的影响基本达成共识，指出不安全的土地产权、不和谐的土地管理体制阻碍了私人投资和经济增长整体水平（Gyasi 等，2007）。近年来，我国在国家层面上不断加大投入用于盐碱地资源的开发利用与保护，但在农户、村集体等土地开发利用与经营主体层面上重视不足，盐碱农用地持续利用缺少微观基础。同时，我国

[1] 数据来源：根据国土资源部网站（www.mlr.gov.cn）相关报道整理。

现行盐碱地产权制度对土地利用微观主体的持续利用行为的激励功能减弱，主要体现在：土地均分带来的农地细碎化、不断的农地调整引起盐碱地产权不稳定、盐碱地流转机制缺失等方面。以上问题造成农地投入产出的预期收益稳定性较差，因此农户在生产中就表现为：片面追求经济利益最大化，农业短期性、速效性、生产性投资远远大于长期性、保护性投资，影响了盐碱地农业持续发展。因此从产权经济学的角度看，盐碱农用地持续利用问题实质上是对稀缺的资源如何按照可持续发展目标进行优化配置的问题，即产权安排问题。以产权制度创新，激励土地利用主体进行盐碱地资源的合理开发利用和保护十分重要。

二、研究意义

基于以上研究背景，本书在盐碱地产权安排的农户行为响应研究机理分析的基础上，根据针对中国黄河三角洲、松嫩平原西部、伊犁河谷地区典型盐碱地区域县(乡)资源环境约束分析，以农户行为为切入点，结合实证探讨了盐碱地产权安排的农户不同农业利用行为响应及驱动机制，最后提出基于产权安排的盐碱农用地持续利用管理方式。本书的研究意义主要有三点。

1. 丰富盐碱农用地持续利用与管理研究体系

本研究从盐碱地农业生态经济系统特征分析收入，结合土地持续利用、可持续农业等相关理论研究成果，探索盐碱农用地持续利用内涵，分析如何运用产权制度供给促进盐碱地农业生态经济系统持续发展，具有一定的理论探索意义。

2. 为盐碱农用地高效持续利用产权制度设计提供决策依据

目前我国在盐碱地资源农业利用与保护中主要存在以下问题：(1) 现行农地产权制度在一定程度上制约了盐碱农用地流转，盐碱地资产属性的实现受到限制；(2) 集体所有制度下，农地使用权的稳定性和安全性不足，集体土地所有者主体对盐碱地长期的生产性投资和保护性投资行为缺失；(3) 未利用盐碱荒地、不断淤涨的滩涂等是满足不断增长的土地需求的重要后备资源，但国有土地所有权属性造成了土地产权主体不明，地方政府通过不同的政策管理手段形成不同的土地开发利用模式，国家、政府、企业、集体、农户等不同主体利益诉求不一致。因此，分析当前盐碱农用地利用中土地产权制度存在的问题，研究盐碱地产权与盐碱农用地持续利用的作用机理，探索有效的产权制度安排，为实现我国盐碱地资源合理开发、利用与保护具有一定的实践意义。

3. 拓展行为地理学应用研究

行为地理学应用研究主要体现在消费行为、旅游感知行为、购物行为、迁移行为等，很少运用到土地科学中。通过理论分析与模型构建相结合，根据地理学综合性、区域性、空间性的学科特点，将行为地理学与土地经济学、土地管理学、新制度经济学理论等相关学科理论相融合，应用到盐碱农用地持续利用研究中，可以拓展行为地理学的应用研究。

第二节 研究对象和方法

一、研究内容

本书通过对农地产权、盐碱地农业利用及农户土地利用行为选择等相关的研究成果梳理的基础上，分析了农地产权与盐碱地持续利用的作用机理，并以黄河三角洲垦利县、松嫩平原西部镇赉县和伊犁河谷地区察布查尔锡伯族自治县为例开展了实证研究，探讨了盐碱地产权的农户行为响应，最后提出了基于产权安排的盐碱农用地持续利用管理方式。本书的主要研究内容如下：

1. 盐碱地产权与盐碱农用地持续利用作用机理研究

根据盐碱地农业利用系统特征，界定盐碱地持续利用内涵，分析影响盐碱地持续利用的产权因素，研究盐碱地产权与盐碱农用地持续利用作用机理。归纳农户盐碱农用地持续利用行为，分析影响农户土地持续利用行为选择的产权因素和其他因素，建立基于农户行为理论的盐碱农用地持续利用理论模型。

2. 盐碱地产权与农业持续利用实证研究

盐碱地生态经济系统中物质循环与能量流动失调，土壤肥力低。盐碱地一经开发必须持续不断地耕种，结合测土配方施肥、增施有机肥，同时采取合理的灌溉方式，是实现盐碱地改良及农业持续利用的最基本的措施。基于此，实证研究从三部分展开。

(1) 盐碱地产权与农户土地利用方式选择。选择不同盐碱区域可持续的耕作方式(种植结构、种植模式等)，采用统计分析方法，分析盐碱地产权对农户种植结构选择的影响，在此基础上，采用 Tobit 模型分析盐碱地产权对农户规模化经营行为选择的影响。

（2）盐碱地产权与农户生产要素投入。本部分在分析盐碱农用地利用中农户生产要素投入行为基本特征的基础上，以农户绿肥种植、有机肥施用、秸秆还田等保护性生产要素投入及其行为的主动性为例，采用有序多项选择 Probit 模型，分析盐碱地产权对农户保护性生产要素投入行为的影响。

（3）盐碱地产权与农田水利设施管理。为保证盐碱地资源的生产性，避免次生盐渍化和异地盐碱化现象发生，农田水利设施配套及管理十分重要。本部分以小型农田水利设施建设的农户生产性投资行为为例，在对农村基础设施基本情况分析的基础上，根据农户小型农田水利设施建设合作意愿，采用二元 logistic 回归模型，分析盐碱地产权对农户生产性投资行为的影响。

3. 盐碱农用地持续利用管理方式研究

基于盐碱农用地持续利用目标，在盐碱地产权与盐碱农用地持续利用作用机理研究和实证分析的基础上，根据农户行为对盐碱地产权响应的区域差异性，提出利于我国盐碱农用地持续利用的土地产权制度模式和差别化的盐碱地产权政策建议。

二、研究方法

1. 理论分析与实证分析相结合

结合国内外对盐碱地农业利用技术研究和各地生产实践，分析农户盐碱地农业持续利用行为；根据研究区域自然、社会和经济等土地利用条件与现状，分析农户行为及其驱动因素。

2. 计量分析的方法

包括描述性统计分析和计量经济模型的统计检验分析。根据对农户土地利用行为与盐碱地产权等要素之间关系的分析以及解释变量和被解释变量的特征，选择不同的计量模型进行分析。在计量分析时，主要采用以下几个模型。

① Tobit 模型。用于分析因变量受限的情况，将农户流入耕地面积占家庭经营总面积的比重作为因变量，分析产权制度的农户盐碱农用地耕作意愿行为响应。

② 有序 Probit 模型。研究将农户盐碱地改良性培肥行为情况分为两种状况：传统性培肥和主动性培肥。在此基础上根据有序 Probit 模型的潜变量数据扩展分析方法，分析产权制度的农户盐碱农用地土壤培肥行为响应。

③ 二元 Logistic 模型。根据农户水资源利用行为，分析产权制度的农户盐碱

农用地农田水利设施建设与参与意愿行为响应。

3. 综合分析与区域分析相结合

地理学具有明显的综合性和区域性。本书在建立研究区域统一的可比指标基础上，分析产权制度安排的农户行为响应的整体性和区域性，在此基础上提出区域差异化的盐碱农用地管理方式。

三、数据来源

本研究结合公益性行业(农业)科研专项经费项目(200903001)“盐碱地农业高效利用配套技术模式研究与示范”总课题实施计划，在我国黄河三角洲滨海盐碱区、东北松嫩平原西部盐碱区以及新疆伊犁河谷盐碱区等地选择典型乡镇(村)作为调研区域。选择调研村庄时主要基于以下两个因素：第一，被调查的村庄能代表不同的盐碱化类型、不同的盐碱化程度、不同的社会经济发展水平，以保证调查对象的典型性；第二，被调查乡村应包括“盐碱地农业高效利用配套技术模式研究与示范”各课题组核心实验区和非实验区，保证调查区域占中国盐碱区的大部分，以保证调查区域的全面性(图 1－1)。

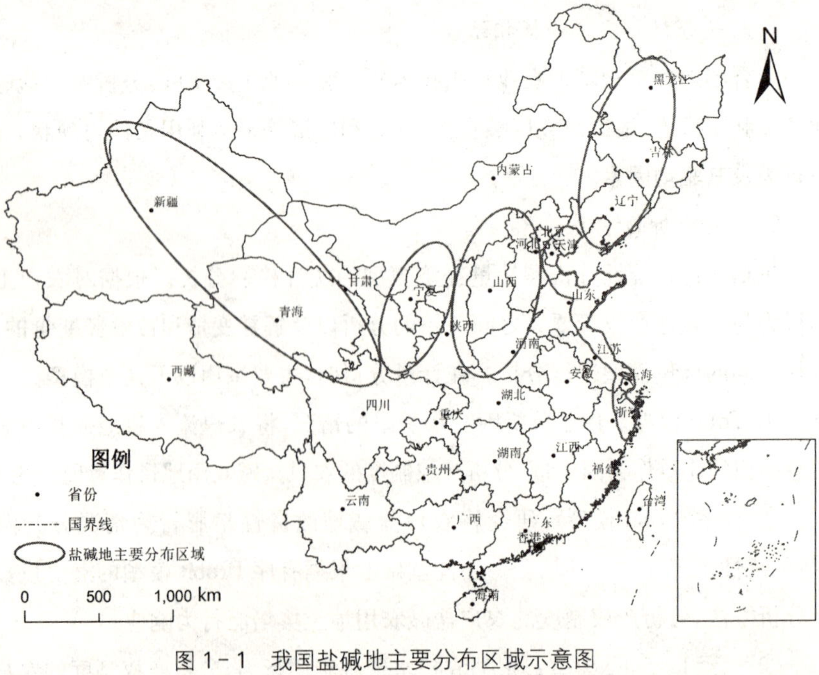

图 1－1 我国盐碱地主要分布区域示意图

数据获取主要采取两种方法：一是收集相关的统计资料；二是使用农户问卷调查。问卷调查主要分为农户问卷调查、企业（农场）问卷调查、村庄问卷调查、政府问卷调查四部分。调查访问的问题反映农地所有权、使用权及农地流转情况等方面，其次还包括农户（村庄）基本情况、农户（企业等）农业生产经营行为及投入产出效益情况等。

四、技术路线与逻辑关系

1. 研究思路

本研究遵循"目标导向—机理分析—问题识别—实证研究—对策建议"的思路。具体体现为：明确盐碱农用地持续利用内涵；分析农户盐碱农用地利用行为；探索盐碱地产权与盐碱农用地持续利用作用机理；分析盐碱地产权对农户盐碱地资源利用行为选择的影响；提出盐碱农用地持续利用的盐碱地产权安排建议，为农户土地利用行为、盐碱地产权和盐碱农用地持续利用内在关系及其创新机理的研究构建一个完整的理论框架（图 1－2）。

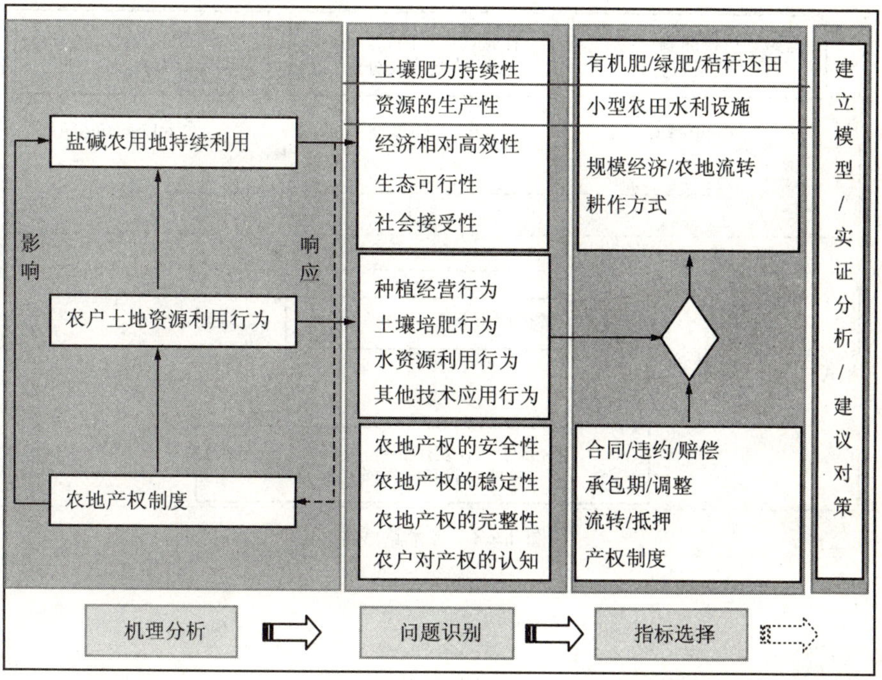

图 1－2　研究思路

2. 技术路线

根据主要内容和研究思路，结合研究方法，形成技术路线（图 1－3）。

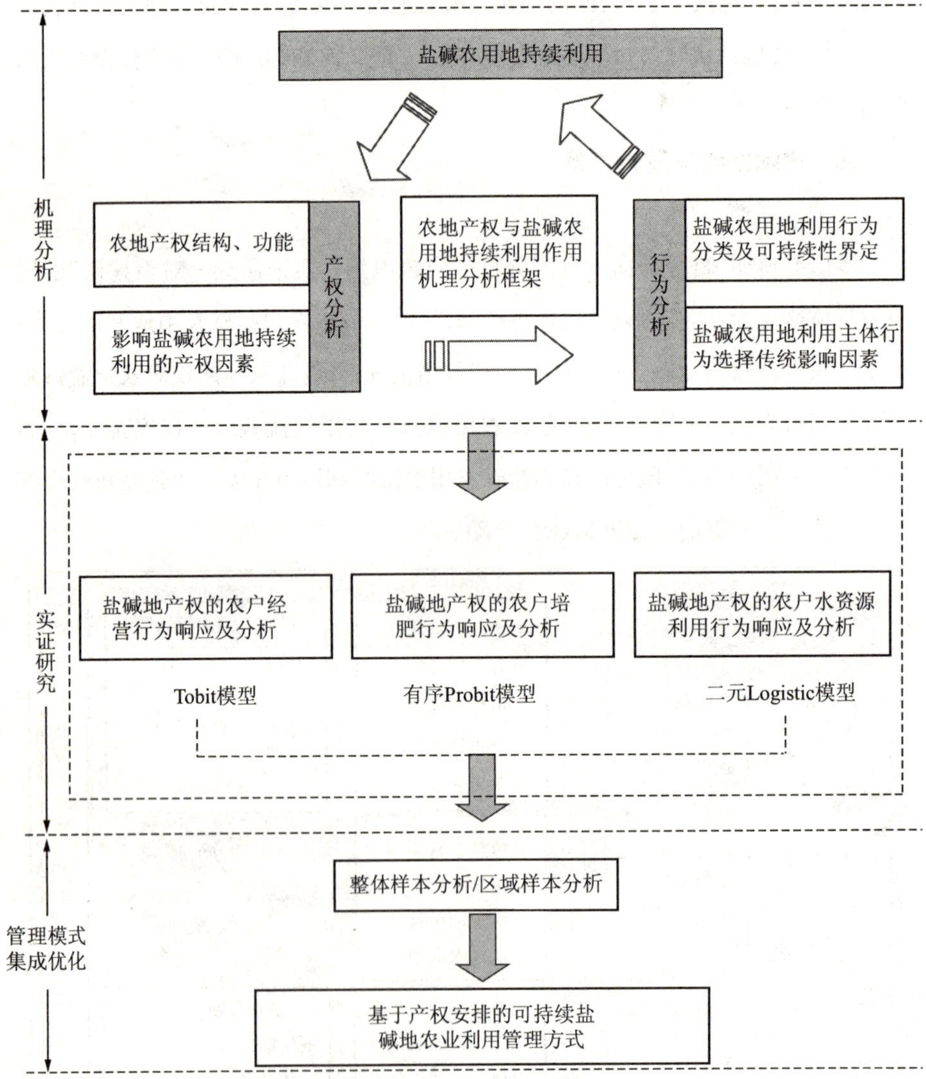

图 1－3　技术路线图

3. 研究章节安排及逻辑关系

根据“发现问题—机理分析—实证研究—提出解决方案”的整体思路，本书具体章节安排及逻辑关系如图 1－4。

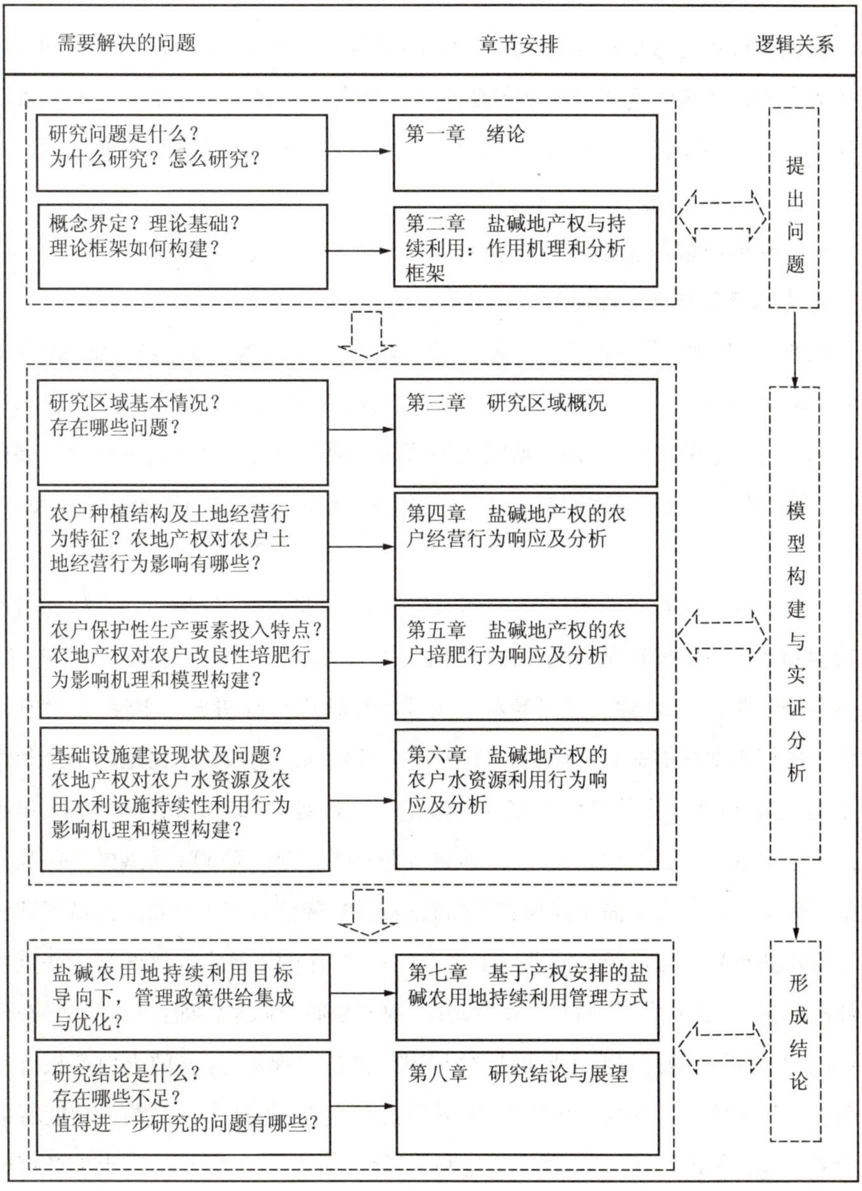

图 1－4　章节结构安排

第三节 相关研究进展及评述

农地产权制度与土地持续利用相关研究引起了国内外的关注,但将农地产权与盐碱农用地持续利用两者关联起来的分析研究尚不多见。本部分主要从农地产权与土地可持续利用、盐碱农用地持续利用与农户行为、盐碱地产权制度改革三个方面进行文献综述。

一、农地产权与土地可持续利用

1. 农地产权与土地持续利用作用机理框架

根据联合国可持续发展委员会(the United Nations Commission on Sustainable Development,UNCSD)第17届会议(2008—2009年)和秘鲁、泰国等越来越多的国家的经验,大部分研究成果认为农地产权是促进土地可持续发展的重要手段,对于农业持续利用具有重要作用(Mundial B,2004;Clover 和 Eriksen,2009)。

土地资源稀缺是土地产权与土地持续利用共同的形成基础;土地产权通过产权功能和产权制度安排对土地可持续利用发生作用(曲福田、陈海秋,2000;赵峰,2001;林卿,2000)。农地产权制度对土地可持续利用具有明显二重性,合理有效的农地产权制度能够提高土地利用效率,不合理的农地产权制度将阻碍土地利用效率的提高,对此国内外经济学家的看法趋同。林毅夫(2000)在分析1978年起始的土地家庭承包制的创新效用时,通过计量研究表明,家庭联产承包责任制的贡献率为46.89%,大大高于提高农产品收购价格、降低农用生产要素价格等其他要素所作的贡献。姚洋(2000)进一步提出,一个村庄的土地产权制度与一些重要的经济参量,如收入水平、相对要素稀缺度、政府税收有联系。曲福田等(2002)认为:合法有效的土地产权为土地可持续利用提供法律保障;完整的土地产权有助于激励产权主体不断提高土地生产率,获取经济利益;土地产权的约束功能有助于约束产权主体的用地行为,降低土地利用风险,防止土地质量下降;土地产权的产权界定、转让和交易等资源配置功能有助于优化土地资源配置,提高土地利用效率。Mutangadura(2007)通过对南部非洲六个国家土地产权进行研究，认为少数人群土地产权缺失、土地产权不清及重叠、过度拥挤、产权流转、农场工人的不安全感、不当的行政行为、土地入侵和非法移民以及妇女劳动权利的剥削等方面对土地资源的持续利用具有很大影响。North 和 Thowmas(2009)认为，阻挠有效调整和新技术创新的制度环境等因素造成了近代法国农业发展日趋缓慢。因此，农地产权制度对土地资源可持续利用的影响，是通过产权要素影响经济当事人的经济行为，特别是土地使用者的利用方式(行为)所决定的。不同的产权界定(制度安排)会导致经济当事人选择不同的行为方式。要求土地利用者有一个持续利用土地资源的经济行为，就需要产权制度安排能够激励生产者以可持续的方式利用耕地，能够确保生产者以可持续方式利用耕地资源的经济收益(陈勇等，2002)。因此，农地产权与土地持续利用作用机理框架如图 1-5。

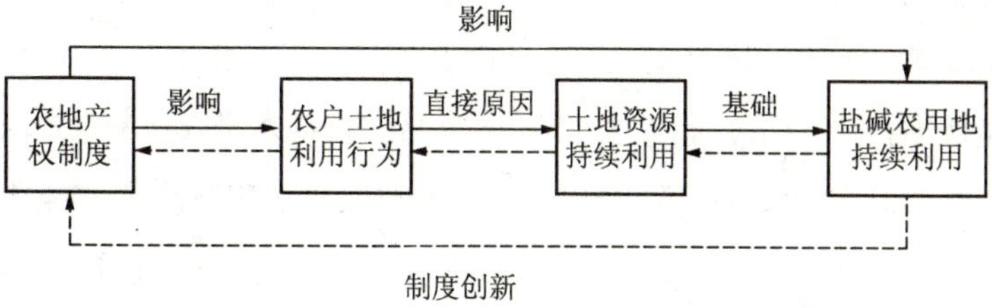

图 1-5　农地产权与土地持续利用作用机理框架

2. 农地产权与土地持续利用作用机理

我国土地管理法规定，农村和城市郊区的土地，除由法律规定属于国家所有的以外，属于集体所有，由本集体经济组织的成员承包经营。但已有研究也表明，这种集体所有制的土地所有权主体并不明晰，农地产权安排缺乏安全性、可转让性，且权能责任利益缺乏对称性(钱忠好，2002)。而稳定的使用权和自由租赁土地的权利才能激励农户增加投资、合理利用土地，促进土地持续利用(Brandt 等，2004)。本研究通过对国内外已有研究成果进行整理，发现产权安排对土地持续利用的影响主要体现在农地产权的安全性、稳定性、完整性和农户认知四个方面。

(1)农地产权的安全性：安全的土地产权能够激励生产投入，带来资源的高效利用(Arnold，1983；IFAD，2002)。Dolisca 等(2009)以海地为例，研究发现通过技术、行政指令、参与式管理等方法都没有能够实现海地森林保护的目的，在经济激励措施中，稳定土地产权与价格补贴、减免税收、奖励、低息贷款等措施相比，是十分重要的手段之一。在农地产权安全性评价方法方面，Wannasai 和 Shrestha (2008)从是否具有完整的买卖、转让和继承的权利，将泰国 Prasae 流域的土地产权划分为安全的土地产权、临时的土地产权和不安全的土地产权。三个安全等级的划分依据主要是是否有产权证书以及证书的颁发单位。其中，完整的土地产权是指具有土地管理部门颁发的土地所有权证书，产权主体拥有完整的买卖、转让和继承权利；临时的土地产权用是否具有与其他政府部门签署的土地使用权契约来判断；不安全的土地使用权是指没有任何契约或仅有完税凭证的土地产权类型。

(2) 农地产权的稳定性：联合国可持续发展委员会第 17 届会议自然资源论坛基本对土地产权的稳定性对于土地可持续利用具有重要的作用这一观点达成共识(Gyasi 等，2007)。永久的产权能激励农户扩大经营规模、采用先进技术、提高土地生产率，并提高农户收入水平，比较容易获得低息贷款。不稳定的土地制度会降低农户对水土保持以及维持地力等长期性投资的积极性，并带来生产效率的损失(何凌云、黄季焜，2001；韩冰华，2004；叶剑平等，2006；Li 等，1998；Li 等，2000；Wen，1995)。国外学者对中国的研究结论也基本持有以上相同的观点(Prosterman 等，1996；Barbier 和 Burgess，2001)。Krusekopf(2002)认为，中国的家庭联产承包责任制对土地产权的稳定性的影响主要有两个方面：土地承包期的长短和村集体通过行政手段进行周期性的土地调整。土地周期性的调整用调整范围、调整频率、调整土地占农户土地总面积的比率、调整的主导力量等指标来衡量。针对农地产权不稳定的问题，Barbier 和 Burgess(2001)建议私人治理和国家治理相结合，通过适当的产权安排来促进土地持续利用。孙国峰(2007)主张土地使用权物权化，甚至私有化以促进农户农业生产投资和规模经营。但也有人认为土地调整所表现的地权不稳定并不会严重影响农户土地经营收益的稳定性，也不影响农户的贷款可获性(钟甫宁、纪月清，2009)。对农户而言，当前定期调整的地权制度的稳定与否很大程度上是一个经验问题，它取决于农民的感性认识，农户的施肥行为很少受到土地产权不稳定的影响(Kung 和 Cai，2000)。

(3) 农地产权完整性:农地产权完整性的讨论主要集中在土地流转是否方便和土地能否抵押两个方面。顺畅的土地流转和完善的土地市场一方面可以提高土地资源的配置效率,另一方面还可以减少债务、防止土地资产流失(Mundial,2004)。我国农村土地家庭承包经营所带来的土地细碎化降低了土地产出效率(Brandt,1987;Fleisher 和 Liu,1992),主要体现在:第一,高新技术及农业现代化手段推广运用困难,阻碍了农业的专门化、产业化进程和土地规模化经营,农地资源集约利用水平不高;第二,不同农户经营农地的意愿、能力等方面存在差异,也带来现有农地配置方案效率的缺乏。因此,主张农户自行决策是否进行土地流转以及流转规模与村集体行政指令相比更有效率(Krusekopf,2002)。因此,主流观点认为,促进土地流转是解决农户农业生产投资不足、农业效率低下、促进可持续发展的主要途径。在土地流转制度分析时,Krusekopf(2002)选取了农户是否可以自由流转、村委会对土地流转类型和规模是否有行政规章的制约等指标。国内还有人从农地流转是否具有经济利益驱动力(陈勇等,2002)和农地流转机制是否完善(唐秀君、王志刚,2001)的视角进行了分析。但关于农地流转的效益研究方面,也有观点认为,农户耕地经营规模越小,越可能通过精耕细作和对土地的精心呵护增加对农地长期生产要素的投入,进而促进农用地持续利用(郭敏、屈艳芳,2002)。对于农地抵押权的研究,Dolisca 等(2009)认为产权界定不清以及不完整的土地产权缺乏长期的制度信用,不能作为抵押物,因此农户不能够获得长期的低息信贷,缺少资金对土壤保护进行长期投资。孙国峰(2007)主张进行土地产权制度和抵押制度改革,以使农业用地可以作为贷款抵押物。

(4) 农户对农地产权的认知:我国农地产权制度的重要问题之一就是农地产权主体不明,权能界定不清(张红宇,1998)。家庭承包责任制度下,存在承包合同的土地出包方有村、组、乡等多个主体,有的并没有承包合同或出包方不明(陈佑启、唐华俊,1998)。农业家庭经营的生产方式具有“产权私属”的某些特征,而农户对土地的所有或者占有只有通过基层政权(如乡级政府和村行政)这个“政治经济性的权力中介”才能得到落实(邓宏图、崔宝敏,2007)。在滩涂开发过程中,常出现所有权主体不明、使用权类型不清(海域使用权/土地使用权),所有权、使用权、经营权混为一谈(常玉苗,2010)。赵阳(2007)通过对农民对农地法律的认知调研发现,农民虽然知道有相关法律,但是说不出具体的法律条款,依法维权意识薄弱。

3. 农地产权与农用地持续利用一般研究思路

基于农户行为视角研究农地产权与农用地持续利用研究相对较多,主要集中在水土保持、技术选择及其对土地质量的影响等方面(Swinton,2002;Sidibé,2005),但针对盐碱农用地持续利用的相关研究极为少见。农地产权对农户土地持续利用行为决策的影响研究主要有两种思路。

(1) 将农地产权作为整体因素,综合分析对农户土地利用决策的影响

在此框架下,影响农户土地利用行为的因素主要包括:农户自身特征、农户资源禀赋、自然资源环境、社会经济环境、管理制度与政策。农户自身特征包括家庭经营目标、文化素质、劳动力、耕作经验、农户收入水平及收入结构、兼业情况、资金储备状况;自然资源环境包括土壤肥力、土地经营规模、区位条件;社会经济环境包括土地市场发育程度、农产品价格、农产品市场、农村社会化服务体系(农机、农技)、信贷、区域社会经济发展水平;管理制度与政策包括土地经营制度、农地产权安排、政策与政府行为等(钟太洋等,2010;Walker 等,2002;Browder 等,2004;VanWey 等,2007)。近年来,有关农户决策行为的研究逐步增多。钟太洋等(2008)以江苏省常熟市、如东县和铜山县为研究区域,探讨了农户层次的土地用途变更的影响因素。Ebanyat 等(2010)通过分析东乌干达小农农作制度对农地持续利用的影响,指出在土地利用变化的驱动因素中产权和制度因素仅次于劳动力因素,提出了以市场为导向建立公私合作伙伴关系,能激励农户进行具有明显外部性的投资行为,进而促进农用地系统的持续发展。但在策略干预过程中,同时需要注意农户特征的多样性和异质性。

(2) 将产权制度对农户土地利用决策的影响做专题研究

新制度经济学派突出强调了制度在行为选择中的重要作用,Broegard(2005)提出,农地产权制度研究有必要从农户视角采取自下而上的途径进行研究,以利于农用地的持续利用。从土地利用微观主体行为视角,以土地产权制度与政策为主要变量,对农户土地持续利用决策影响进行分析的专题研究近年来逐步增多,主要体现在对农户水土保持行为、土地流转行为等方面的研究。在农户水土保持

方面，Holden 和 Yohannes 等(2002)分析了埃塞俄比亚土地重新分配政策对地权稳定性、农户种植结构及生产要素投入的影响。Wu 等(2004)分析了密西西比河上游流域水土保持政策对农户生产行为的影响。钟太洋和黄贤金(2004,2006)分析了农地产权制度安排、区域农地市场发育与农户水土保持行为响应。邵景安等(2007)基于农户层面分析了家庭承包制下的土地流转行为。相关研究结果表明：① 农地产权稳定性与农户土地持续利用行为密切相关，由于存在土地租约续期的不稳定性，农户很可能不再采取土地改良措施，进而导致土地产出持续下降(Myyrä 等,2007)；② 公司制农业、拥有土地所有权的家庭农业和租地经营的家庭农业，对水土保持有着不同影响(McConnell,1983)；③ 稳定的土地产权易于用于担保获得资金，将促进土地投资(Besley,1995)；④ 为确保土地产权的持续稳定，需要修订法律法规以增强其实施性，根据资源开发优先顺序进行产权制度改革，并辅以互补的政策和激励措施，加强土地监测和评估等政策(Mutangadura,2007)。另外，就如何完善土地产权制度，促进土地持续利用这一问题，陈江龙等(2003)认为作为土地产权保障的正式制度——土地登记，其对农户水土保持有一定的影响，通过土地登记的形式保障产权的安全，能够激发农户进行长期土地保护投资的积极性。但也有研究认为，不同的组织结构以及不同的土地所有权状况等不同土地产权类型下的土壤平均侵蚀量并没有显著的差异(Lee,1980)。

二、盐碱农用地持续利用与农户行为

1. 盐碱农用地持续利用

盐碱农用地持续利用内涵的界定决定着本研究的基本构架，因此有必要对盐碱农用地持续利用内涵做梳理和总结。

土地持续利用的思想是可持续发展思想在土地利用中的体现。Smyth 等(1993)在《持续土地管理评价大纲》中将土地利用的持续性定义为“在特定的时期、特定的地区和特定的土地利用方式下，测定持续土地管理的所有目标(生产性、安全性、保护性、可行性和接受性)满足的程度”。这一观点在土地利用可持续评价指标的研究中发挥了引导性作用，尤其是在农业领域得到了广泛的研究和实证分析(黄贤金等,2009；张凤荣等,2003)。在对农地持续利用内涵界定的基础上，20 世纪 90 年代末对不同区域、不同土地利用系统发展的持续性系统分析、评价和对策领域的研究成为热点(彭建等,2003)。大多数学者认为农地持续利用评价必须全面分析自然资源、生态环境、社会经济、生活习惯、法规制度等方面的因素,并从国家尺度、区域尺度、农场尺度、农户尺度(Lefroy,2000;诸培新、曲福田,1999)展开了不同层面土地利用持续评价研究。

土壤盐碱化是一种土地荒漠化过程。目前,世界土壤盐碱化现象十分严重,盐碱土面积近 1.5×10^{10} 亩,其中我国盐碱土总面积达 5.45×10^{8} 亩,占全国可利用土地的 4.88%,耕地中盐碱化面积为 1.38×10^{8} 亩,占全国耕地面积的 6.62%(赵其国等,2007),并且多分布于地形平坦、土层深厚、利于机械耕作的区域。美国西部加利福尼亚、亚利桑那、新墨西哥和科罗拉多等州,印度恒河流域,巴基斯坦印度河平原,澳大利亚,俄罗斯,埃及,以及我国的黄淮海平原、松嫩平原、黄河河套地区、西北内陆、东部沿海等国家和地区出现盐碱化,其中相当部分区域是重要的粮食生产基地。而已有研究表明,盐碱农用地利用主要面临三大资源环境制约:(1) 世界淡水资源稀缺;(2) 海平面上升;(3) 盐碱地面积不断扩散(Rozema 和 Flowers,2008)。在各种自然和人为因素综合作用下,这不仅会影响土地利用与农业的可持续发展,而且会危害盐碱地分布区的自然生态环境(李文华等,2008)。

关于盐碱农用地持续利用内涵尚没有统一界定,但是盐碱农用地持续利用目标及对策研究成果较为丰富。郝晋珉、辛德惠(1996)在曲周试验区综合治理开发阶段土地持续利用管理的实践中提出,土地持续利用的首要目标是消除旱、涝、碱、咸等的综合危害,提高土地利用率,改善农业生产基本条件,建立良好的农田生态系统,提高第一性产品的产量,促进农民生活的改善。王志春等(2004)通过对松嫩平原盐碱化土地治理研究,提出了盐碱农用地持续利用的对策:(1) 低洼易涝盐碱地开发水稻,并以合理规划、建立完善灌排水田工程为基础,配套组装以沙压碱、增施有机肥和改良剂改碱、选用耐盐碱水稻品种、钵育大苗壮秧、精细整地、排水洗盐、合理密植、平衡施肥、科学灌水和病虫草害防治等高产栽培技术体系;(2) 对盐碱化低产旱地以改土培肥为核心,利用微生物秸秆发酵还田、增施有机肥等综合工程、生物和耕作栽培措施;(3) 恢复与建设盐碱化草地,应以草为业,逐步由放牧为主过渡到半舍饲和舍饲,最终实现草畜分离;(4) 保育盐碱湿地;(5) 盐碱泡沼养鱼。李彬等(2005)基于生态、经济和社会效益目标,提出了保护与开发利用并重、因地制宜、分区利用与综合利用相结合、适应盐碱环境、发展盐生植物等盐碱农用地持续利用原则。

综上所述,持续利用思想在盐碱农用地持续利用相关研究中得到了充分体现,目前学界对盐碱地农业持续发展的障碍因素研究已达成共识,并针对不同区域形成了有利于盐碱地农业高效持续利用的对策。但盐碱地与一般农用地有明显区别,其农业持续利用基本内涵与一般农用地持续利用内涵有所区别,因此在已有研究成果的基础上,根据盐碱地土地利用系统特征,提出盐碱农用地持续利用内涵,对于指导生产实践具有重要的意义。

2. 盐碱农用地利用中的农户行为类型

盐碱农用地利用中农户行为主要包括种植选择行为、经营投入行为、资源利用行为、消费行为和技术应用行为等类型。其中,生产要素投入、种植选择与资源利用是对土地质量和环境影响的最直接的行为(欧阳进良等,2003)。

(1) 盐碱地农业改良性生产要素投入行为

盐碱地农业改良性生产要素投入行为主要包括水利工程设施建设等生产性投资和种植绿肥、秸秆还田、增施有机肥等土壤培肥措施两方面。

第一,水利工程设施建设等生产性投资。水利工程设施主要包括深沟排碱、淤灌改碱、暗管排碱、井灌井排以及喷灌、滴灌等措施。主要优点在于淡水洗盐成本低、可以有效降低土壤的含盐量;淤灌措施在淋盐的同时,可以带来具有较高的有机物质和矿质养分的流域内表土的淤灌物质;暗管排碱和井灌井排可以保证作物用水、调节耕层水盐平衡、排灌结合、控制地下水位在临界深度以下,防止土壤返盐,并且水资源可以得到充分利用,还可以节约土地资源;喷灌和滴灌省水、省工、省地,适宜于各种地形和多种作物进行灌溉,并且灌水均匀一致,能减少深层渗漏损失并消除尾水损失,与科学安排灌溉时序相结合,具有很好的节水、控盐、节约劳动力的效果,如果同喷肥、喷药结合,还可以及时施肥和防治病虫害,可省劳力、节能。但这种投资行为的缺点在于:水利工程的修建必须有完善的灌排体系,使排除的盐分外泄入江河、海洋,否则易造成异地污染;排碱沟要每年清淤,否则容易淤积堵塞,降低洗盐排碱效果,导致土壤的次生盐渍化;如果采用明沟排水方式将占用大量土地,随着盐分的淋溶,大量土壤养分也会随着流失;大引、大蓄、大灌，会使区域水盐平衡失调；一次性投入较大，需要一定的资金和动力条件（李秀军，2000；尹建道、曹斌，2002；赵其国等，2007）。

第二，种植绿肥、秸秆还田、增施有机肥等土壤培肥行为。该投资行为具有以下优点：可以增加地表覆盖，减少地面蒸发，降低地下水位；疏松土壤，减轻板结，增强土壤透水透气性；增加土壤有机质含量，提高土壤肥力；有些树木具有吸盐能力，能够从土壤中吸收大量盐分，从而起到降盐效果；投资小、可持续。其缺点在于盐生植物体内含有较高的盐分，如果植物就地死亡后将盐分残留于土壤表层，会出现积盐现象；扩种绿肥，适用于地多人少的盐碱化地区；见效周期较长（邢尚军，2003；路浩、王海泽，2004；Choudhary 等，2004）。

（2）因地制宜的种植选择行为

根据国内外已有研究成果和生产实践，盐碱农用地利用中种植选择主要有传统农业和盐土农业两种方式。

盐碱环境直接用于食物生产，海蓬子、碱蓬、锦葵、盐角草、盐地碱蓬草、田菁、菊芋等耐盐蔬菜、耐盐饲草、香料、绿肥以及生物质能源作物的筛选和驯化培育，是最直接且有效的途径，并且通过人工栽培盐生植物可以实现对盐碱环境的植被重建生态改良和污染治理（邢军武，2001），环渤海低平原区河北沧州市资源农业模式较为典型（刘小京、刘孟雨，2002）。

比较典型的传统农业模式包括：① 种稻改碱。在相同的土壤含盐量情况下，水田中的盐分浓度较旱田低，因此通过长时间淹灌和排水换水，土壤中的盐分就可以被淋洗和排出。此模式适用于有灌溉水源保证，有一定的排水出路的低洼易涝盐碱化地区。这种方法的优点是通过泡田和长期淹灌，减少土体盐分并抑制盐分上升，土壤可得到良好的脱盐改良。缺点在于稻田要集中布置，不能水旱插花，否则会造成盐碱“搬家”，旱地盐化；对土质黏重、地势低洼的土地来说，如果排水不畅，易形成土壤滞水，土体下部积盐的稻田不适合改种旱田来种植其他作物，否则会迅速返盐（阎鹏、徐世良，1994；李培夫，1999）。② 上农下渔。挖坑筑台、洗盐淋碱，台田可以种植高产作物，也可用来发展优势特色产业，如种植枸杞、甘草、牧草等，台田用来浇灌作物的水可以将土壤中的盐分逐步排入鱼池，鱼池可以养殖鱼、虾、蟹等。滨海盐碱区域“挖浅池、筑台田、上粮下渔、冬冻夏养、改土洗盐、综合利用”的海冰淡化-土壤改良-种植养殖综合利用模式，其中，轻度盐碱耕地转变为“台田-浅池”模式，中度以上盐碱耕地全部退耕，实现了生产高效和生态安全的土地利用格局。该模式缺点是初期投入高，要求初期有较高的经济实力(郗金标等，2003；岳耀杰等，2010)。③“稻-苇-鱼”生态农业模式。长期看养鱼投资少、效益高，市场潜力巨大，且芦苇有很强的环境净化能力，在江河泄洪、减少洪涝灾害方面作用明显(李秀军，2000)。该模式适用于地形低洼、地下水位较高的地区，在排水条件好和土质较黏的条件下，改良效果较佳(李文华等，2008)，比如松嫩平原西部地区(李秀军等，2007)。其缺点在于如果条台田面积过大，则效果不明显；如果条田宽度缩减，则排盐沟比重增加，土地利用率降低；排盐沟可能淤积返盐(郗金标等，2003)。李庆梅等(2009)通过对黄河三角洲盐碱地不同利用方式土壤理化性质进行研究发现，单一的棉田、苜蓿地、梨园均属于掠夺式土地利用类型。提倡苜蓿和棉花结合的间作方式，减少对土壤的每年深翻，搭配施入一定量的有机肥料和化学肥料，以保护土壤的机械结构，防止棉田土壤的返盐，是黄河三角洲地区土地持续利用的有效措施之一。

(3) 盐碱地资源综合利用行为

盐碱地资源综合利用行为主要包括土地流转、耕作管理和综合利用。土地流转行为主要是基于农户自身的需求，采取转包、转让、入股、合作、租赁、互换等方式进行土地流入或流出的行为。耕作管理的主要措施有平整土地、适当耕翻、秋翻晒垡、压沙改良，实行农作物轮作倒茬，尤其是与豆科绿肥的轮作，培肥土壤。该行为的缺点在于需要一定的劳动力保障；压沙改良要有沙源，适于较黏的盐碱化土或结构不良的苏打盐土、碱化土壤。综合利用主要是针对盐分组成以苏打、氯化物为主的矿化度较高的地下潜水和一些闭流湖泡，可进行工厂化的生产利用与改造。利用“碱泡”浓缩后提取盐、碱、硝、卤等，发展小化工生产，化害为利，适用于重度盐渍化区域(孙进元，1991；Doole 和 Pannell，2009)。

(4) 其他改良技术应用行为

其他技术应用行为主要是指土壤营养改良剂、土壤结构改良剂、土壤盐碱改良剂等各种化学制剂，优点在于轻、简，便于采用，但改良效果维持时间相对较短。

3. 盐碱农用地持续利用管理研究与实践

关于农地产权与盐碱农用地持续利用的相关研究较少，在国内外实践中，以澳大利亚为典型代表，主要做法是：

(1) 国家层面主要是土地确权立法、开展土地管护规划。澳大利亚是联邦体制国家，联邦政府不具体负责土地的管理，土地管理的责任主要是在各州和领地政府的身上。土地管理中，联邦政府主要通过立法、政策制定、国家技术标准确立、土地管理行动倡议、项目提议和资助、组织协调、土地裁判机构与相关研究机构设立、组建专业委员会与顾问委员会以及建立涉及全国范围的土地网络服务系统、监测系统、储备系统、评估体系等方面积极发挥着自己的作用和角色。20世纪80年代以来，联邦政府连续发起了三个主要的计划：改善水质量、减少干旱土地盐度的国家行动计划（National Action Plan），国家土地管护计划（National Landcare Program），环境管理计划（Environmental Stewardship Program）。

(2) 运用市场手段，采取政府指导下的企业化管理建立水权交易制度，缩减灌溉用水，进行精准灌溉，发展可持续灌溉农业。政府采取定额用水的办法，未经批准，不能用水，超过定额要罚款（高良润等，1983）。例如1999年成立了马兰比吉灌溉农业股份有限公司，公司只对本区域的水量分配和给排水负责，农场主作为持股人则对自己农场的用水量和用水方式负责。另外，维多利亚州的Goulburn-Murray Water机构在当地主要用水大户农场主参与的水资源管理委员会的协调监督下，通过向管辖区内的用户（主要是农场主）收取一定费用来进行自负盈亏的企业化经营，并在控制用水总量的前提下，鼓励不同水用户之间相互转让用水额度，根据各自的生产需求调剂用水余缺。

(3) 社区本位管理模式（Measham 和 Kelly，2007）。旨在吸引公众参与管理决策过程，以便提高民众对流域生态恢复的意识，传播生态恢复的知识与技术，引导农民能更好地自愿执行已经达成一致的行动方案。澳大利亚各级政府都拨出专款，通过支持社区的集体行动，鼓励土地持有者参与土地管护及相关保护工作。但这种愿望的实现有一定的困难。Marshall（2004）采用访谈的形式，对235户农民在盐碱地治理过程中农户合作行为进行了调查研究，发现在社区参与管理模式中，农民对其他相关主体的社会福利和合作信任度等社会因素的认知相对于私人功利的认知更为敏感，建议在自然资源管理决策与执行过程中更多地考虑社会因素。

我国盐碱地农业重利用、轻管理，在管理手段和措施方面的专题研究极为少见。通过建立人为调控机制、控制有机和无机能量的投入、改变种植制度（李秀军等，2007），进行土地利用规划等全面规划（路浩、王海泽，2004；秦元伟等，2009）、开发与利用并重、因地制宜、分区与综合利用相结合（王志春等，2004）等措施在盐碱农用地利用技术及土壤盐碱化监测等相关研究中零星体现。近年来，江苏沿海滩涂开发中问题突出，引起了部分人员的重视。主要表现在政府存在许多失当的经济行为，诸如滩涂多头管理、各行其职，盲目开发、资金短缺，生态环境恶化等问题，主要原因在于：第一，滩涂资源产权界定不清，滩涂有关管理部门对滩涂资源国有观念淡薄，使用权、经营权及所有权混为一谈；第二，管理体制不顺、政府行为没有合理界定，使得滩涂资源开发利用规划、协调、指导、管理、服务缺乏经济调控、政策调控和法律法规调控；第三，市场行为与政府行为没有合理界定（陆国庆、高飞，1996）。为此，滩涂盐碱地治理存在多方投入、多头管理的现象。例如，国家农业综合开发过程中的土地治理项目，主要由各级政府财政投资、农业综合开发办公室组织管理，以乡镇或县级农业管理部门为实施主体。土地开发整理项目中的盐碱地整理、盐碱地开发同样也是各级政府投资，但由国土资源管理部门的土地整理中心组织实施。与盐碱地改良治理密切相关的测土配肥施肥改土工程，主要由农业管理部门的土肥站组织实施。盐碱地改良治理技术的开发、推广则由各级各类农业科研部门进行研发，由农业技术推广部门负责推广。现有体制下，我国小型农田水利工程的建设、管理以及农业用水的灌排管理等多由当地水利部门负责。

三、盐碱地产权制度改革

根据《中华人民共和国土地管理法》和《中华人民共和国海域使用管理法》，我国盐碱地资源同样实行公有制。但目前针对我国盐碱农用地产权制度改革的研究比较罕见，主要集中在集体所有制度下家庭联产承包责任制和国有农场土地制度改革两个方面。以家庭联产承包责任制为基础的农地产权制度改革主要有四种代表性观点。

第一，实行私有制。持此观点的学者认为农地集体所有导致了农地经常调整，制约农地流转，削弱了对农地进行投资特别是长期投资的刺激，所以农地应私有化(Jacoby等,2002)。为了有效地保护耕地，应给农户充分的产权，使农地交易实行市场定价(Cai,2003)。Kung(2002)通过对广西农户调查得出，集体产权阻碍了乡村劳动力外迁和农地流转，安全稳定的产权能促进农户进行农业长期投资，建议赋予农户农地的私有产权。杨晓达(2004)等也都坚持土地私有制的观点。

第二，实行国有化。农地在国有化的保护下，能灵活避离现行集体所有权的困境，最终返还给农户以充分财产权。对于土地国有化的具体实现方式选择，大致有以下观点：一是主张土地国有租赁经营，即利用法律形式宣布农村土地国家所有，成立国家土地经营管理部门，然后把农村土地按照效益原则租给农户利用，农户则按租赁合同规定定期向国家缴纳地租。二是主张土地国有永佃经营，即农村土地所有权属于国家，不允许个人买卖或转让，而农村土地使用权则借助于法律形式永佃给农民，农户不缴纳地租而是由政府征收统一的地税。三是主张土地国有个人经营，即国家拥有农村土地的最终所有权，农户则具体占有、使用农村土地并依法缴纳租税(易永锡,2009)。

第三，实行多元所有制。钱忠好(1998)提出了在土地国家占有基础上的农户所有制的复合所有制。洪名勇(2001)提出了三元农地所有权结构的制度安排，即把农地所有权分割为终极所有权、集体所有权和农民个人所有权。

第四，坚持和完善集体产权。周诚(1995)认为由耕种土地农户所占有的“农地农占”制优于全部农民普遍拥有长期的农地承包权即占有权，甚至实行永佃制的“农地普占”制度。理查德·桑德斯和周守吾(2007)认为在当代中国，国家应在土地集体所有和家庭联产承包责任制基础上鼓励贫困农民之间的新型合作、提倡新的集体安排，而不是关注土地的完全私有化。邓宏图和崔宝敏(2007)建议现有的农地产权组织应加强与市场经济体制相容的“创造性转换与改造”。在维持现有土地产权制度的基础上，众多学者提出延长土地承包期、坚持“大稳定、小调整”等建议，增强农户土地的安全感。Dong(1996)等学者也持有此观点。

通过已有研究可以发现，对盐碱地产权及制度改革及其对土地持续利用的分析已有诸多成果，这对于本研究中不同区域背景下盐碱农用地利用管理具有重要的借鉴意义。但在生产实践中,对于黄河三角洲、长江三角洲等沿海区域由于泥沙淤积形成的滩涂,其产权安排在实践中尚存在争议,海域使用权与土地使用权需要进一步明晰,滩涂资源农业利用的产权安排响应也是值得进一步研究的方向。

四、研究方法

基于土地可持续利用评价基础上的土地管理制度与政策研究,主要方法是多目标评价法,建立不同的指标体系进行分析,DPSIR 概念模型(OECD,1993;于伯华、吕昌河,2008)、能值分析理论(李双成、蔡运龙,2002;舒帮荣等,2008;张微微等,2009)、系统动力模型(何春阳等,2005;秦钟等,2009)、遥感和地理信息系统技术得到广泛应用。

基于农户层面的土地持续利用行为研究,主要方法逐步由定性向定性与定量相结合转变,因子分析法(叶剑平、徐青,2007)、Logistic 模型(何国俊、徐冲,2007;Tasser,2007)、Tobit 模型(Godoy,1997)、Probit 模型(Fisher 和 Shively,2005)、Heckman 两阶段模型(刘承芳等,2002)、柯布-道格拉斯(C-D)生产函数模型(陈志刚,2006)、加权两阶段最小二乘法(weighted two-stage LS)、线性规划模型(linear programming models,LP)、线性回归模型(通常用普通最小二乘法,OLS)(Coxhead 等,2002)等各种计量模型得到广泛应用。Wannasai 和 Shrestha(2008)采用 Tobit 模型,以农户对农户多年生植物种植行为(多年生植物种植比例)为因变量,结合农场规模和劳动力等农户特征,评价了土地产权不同安全等级对土地利用变化的影响,在指标选择上,农户特征指标选取了农场规模、土地投资总额、总收益、家庭劳动力、借款总额等指标。Dolisca 等(2009)采用线性规划模型(linear programming models,LP) 以目标收益最大化为原则,选取了传统的土地、资本、劳动力、农户自身特征等因素以及制度安排、信贷、土壤肥力等外生变量,分析了各种政策工具对大农户和小农户的福利影响。这些方法主要是在基于农户数据调研的基础上,在实证研究中广泛采用。

随着 GIS 和 RS 技术的发展,将土地利用的空间信息和微观经济主体的社会经济行为与特征进行联系或整合,采用计量分析和空间分析手段研究相结合的方法,分析微观主体土地利用决策及对土地利用的影响,并通过模拟现实土地利用系统的手段分析,探索相关参数的变化,例如要素市场、产权制度等,对土地利用变化的可能影响。这种方法具有空间数据与属性数据相整合的特点,并能够清晰地做空间分析比对,因此得到广泛应用。Multi-Agent System(简称 MAS)给进行多主体参与的从微观视角研究 LUCC 提供了一个概念性框架(杨顺顺、栾胜基,2010;陈海等,2009)。Le 等(2010)以越南中部山区小流域为例,运用 MAS 模型,结合敏感性和不确定性分析方法,对区域环境社会经济效益为目标导向的土地利用政策进行了模拟和评价。黄河清等(2010)基于主体模拟的建模方法(agent-based modeling),利用美国芝加哥大学为推广基于主体模拟方法的应用而开发的 RePast 仿真建模工具平台[1]和 Eclipse 编译环境,以农户和农民个体利用土地资源的生产行为为准则,建立了土地利用变化人工社会模型(Artificial Society Model of Land Use Change,LUC-ASM),以分析农民撂荒行为与经济、社会、政策之间的互动关系为重点,对未来 20～30 年间鄱阳湖区在不同经济、社会、政策情景下的土地利用变化过程进行了仿真模拟。

从数据获取手段来看,主要是社会调查(social survey)、遥感信息、将社会调查和遥感信息结合起来的手段(郝仕龙等,2005;芦清水、赵志平,2009;张波等,2009;王强等,2010)。从社会调查所采用的方式来看,又分为农户问卷调查和参与式农村评估方法(participatory rural assessment,PRA)。为了获取时间序列数据,准确掌握相关信息,通常进行多次调查,并结合访谈、小型座谈会等形式。参与式农村评估方法主要采用半结构访谈(semi-structured interview)的方式,这种方法的特征是有一定的采访主题和提前拟定的采访提纲,但在采访过程中又不局限于单一、狭窄的主题,而是围绕主题向被采访者进行开放式提问,被采访者在和谐的气氛中介绍经验,回忆过去发生的事情、发表对过去或现在发生事件的看法、愿望的采访方式。这种方法为小尺度的土地利用变化研究提供了新的数据来源和途径。近年来,PRA 与 GIS、RS 技术配合,结合宏观统计数据,土地利用微观主体政策响应研究得到广泛应用。

---

[1] RePast 仿真建模工具平台:http://repast.sourceforge.net.

五、述评

1. 结论

(1) 农户层面盐碱农用地持续利用研究相对不足,盐碱农用地持续利用管理的政策与盐碱农用地利用主体——农户之间存在脱节现象。

(2) 盐碱农用地持续利用研究多重技术、轻管理。目前盐碱地治理和改良技术及耕作模式研究较多,即偏重于盐碱地资源型开发利用研究,而对盐碱地作为财产型生产要素,其农业可持续利用管理制度与政策重视不足,尤其是在微观层面上,盐碱地产权安排的农户可持续利用决策行为响应研究不足,盐碱地产权对盐碱农用地持续利用管理等相关研究尚未引起广泛重视。

(3) 农地产权对土地持续利用的作用基本达成共识。综观已有研究的内容,农地产权的安全性、稳定性、完整性和农户认知等方面是影响农户土地持续利用行为选择的重要方面。但在我国盐碱地农地利用研究中,更重视技术性改良,而盐碱地产权对可持续利用的影响未受到重视,尽管个别文献中提及了土地产权对盐碱农用地持续利用的作用,但缺乏系统的论述。进一步研究盐碱地产权与盐碱农用地持续利用作用机理,研究不同产权要素与农户土地利用选择行为之间的关系,提出系统的可操作的政策建议,需要深入。

(4) 研究方法上呈现定量化、集成化特点,社会学、地理学、经济学、统计学等多学科研究手段相结合。微观层面上,统计分析和计量经济分析手段相结合十分常见。

2. 启示

我国在盐碱地开发利用与保护中,既定的产权制度安排有没有激发土地利用微观主体对农地可持续利用的主动性?如果没有,是否能够通过产权制度创新达到?在这一过程中,盐碱农用地利用过程中农户、企业、村集体、政府等主体分别正在或应该充当什么样的角色,发挥什么作用?为此以下研究具有重要的理论价值和实践意义:① 界定盐碱农用地持续利用内涵,研究农户土地利用行为与盐碱农用地持续利用之间的关系;② 分析现行盐碱地产权制度对农户土地利用行为选择的作用机理,根据不同盐碱区域自然社会经济条件和农户资源禀赋差异,提出盐碱地农业可持续发展的盐碱地产权安排方式;③ 研究方法的多学科融合与集成。

第二章　盐碱地产权与持续利用：作用机理和分析框架

土壤学家威廉斯曾说："没有不良的土壤，只有不良的耕作方法，在不断改变产量限制因子的条件下，作物产量会持续上升。"(ВильяМС，1957)由此可见，土壤是一个可以通过合理的人类活动定向改良的自然实体。本章在对盐碱地产权理论、盐碱农用地持续利用和盐碱地农户利用行为理论归纳总结的基础上，界定盐碱农用地持续利用内涵及影响农户盐碱农用地持续利用的产权要素，分析产权安排与盐碱农用地持续利用之间的关系，然后从理论层面，在农户层次上阐述盐碱地产权安排与盐碱农用地持续利用的耦合机理，为后文的实证研究提供理论支持。

第一节　理论基础与研究假设

一、理论基础

1. 盐碱地产权理论

为了避免主题混乱，界定本研究中盐碱地指直接用于农业生产的具有盐碱障碍的土地及海域。包括耕地、园地、林地、牧草地及其他类型农业用地，以及平均每年能保证收获一季的已垦滩地、海涂，也包括通过拍卖等方式取得的用于农业生产的"四荒地"(荒山、荒坡、荒丘、荒滩)。

根据对盐碱地范围的界定，本研究中所指盐碱地主要分布于农村地区以及海域滩涂，因此盐碱地产权体系分类也主要依据《中华人民共和国宪法》、《中华人民共和国土地管理法》和《中华人民共和国海域使用管理法》等确定。按照所有权主体的不同,盐碱地所有权分为国家所有权和集体所有权。国家所有权主要包括国有农场、国家依法征用的土地、全部海域以及依法不属于集体所有的林地、草地、荒地、滩涂及其他土地。集体所有权分为三种类型,分别是村集体经济组织所有、村内两个以上农村集体经济组织所有以及乡(镇)农民集体所有,主要包括农村和城市郊区的土地(除由法律规定属于国家所有的以外)、自留地、自留山等。根据《中华人民共和国农村土地承包法》、《中华人民共和国海域使用管理法》以及我国盐碱地经营管理实践,目前盐碱地使用权安排呈现出农村集体经济组织内部的家庭承包、采取招标、拍卖、公开协商等方式承包,国有农场经营、乡镇集体经营、私人开荒以及国有海域申请审批使用权等多种使用形式并存。因此,盐碱地既具有资源属性也具有财产属性,并且所有者主体相对单一,使用者主体丰富多样,在一定意义上具有"公共资源"的属性。

产权是对财产所拥有的权利,是一系列的权利束。以 R.H.科斯、A.阿尔钦、H.德姆塞斯等为代表的新制度经济学派,在其《社会成本问题》、《产权经济学》以及《关于产权的理论》等著作中的关于产权的界定具有相似之处,认为完整的产权包括行动团体对资源有专有的使用权、自由的转让权和收入(收益)的独享权(Alchian 和 Demsetz,1973;Coase,1960;Demsetz,1967)。Barzel(1997)在《产权的经济分析》中也提出,产权包括资源的排他性使用权、通过使用资源而获取租金的收益权,以及通过出售或其他办法转让资源给他人的转让权。因此,在理性经济人范式基础上,现代产权经济学根据契约主义和交易费用理论,通过产权界定和产权交易,可以帮助一个人形成与其他人进行交易时的合理预期,并具体规定如何使人受益,如何使人受损,以及调整人们的行为,进而促进资源的合理利用。

对农地产权的研究主要有两种范式,一种是以马克思主义经济学的所有制理论范式展开,另一种是以西方产权经济学的范式进行。我国农地产权研究主要是以马克思主义经济学的所有制理论范式为主。在我国农地产权研究领域,对农地产权的理解基本一致,是指一组权利束,它主要包括所有权、使用权、受益权、处置权等多种权利。刘守英(1993)分析我国现行农地制度时,对使用权、收益权和转让权等实际的产权内容进行分析。綦好东(1998)认为农地资产的产权包括了所有权、占有权、使用权、收益权和处置权等权利；梁慧星(1998)将农村土地产权分为自物权和他物权，自物权是指所有权，他物权包括农村土地使用权、邻地利用权、典权等，又称为用益物权；毕宝德(2001)认为农地产权体系包括农地所有权、占有权、使用权、收益权、处置权、租赁权、抵押权等。以上主要从法学角度基于产权本身的视角分析对农地产权的理解，基于权利主体间的差异及各细分权利构成对土地持续利用的影响考虑不足。

根据我国盐碱地所有权与使用权分离的二元结构性特征，本研究界定利于盐碱农用地持续利用的产权具备以下三个特征：(1) 清晰的产权归属；(2) 自由的产权转让；(3) 合理的收益分配。本研究认为盐碱地产权是一组以所有权为核心的盐碱地开发、利用与保护的行为性权利(图 2 - 1)，盐碱地产权安排的实质就是维系在盐碱农用地利用系统中不同产权主体间在不同时空序列上的各项权利束的不同组合。根据《中华人民共和国农村土地承包法》，考虑到产权在不同权利主体间的不同搭配和组合关系及各细分权利构成对盐碱地资源优化配置和持续利用等方面的影响，本研究将承包经营权分为承包权和经营权，承包权包括家庭承包和招标、拍卖以及公开协商承包等，经营权包括耕作权、垦拓权、流转权、保护权、抵押权等。其中地役权主要指农田水利设施等公共设施使用农户承包经营土地的权利。

由于盐碱地土地利用系统受制于土壤盐分制约，前期开发及改良生产性投入大、见效慢，后期利用则需要更多的保护性投入，因此与一般农用地产权相比，在既定所有权制度下，本研究假定：盐碱地所有权清晰、垦拓权安全、承包权及海域使用权稳定，耕作权和流转权自由，保护权完整等相关激励及约束能够促进盐碱农用地持续利用。同时，因地制宜的抵押权能够拓展农户盐碱地改良投入资金来源，适当的地役权能够方便政府或集体的公共产品(如农田水利设施)的供给，这也有利于提高盐碱农用地利用效益。

2. 盐碱农用地持续利用理论

盐碱农用地是一种资源约束型农用地类型，与一般农用地相比，具有以下的特点：(1) 生态经济系统条件相对脆弱，波动性较强。农作物受到土壤盐分控制，而水盐动态变化又受到气候等自然因素和人为干扰的影响，物质循环与能量流动

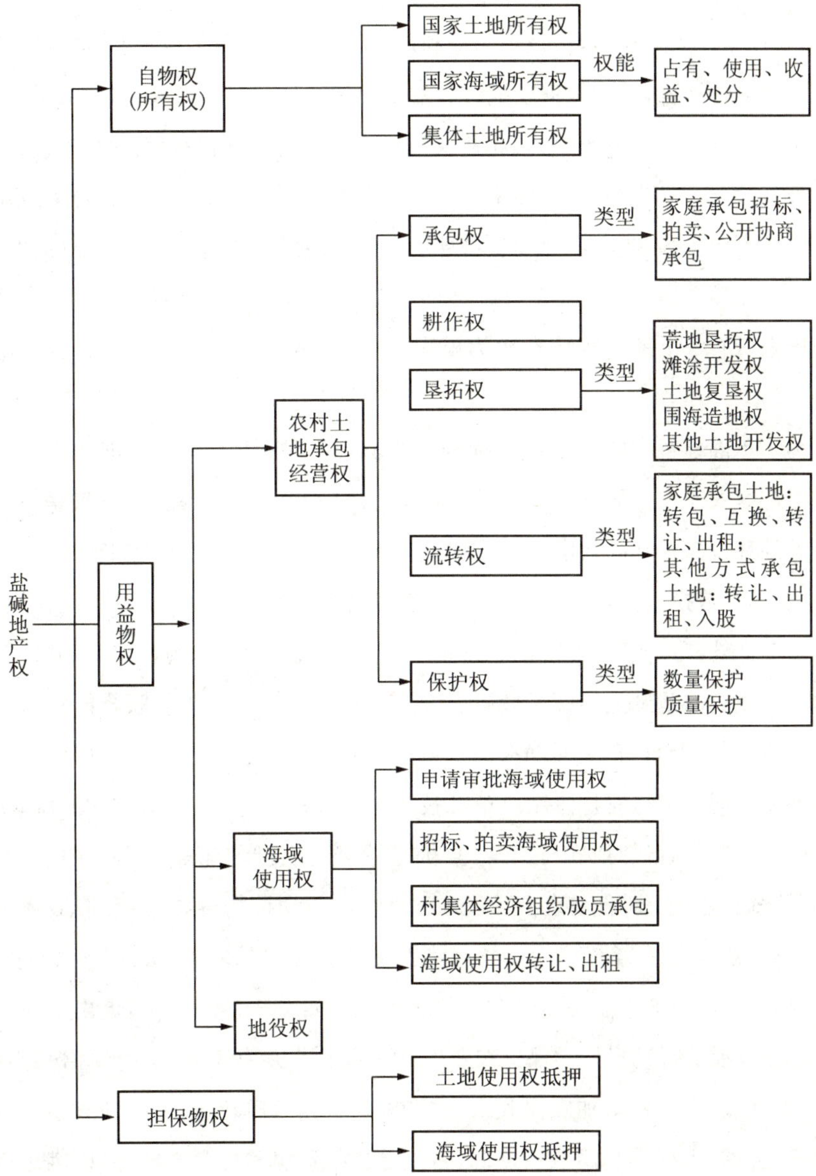

图2-1 盐碱地产权安排

资料来源:根据《中华人民共和国物权法》、《中华人民共和国土地管理法》、《中华人民共和国农村土地承包法》、《中华人民共和国海域使用管理法》、《海域使用权管理规定》以及金俭等(2008)编著的《中国不动产物权法》和沈守愚(2002)编著的《土地法学通论》,在综合考虑盐碱地开发、利用与保护过程中不同产权主体、不同时空序列而细分。

失调。(2) 盐碱地治理的激励功能偏弱。盐碱地农业对自然灾害的抵抗性相对较弱,农业生产风险较大,盐碱农用地利用属于典型的边际土地开发,对于农户等土地利用主体而言,通常根据土地纯收益变化调整生产要素投入,因此劳动力、资本等生产要素投入相对较少,农业开发与利用的预期收益相对较低。(3) 盐碱地治理外部性强,不仅给开发主体带来一定的经济收益,而且更重要的是促进生态经济系统走向平衡,改善农业和农村环境,给全社会带来福利,具有明显的社会效益和生态效益。(4) 未利用或未确权的盐碱地(滩涂)具有公共物品属性,集体所有或国家所有等土地产权形态较为模糊,一定程度上不利于提高土地资源配置效率。

为了正确理解盐碱农用地持续利用内涵,对可持续农业理论进行进一步梳理。可持续农业这一概念于20世纪80年代被提出并广泛应用,其背景是人类日益增长的环境需要和高效农业生产力之间矛盾日益突出。美国在20世纪80年代末,提出了低投入可持续农业(LISA)和高效率可持续农业(HESA)两种模式,前者强调低外部投入,后者旨在保障农产品供给,提高农业土地产出率和劳动率,在这两种模式的基础上形成了最初的可持续农业定义。1991年联合国粮农组织(FAO)在《丹博斯宣言》上明确提出了可持续农业的定义:“在合理利用和维护资源与环境的同时实行农村体制改革和技术革新,以生产足够的食物和纤维,来满足当代人类及其后代对农产品的需求,促进农业与农村的全面发展”,并进一步说明,可持续农业是一种能够保持和维护土地、水与动植物资源,不会造成环境退化,同时在技术上适当、经济上可行、能够被社会接受的农业。1994年《中国21世纪议程》在对我国农业发展存在的严重问题进行分析的基础上,提出了我国可持续农业发展的行动目标:“保持农业生产率稳定增长,提高食物生产和保障食物安全,发展农村经济,增加农民收入,改变农村贫困落后状况,保护和改善农业生态环境,合理、永续地利用自然资源,特别是生物资源和可再生能源,以满足逐年增长的国民经济发展和人民生活的需要”。近年来,不同学者、管理部门及各种组织根据不同的目的、区域,从不同角度、不同层次提出了众多版本的可持续农业理论体系。总之,究其本质特征而言,可持续农业以资源、环境、技术、经济和社会等要素相互协调为主要特征,目的在于发展生产、保护资源、改善环境,调和人地矛盾,促进农业土地利用人地关系地域系统有序演进(徐慧等,2011)。

基于以上分析,本研究界定盐碱农用地持续利用的目标是提高盐碱障碍农用地质量,增加农用地有效供给数量,提高盐碱荒地及盐碱障碍农用地利用效率,即:提质、扩量、增效。具体内涵包括:① 资源的生产性,指着眼于根本性的土壤改良与资源利用和保护,进行提高综合生产能力的基本建设,能够保持或提高农用地资源的生产潜力。主要包括保持可持续的农业生产基础设施,进行水、土、田、林、路综合治理,提高土地的可持续生产能力。② 土壤肥力持续性,即维持盐碱地农业系统物质循环与能量流动平衡,增加养地作物,增施有机肥,选择合理的土地利用方式,保护自然资源的潜力和防止土壤退化。③ 经济相对高效性,指目标不单纯是提高当年产量,而是在较长时间内产出保持持续、稳定、增长,至少维持现有的产出水平不降低,可以自我维持、自我发展,持续不断地增加农民收入,促进农村全面发展。④ 生态可行性,指改良农业生态环境,防止盐碱化程度加重,提高农业生态系统的永续生产力。主要包括因地制宜、种植结构符合盐碱地改良要求,作物布局符合生态效益最大化原则,种植制度满足盐碱地资源持续承载能力。⑤ 社会接受性,既满足当地居民衣食基本需要又满足社会文化需要(如教育、就业、娱乐、平等、安全等),包含代际、代内与区际、区内的平等和公平,使农户愿意并持续进行盐碱地资源农业利用与保护,保障农用地资源数量稳定、避免次生盐渍化和异地盐碱化现象发生。同时,根据盐碱地改良及农业利用的不同发展阶段,其内涵也具有动态变化的特征。清晰界定盐碱农用地持续利用内涵,对于明确研究目标导向具有重要的意义。

3. 盐碱农用地利用农户行为理论

自然作用下发生的土壤盐碱化,发生的面积和范围有限,类型也比较简单。而人类不合理的生产方式往往会打破自然水盐的平衡状态,对土壤水盐运动产生较大作用,这些不恰当的活动不仅加速了土壤退化的进程,而且也影响着土壤退化的深度和广度,使土壤退化复杂化,原生境脆弱性不断增强。而农户作为土地利用最基本、最直接的单元和主体,是农业生产决策的核心,他们在盐碱地农业生态环境和社会经济条件约束下,以资源现状及条件为基础,以目标为导向进行土地利用决策,直接影响盐碱农用地利用的持续性。

目前不同时代背景、不同国家和地区，乃至不同领域的学者对农户行为的研究已有很多，目前具有代表性的农户行为理论主要包括：Chayanov的“劳动消费均衡”理论、Scott的“生存小农风险厌恶”理论、Schultz的“理性小农利润最大化”理论以及黄宗智的“内卷化或过密化”理论。本研究对以上各学派主要观点、核心思想及代表作品作了梳理（表2-1）。

表2-1 典型农户行为理论比对分析

学　派	代表人物	主要观点	核心思想	代表作
组织生产学派（实体主义学派）	恰亚诺夫	劳动消费均衡理论	在农户农业生产依靠自身劳动力和满足家庭自给需求的前提下，农户在追求生产平衡时，将选择自家消费需求和劳动辛苦程度之间的平衡，而不是利润和成本之间的平衡。农户家庭生命周期是农户分化的主要原因	农民经济组织
生存小农学派	詹姆斯·C.斯科特	生存道义学说	平衡风险，寻求安全。每个小农都“尊重每个人维持生计的权利”这一防御圈，农户在防御圈内以“安全第一”为原则进行生产行为决策，在防御圈外，盛行的是资产阶级的利润计算	农民的道义经济
理性小农学派（形式主义学派）	西奥多·W.舒尔茨	理性小农理论	在完全竞争的市场驱动下，小农是理性的，是追求利润最大化的“经济人”，并且是相当有效率的	改造传统农业
历史主义学派	黄宗智	内卷化或过密化	小农不仅是自给自足的生产单位，还具有自我雇佣的性质，在需求满足最大化的前提下，农民家庭被迫投入高度内卷的劳动量以争取尽可能高的土地收益	华北的小农经济与社会变迁；长江三角洲小农家庭与乡村发展

数据来源：根据各学派代表人物的主要著作整理。

表2-1中各观点是各学派代表人物在不同时代背景下，对不同国家（或地区）在一定的前提假设下，通过实证而提出的。其中，Chayanov（1996）为代表的组

织生产学派和Scott(1977)为代表的生存小农学派具有一定的相似性,都是以非市场化为背景,建立在"农户经济行为非理性"的基础上,进行实证研究而提出的农户行为理论。而以Schultz(1987)为代表的理性小农学派则是以完全市场化为前提,在"理性小农"的基础上,提出"利润最大化"是小农行为的准则这一观点。美国经济学家Becker(1993)的《人类行为的经济分析》中也持有本观点。对我国农户行为的研究过程中,黄宗智则采取综合分析的方法,是在对我国华北和长江三角洲地区农户行为研究的基础上对上述两种学派的集成和总结。他认为满足家庭需要的小农生产会逐步向追求利润最大化的经营生产过渡,农户也会从"非理性"向"理性"转变。而林毅夫(1998)、史清华(2005)等在对我国农户经济行为的研究中,则持有类似于"理性小农"的观点。

由于我国盐碱农用地利用生产实践与已有农户行为研究存在较大的资源要素禀赋差异,尽管以上成果对盐碱农用地持续利用中农户行为研究具有重要的借鉴意义,但仍不能完全效法。基于我国农村土地家庭联产承包经营责任制这一小农经济范畴下的产权制度安排,各流派观点对本研究的主要借鉴及启发之处在于:① Chayanov的劳动均衡消费理论表明,家庭劳动力的最大可利用数量决定了农场经济的规模上限,维持家庭生存的最低物质水准决定了农场经济的规模下限,因此农户家庭特征是影响农户决策的重要因素。本研究在考虑盐碱地产权对农户行为的影响时,必须充分考虑农户家庭特征及差异。但是他提出的"自家消费需求和劳动辛苦程度之间的平衡"这一观点属农户的主观感受,难以量化,并且是否符合我国典型盐碱地农业资源持续利用中的农户行为选择有待于实证分析。② Scott的"平衡风险、寻求安全"的观点与Schultz的"理性小农理论"基于不同的前提假设,这表明区域社会经济发展水平、社会经济制度,包括土地产权制度与政策,对农户生产行为具有重要影响。我国盐碱地资源开发与农业利用过程中,土地产权制度安排及农地市场的建立与盐碱农用地持续利用之间到底是存在正向关联还是负向关联这一命题值得结合实践调研予以证实。③ 黄宗智从综合分析的视角,提出小农既是一个利益追求者、维持生计的生产者,也是受剥削的耕作者,对农户行为的理解应该从小农的这三个方面综合分析,这一综合性观点在本研究中对中国传统农户行为研究的前提假设的提出具有重要借鉴意义。

二、研究假设

在以上理论基础之上，本研究提出以下研究假设。

第一，盐碱农用地利用中农户理性经济人假设。根据农户行为理论，现实生活中，在生存理性、社会理性和经济理性等约束下，农户主要依据自身价值预期，在追求自身效用最大化的目标下，通过权衡长短期利益及风险因素，综合考虑合理成本投入和最大生产效用作出合理抉择。结合研究区域实地调研，吉林省镇赉县和新疆察布查尔锡伯族自治县地多人少，作物种植结构以水稻为主，平均每个农户仅留有年水稻总产量的10%左右，甚至更低的数量以满足自家消费。山东省垦利县永安镇和黄河口镇农户在经营过程中种植结构非常单一，仅种植单季棉，并且全部出售，然后再用现金购买生活所需的米、面等食物。因此，调研区域的农业生产自给自足的特征已不明显，而是实现了从满足家庭自给需求向以追求市场利润最大化的经营目标过渡。这一假设也符合主流农户行为学派的基本思想。

第二，盐碱农用地持续利用的目标是提高盐碱障碍农用地质量，增加农用地有效供给数量，提高盐碱荒地及盐碱障碍农用地利用效率。为了避免主题混乱，界定本研究中盐碱地指直接用于农业生产的具有盐碱障碍的土地及海域，又统称为盐碱农用地，包括耕地、园地、林地、牧草地及其他的农业用地，以及平均每年能保证收获一季的已垦滩地、海涂，也包括通过拍卖等方式取得的用于农业生产的"四荒地"(荒山、荒坡、荒丘、荒滩)。

第三，盐碱地产权是影响农业可持续利用的重要因素。本研究界定利于盐碱农用地持续利用的产权制度具备以下三个特征：(1) 清晰的产权归属；(2) 自由的产权转让；(3) 合理的收益分配。盐碱地产权通过影响农户行为选择，进而影响到盐碱农用地持续利用。

第四，农户对盐碱农用地利用行为决策除受盐碱地产权因素影响外，特定的自身特征，生产要素资源禀赋、经济和社会环境以及农户对盐碱地产权的认知和土地耕作意愿等均有可能改变其实际的行为选择结果。

以上四个假设之间存在以下逻辑关联：假设1是整个研究的立足点，是对农户的经济行为做进一步研究的理论基础。假设2是对盐碱农用地持续利用及关键因素的一般认知,假设3和假设4是在假设2的基础上,用来解释社会经济现象的原因,是对现象在一般认识的基础上的深入。

第二节　盐碱农用地利用中农户行为特征及影响因素

一、盐碱农用地利用中农户行为特征

由于盐碱地农业具有投入高、技术风险大、收益低等特点,在盐碱地农业利用过程中,农户土地利用决策行为具有集体行动的一致性和个体行动的外部性特征。

1. 集体行动的合作性

国内外不同区域、不同类型的盐碱农用地利用技术相对成熟,基本可分为两大类:盐碱地改良技术和盐碱地利用技术,其中盐碱地改良技术以水利工程措施、土壤培肥措施以及改良制剂措施为主,盐碱地利用技术主要指耕作技术、农艺生物措施等,这些措施通常情况下需要农户集体合作。澳大利亚政府在盐碱地治理与改良过程中通过制定《盐分和水质国家行动计划》(National Action Plan for Salinity and Water Quality,NAP),于2000—2008年投入了14亿澳元用于盐分和水质行动,以加强盐碱退化的土壤培肥和水资源管理,促进水土资源的持续利用。[1] 巴基斯坦大部分地区属于干旱半干旱气候,土壤原生盐渍化与不合理的灌溉行为带来的平原灌区次生盐渍化问题突出,从20世纪50年代末至今,先后成立了国家水电发展总局(WAPD),通过1961年《防止盐渍化和土壤改良计划(Salinety Control and Reformation Project,SCAP)》、1975—1996年的历时21年的加速斯卡普计划以及1990—2000水区域投资计划(简称WSIP)等一系列计划,实施西水东调工程,修建了高坝、大型水库、水电站、引水渠、灌溉渠及排水系统,通过水资源规划和管理,以促进盐碱地农业资源的持续利用。

在我国,从20世纪50年代至今盐碱地治理大致也经历了三个发展阶段。第

[1] 资料来源:澳大利亚可持续发展与环境部网站(www.environment.gov.au)。

一阶段:20世纪50年代至80年代初,以水为纲。此阶段农业生产尤为受到重视,《中共中央关于一九五九年国民经济计划的决议》中提出了"农业八字宪法",即"水(水利)、肥(肥料)、土(深耕、改良土壤)、种(改良种子)、密(密植)、保(植物保护、防治病虫害)、工(改良工具)、管(田间管理)"。在盐碱地改良过程中,主要侧重于水利工程措施,加强排灌设施建设,井灌井排广泛应用(陈恩凤等,1979)。但是20世纪50年代为了发展灌溉抗旱增产,黄淮海平原大量引水蓄水,重灌溉轻排水,地下水位抬高,大面积土壤次生盐碱化出现。第二阶段:20世纪80年代初至90年代末,"改盐"与"培肥"并重。依据"肥能吃盐"的实践经验,绿肥改良、增施有机肥等农艺生物措施为排水不便的滨海沿河低地区域广泛采用,同时我国逐渐开展喷灌技术研究,并在一些缺水和无地面灌溉条件的干旱、半干旱地区推广。与排灌措施相结合,达到了作物高产和稳产的效果(陈恩凤等,1979)。第三阶段:21世纪以来,盐碱农用地利用技术呈现出集成化、轻简化、持续化特点。江苏淮北地区通过采用规划分区治理、水资源优化调度及配置技术、节水灌溉技术、水土保持技术、机械化施工技术、农田水利工程长效经营管理等软硬技术的综合集成,效果显著。[1] 同时,为克服传统农业对淡土环境的依赖,使盐碱环境直接用于食物生产,具有食用或经济价值的天然盐生植物的筛选、驯化培育和栽培,也成为盐碱地最有效且最直接的利用途径(邢军武,2001),这一方面为人类提供持续稳定充足的粮食、食用油、蔬菜、饲料或饵料以及动物蛋白质供应,另一方面也对盐碱环境的植被重建、生态改良和污染治理起到积极作用。与此同时,我国学者针对盐碱地改良及农业资源开发利用实践,总结形成了大量的研究成果,并提出了"排、灌、平、肥、林、改"、"排、稻、平、肥、淤、轮、换"以及"井、沟、渠结合,农、林、牧并举"等因地制宜的综合治理途径。这些实践经验和成果总结的核心都是水与肥的密切结合,陈恩凤教授概括为"排灌是基础,培肥是根本"(陈恩凤等,1962)。

从国内外的盐碱地改良及利用实践经验可以看出盐碱地农业持续发展是一项系统工程,需要综合采取多种改良技术,并且由于这些技术具有综合性、规模化、前期投入高、预期收益不稳定等特征,在很大程度上依赖于国家和政府的扶持

[1] 资料来源:江苏水利厅(www.jswater.gov.cn)。

以及制度与政策约束下的农户集体合作,逐步实现由农户自组织个体行动向农村集体使用综合技术的合作行为转变,以保障盐碱地改良技术推广过程中建立合理的利益分享、风险分担机制,实现农户个体收益和盐碱地水土资源的持续利用。

2. 个体行动的外部性

外部性又称为外部成本、外部效应或溢出效应。在盐碱农用地利用过程中,指农户土地利用行为对其他农户农业生产活动或对整个农业生态环境等社会福利所产生的非市场化的影响,这种影响在农户进行盐碱农用地利用活动中派生出来,在实现农户私人收益最大化的同时,却造成盐碱地农业资源脱离最有效的生产状态,使市场经济体制不能很好地实现优化盐碱地农业资源配置的目的。根据外部性的效果,可以分为正外部性和负外部性。正外部性是农户个体的农业生产活动使他人或社会受益,而受益者无须花费代价;负外部性是农户个体的农业生产活动使他人或社会受损,而造成外部不经济的人却没为此承担成本。根据调研,在盐碱农用地利用过程中,农户土地利用行为具有明显的外部性,尤其是土壤培肥以及水资源利用等方面负外部性特征明显。

在研究区域调研中发现,大多农户偏好于化肥、农药等直接刺激高产的化学工业辅助能量投入,而对于盐碱地土壤持续性改良及资源保护的有机技术投入严重不足,农户对增收型和高产型技术具有明显的偏好,这与盐碱农用地持续利用发展目标相悖。根据农户行为理论,这主要是由于农户从自身家庭效用最大化出发,较多考虑的是边际私人收益和边际私人成本,以最小的私人成本获得最大化的私人收益为决策原则造成的。但与此同时,由大量的工业辅助技术投入带来的土壤板结、次生盐渍化、农业生态环境面源污染等成本并未包括在农户行为决策时所考虑的私人成本范围之内,而是转嫁给了社会。

同时在盐碱农用地利用过程中,农户水资源利用行为也存在典型的负外部性。在调研的部分区域由于实行政府补贴、村集体补贴等形式,在农户层次上免征或少征水费,而免征水费(水费较低)下的不合理的灌溉行为及对周边农户耕作的影响即是一个典型的外部性例子。图 2-2 描述了这种行为的外部性问题。如果农户在作物灌溉过程中,不需要为使用农田水利设施、水资源和过量用水对邻家耕地带来水土流失而支付费用,根据科斯定理,“在一个零交易成本的世界中,有效的产出结果总是能够出现”。边际收益曲线(MB)表示农户从农业生产中获得的边际收益。曲线的斜率向下倾斜是因为,当农户生产第一个单位的农产品时,它的边际收益是非常高的,但随着农产品产出的增加,边际收益会下降。社会收益源于农户为国家粮食安全、盐碱地资源开发利用以及其他方式提供的帮助。边际私人成本曲线(MPC)表示农户必须支付的成本——土地、资金、劳动力、技术和其他。但是,农户并不需要支付他给社会造成的所有成本,特别是,农户不需要为他不合理的灌溉行为给公共的农田水利设施损失、其余农户水资源短缺以及对邻家耕地带来的水土流失支付成本。农户在 Q_a 处生产,此时边际收益等于边际私人成本。这个产出水平实现了农户利润最大化。但是,从社会角度分析,产出的有效水平是 Q_e,此时边际收益等于边际社会成本(MSC)。Q_a 的产量是无效率的,因为存在一部分公共成本没有被考虑。因此,可以采取适当征收或提高灌溉费用的措施,当这个费用大于农户从他最后一单位产出中的所得,且小于额外一单位生产给农田水利设施损失、其余农户水资源短缺以及对邻家耕地水土流失等损害程度时,农户就会采取改进的灌溉行为,使得农户获得更多收益,而对农田水利设施、水资源供给以及邻家土地利用等方面的损害也被减少。

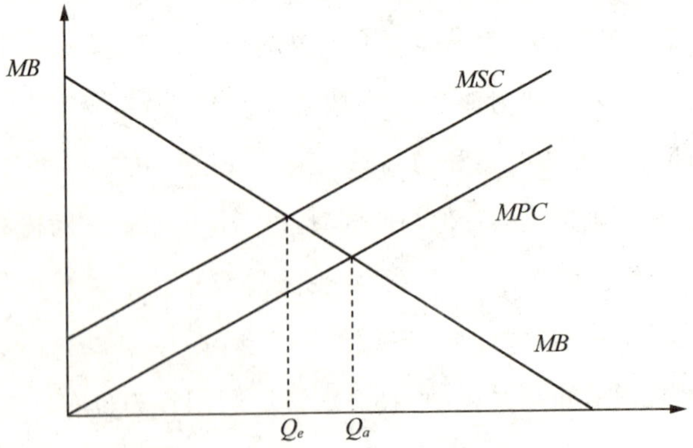

图 2-2　农户盐碱农用地利用行为负外部性效应

总之,农户作为“理性人”,对盐碱地农业资源的使用的理性目标是追求自身效用的最大化,这种以自身利益最大化的动机反应在其盐碱农用地利用行为上必然产生与盐碱农用地持续利用目标相悖之处,其结果是带来盐碱农用地利用的负外部效应。农户行为的负外部性引起了市场的无效率，通常情况下单纯依靠私人部门无法解决这种非效率状况，还需要以市场为基础的激励政策和以命令、控制为基础的行政管制等公共政策的参与。因此，根据产权经济学理论，通过合理的盐碱地产权制度安排，诱导农户在农业生产过程中将盐碱地农业资源保护和持续利用问题与农户既得利益挂钩，可以有效协调农户个体和集体之间的行为取向，有效规制农户短期化盐碱地农业资源利用行为，消除农户个体对盐碱地农业资源持续利用产生的负外部性，进而实现两者目标协调。

二、盐碱农用地利用中农户决策行为影响因素分析

盐碱地农业受制于土壤资源约束，其持续发展目标的实现依赖于土地利用主体行为方式的转变，而农户个体行为又受到多种因素制约。根据农户"理性经济人"假设，农户决策行为是依据自身价值预期，追求自身效用的最大化，而作出行为选择。同时，根据计划行为理论（Theory of Planned Behavior，TPB），除了行为态度和主观规范等因素外，感知行为控制也是决定行为意向的主要变量（姚增福、郑少锋，2010；Herath，2013）。因此，农户决策行为受到农户自身特征、自然环境、社会经济环境、管理制度与政策体系等综合因素的影响。

1. 农户特征因素

农户特征主要包括年龄、性别、家庭总人口、劳动力、受教育水平以及家庭收入结构等（Lv 等，2012）。首先，一般情况下，户主越年轻，家庭总人口越多，受教育水平越高，农户越愿意扩大农业经营规模，采用盐碱地改良新技术的愿望与能力越强。Chayanov（1996）认为，家庭规模和结构决定了家庭农场经济活动总量，其作用机理在于维持需求的满足程度和劳动的辛苦程度间的均衡。这表明，家庭总人口和劳动力数量是影响农户盐碱地农业经营规模的重要因素。但也有研究表明，农户越来越倾向于采用节省劳动力投入的生产方式（Chen 等，2011），因此也有可能在比较收益影响下，户主越年轻，家庭总人口越多，受教育水平越高，生活基本成本越高，农户越倾向于非农就业，盐碱地农业投入越少。其次，一般情况下，农户家庭收入水平越高，意味着耕作越方便、有更多的资本投入，越易于采用利于盐碱地改良及利用的持续性的农业生产方式。非农收入所占比例越大，可能对于农户持续性生产投入具有支撑作用（DeJager 等，1998），但也可能由于比较收

益的存在，而降低农户的持续性生产投入。

2. 自然环境因素

自然环境因素主要包括盐碱化程度、水资源以及田块微地形地貌等土地利用条件。盐碱地农业生产风险较大，具有很大的不确定性，农地资源制约特征尤为突出。第一，盐碱化程度。辛良杰等(2009)研究表明耕地质量是土地生产率的决定因素。在土地资源稀缺和家庭供养人口较多的前提下，盐碱化程度越高，农户改良性生产投入越大，但对于土地资源丰富的地区，盐碱化程度越高，农户对盐碱地改良性利用投入的积极性有可能减弱。土地规模经营与生产率之间在某些地区呈负向关系，但如果将土地肥力因素考虑在内，这种负向关系明显减弱，甚至消失(Newell 等，1997；Bhalla 和 Roy，1988)。但也有研究认为，耕地质量对农户是否转入耕地的影响并不显著，可能是由于农户在判断是否转入耕地时主要根据自身的实际经营情况和当地的情况作出决定，具有“跟风”现象(易小燕、陈印军，2010)。因此，盐碱化程度与农户盐碱地农业经营行为选择密切相关。第二，水资源条件。韩青和谭向勇(2004)认为水资源的稀缺程度是影响农户水资源利用行为选择的基本内生因素。一般情况下，水资源越短缺，农业生产受到灌溉用水资源供给条件的影响较大，农户越倾向于选择节水型水资源利用行为。也有可能随着当地水资源短缺程度的减缓，农户灌溉行为受水资源的约束逐渐越小，农户灌溉用水量将会显著增加(韩青、袁学国，2011)。第三，田块微地形地貌。一般情况下，田块平整，距离家庭较近，则会增加农业持续性生产投入(Wopereis 等，2006)。

3. 社会经济环境

社会经济环境因素主要包括盐碱地改良技术供给及包括服务、农产品市场、信贷、保险在内的社会服务体系等。第一，盐碱地改良技术的配套程度。主要包括是否有适宜的盐碱地改良技术供给，是否有完善的技术推广示范、技术培训及跟踪服务体系。适合盐碱地农业生产特点和农户生产需求的技术及完备的配套体系能够为农户持续性生产提供技术支撑。根据土地集约利用理论，在一定的条件下，完善的农业生产技术及服务体系也能提高农户对盐碱农用地的农业经营意愿。第二，盐碱地农业产品市场。一般情况下，农产品市场越发育，农产品价格越高，越利于农户调整种植结构，采用新的盐碱地农业作物品种，提高农业持续性投入的积极性。第三，信贷。由于盐碱农用地改良及农业利用需要投入大量资金，资金短缺是影响农民对盐碱地农业投资积极性以及制约目前我国中低产田改造顺利开展的重要因素之一（李明秋、韩桐魁，2001），因此信贷约束可能限制土地投入，如果农户具有信贷需求或者认为比较容易取得农业贷款，则农业生产资金约束相对越小，越利于促进农户采取持续性生产方式。第四，农业保险。盐碱地农业生产对农户的激励机制相对较弱，盐碱化程度严重的地区在土地开发的 3～5 年内甚至入不敷出。农业保险可以降低农户盐碱地开发及农业生产中的风险，提高农户对盐碱农用地经营的积极性。

4. 盐碱农用地利用制度与政策

盐碱农用地利用制度与政策主要包括盐碱地产权、农业补贴、税收、水资源及农田水利设施管理政策等。第一，盐碱地产权。影响农户决策行为的产权因素主要包括所有权、使用权、收益权、流转权等方面以及产权安排所带来的盐碱地资源分配与利用条件。主要体现在盐碱地产权的完整性、安全性、稳定性、流动性等方面，并通过我国现行产权的土地承包方式、土地经营方式、土地流转方式以及土地产权登记等相关制度与政策安排来体现。由于盐碱地产权是本研究的切入点，因此在本章第三节将进一步深入分析。第二，农业补贴。盐碱地农业是弱势产业，大部分国家都采取了补贴方式。在有效的监督机制下，包括国家定价、生产资料补贴、粮食直补以及中低产田改造、土地综合整治等项目补贴在内的所有农业补贴可以提高农户生产收益预期（刘克春，2010），促进农户采取持续性农业生产方式，提高农民盐碱地开发及农业持续利用的积极性和满意度。张锦洪、蒲实（2009）通过对美国以农场为主的规模经营生产方式的总结，也发现剔除了政府补贴后的农场经营净剩余表现出稳定性特征，土地私有制和农业规模经营不能增加农民收入，而应该实施农业支持政策。但也不排除在盐碱农用地利用中，个别农户仅仅为了获取农业补贴，而不努力进行持续利用的生产投入。第三，水权市场管理。水权市场通过剩余水权交易和征收灌溉水费来体现。水权实质也是一种产权。剩余水权交易市场的建立主要是基于水资源的稀缺性和“公共物品”特性。为防止水资源的过分消耗，应当建立排他性的水权交易制度，并通过剩余水权转让交易，促进水资源的合理流转和分配，这在一定程度上可以提高农户灌溉用水的利用效率(韩青、袁学国,2011)。在农户层面上,通过灌溉费用征收可以使农户充分考虑机会成本,刺激农户参与农业灌溉用水的利用与管理,进而优化水资源配置与利用效率(Rosegrant 等,1995)。第四,农田水利设施管理。农田水利设施对农户决策行为的影响主要体现在农田水利设施的完备程度及其产权类型两个方面。首先,农田水利设施的完备程度作为影响农户参与灌溉管理的重要因素之一(Yildirim 和 Çakmak,2004),直接影响到作物从水源到田间的输送过程中渠系水的利用率。其次,水利工程的不同产权制度对水资源利用效率的影响不同。马培衢、刘伟章(2006)认为,责权明晰的水利设施管理制度有利于催生农户自主治理灌溉事物的行动。王金霞等(2000)认为,随着我国农村家庭联产承包责任制的实施,原来属于国家、集体所有的小型水利工程的管理体制与农村分户经营的模式已不相适应。因此,农田水利工程的产权因素也应作为影响农户行为决策的影响因子。

除以上因素之外,农户认知也是影响盐碱农用地持续利用的重要因素。本研究中主要体现在对盐碱地产权制度的认知以及盐碱农用地的耕作意愿两方面。农户对盐碱地产权的认知主要包括对农地所有权、农地使用权、农地收益权、农地转让权、农地处分权等方面(徐美银、钱忠好,2009)。一般情况下,农户认知水平越高,越愿意对盐碱地农业采取持续性生产措施。农户对盐碱农用地的耕作意愿可以用虚拟变量来表示,通过对农户对盐碱荒地的开发意愿和对国家土地整理项目区部分熟化盐碱农用地的耕作意愿的调研来衡量。

第三节　盐碱地产权与盐碱农用地持续利用的作用机理

一、盐碱地产权在农业利用系统中的功能

1. 盐碱农用地利用系统

盐碱农用地利用系统是人口子系统、农业利用社会经济子系统与盐碱农用地利用自然条件和自然资源要素等生态环境系统不断进行物质、能量和信息不断交互的过程。根据吴传钧院士人地关系地域系统思想理论,盐碱农用地利用是否可

持续,不仅决定于地,更重要的是决定于人(陆大道、郭来喜,1998),取决于盐碱农用地利用过程中以土地关系为基础的人与人之间相互关系的协调,以及盐碱地资源配置的公平及效率,其本质上是人地关系的和谐共生。因此,农户作为盐碱地耕作经营的直接主体,其行为选择是决定该生态经济系统是否协调、是否持续的直接原因,同时盐碱地农业在自然资源和自然条件约束的前提下,包括盐碱地产权制度在内的社会经济环境、技术环境等又对农户行为影响显著(图 2-3)。

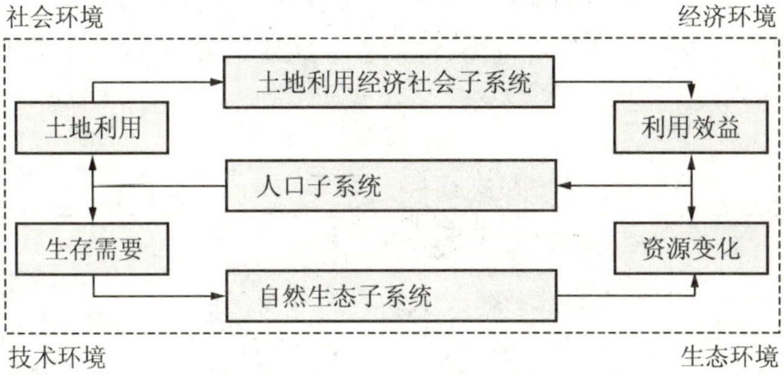

图 2-3 盐碱农用地利用系统

2. 盐碱地产权在农业利用系统中的功能

盐碱地产权安排其实质就是维系在盐碱农用地利用系统中不同产权主体间在不同时空序列上的各项权利束的不同组合。通过产权安排,实现对盐碱地资源分配的界区功能、对产权主体的激励约束功能、优化资源配置功能以及提高管理效率功能,以协调人与地关系以及人与人之间的收益分配关系,实现盐碱农用地持续利用。具体体现在以下方面:(1) 对产权主体的激励与约束。这主要通过采用经济利益和法律手段,约束农户机会主义倾向,激励农户以可持续的方式利用盐碱农用地。(2) 优化盐碱地资源配置。不同的产权安排方式会带来不同效率的盐碱地资源配置。通过产权制度建设与完善,可以促进有序交易,进而实现盐碱地资源优化配置。主要体现在两点,第一,通过盐碱地产权调整与流转,实现产权的分割与重组,进而实现盐碱地资源的再配置,从而提高土地利用效益;第二,通过清晰的界定不同产权主体之间责权利关系,平衡盐碱地盐碱地产权交易主体之间以及与公众之间的既得利益和应负责任,进而提高盐碱农用地利用的社会整体福利水平。因此,通过盐碱地产权交易的发展,可以实现盐碱农用地利用整体效率的改进。(3) 提高盐碱农用地利用管理效率。这主要体现在三个方面:第一,减少土地利用纠纷,提高经营管理效率;第二,减少在盐碱地产权交易中支付的信息搜寻成本,提高交易管理效率;第三,稳定农户对盐碱地产权的安全感,提高农户对盐碱农用地中长期投入的使用管理效率。

二、盐碱地产权与盐碱农用地持续利用耦合机理

1. 盐碱地产权对盐碱农用地持续利用作用机理

盐碱地产权对盐碱农用地持续利用变化的影响是复杂多样的,主要是通过产权安排影响经济当事人的经济行为,特别是土地使用者(农户)的利用方式(行为)来实现(图 2-4)。

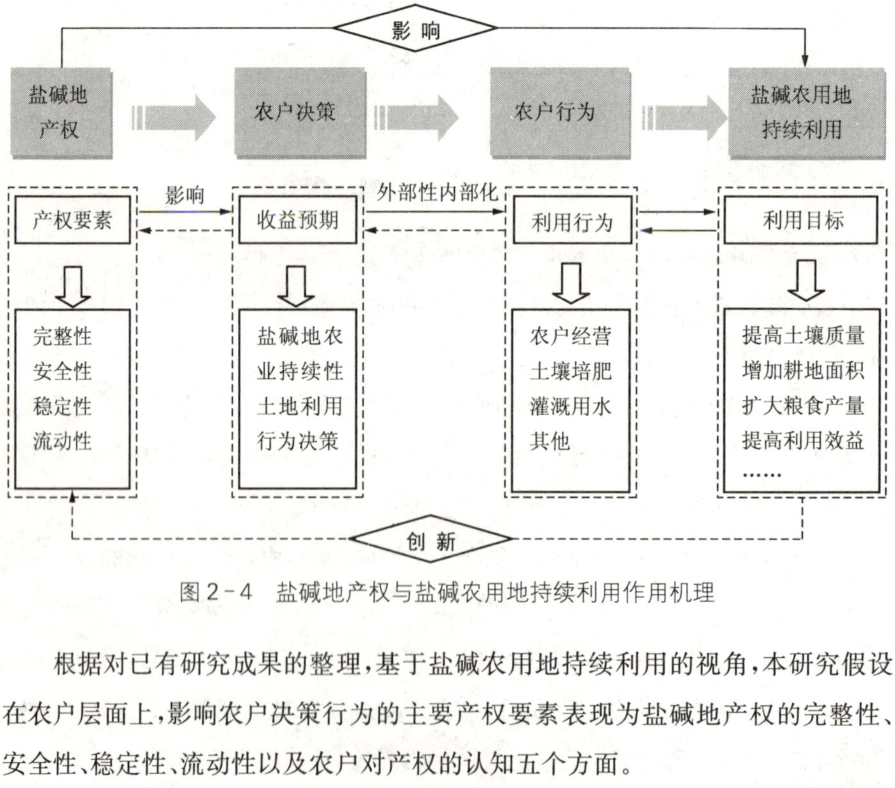

图 2-4　盐碱地产权与盐碱农用地持续利用作用机理

根据对已有研究成果的整理,基于盐碱农用地持续利用的视角,本研究假设在农户层面上,影响农户决策行为的主要产权要素表现为盐碱地产权的完整性、安全性、稳定性、流动性以及农户对产权的认知五个方面。

第一,完整性主要指权利完整和责权对等。具体为:① 产权主体对其拥有的盐碱地资源在其权能范围内,应该具有排他的使用权、独享的收益权和自由的处分权;② 产权主体对其拥有的某一产权权能的划分、确定、界定、保护和行使等一

系列规则应该责权对等,在享有盐碱地农业资源利用过程中某些权能的同时,也要肩负起盐碱地资源保护的责任。

第二,安全性是指对农户拥有的盐碱地产权的严格保护,即通过产权制度和法律实施,保障农户对盐碱地资源农业利用一定程度上的占有、使用、收益和处分等权利的权威性。

第三,稳定性是指农户有权长期使用土地,而其权能不会在将来被无偿剥夺。内涵包括:① 农户享有法定的盐碱地产权,应严格遵守法律规定,维持国家法定期限内不得非法剥夺和侵害;② 农户经营的盐碱地产权的变更必须依据合法的调整、征收、征用,并且必须对农户进行盐碱地改良和农业生产投资等方面进行公正合理的补偿;③ 盐碱地资源财产权利在法律规定的范围内,其代际传承受到法律的有效保护。

第四,流动性是指盐碱地产权主体既拥有产权自由让渡的权利,同时在让渡过程中又受到责权同步转移的相关约束。具体为:① 基于产权不同权能可分割性的基础上,可以部分地通过市场竞争,在不同农户、农业企业、农场等主体间采取转让、租赁、赠送以及抵押等形式自由让渡和流转;② 在产权让渡的同时,对盐碱地农业资源持续利用与保护的责任也一并转移,即在产权让渡过程中责权同步。

第五,农户对产权的认知主要指农户对盐碱农用地利用过程中针对产权归属的认知和判断,这是产权主体和产权收益归属明确的根本出发点。

以上五个方面对盐碱农用地持续利用而言是相辅相成的,其中产权的完整性、安全性、稳定性主要是为了减少农户等相关主体在盐碱农用地利用过程中的不确定性和风险,也是为了保证产权归属清晰、权责明确,而流动性以及农户对产权的认知以产权的完整性、安全性、稳定性为基础,促进盐碱地农业资源的优化配置和持续利用。

2. 盐碱地产权对盐碱农用地持续利用的作用途径

盐碱地产权的完整性、安全性、稳定性、流动性主要是通过盐碱地承包方式、经营方式、流转方式以及登记制度建设等方面体现的。

(1) 土地承包方式。土地承包方式主要包括农村集体经济组织内部的家庭承包方式和招标、拍卖、公开协商等承包方式两种类型。承包方式对土地持续利用的影响主要体现在是否有承包经营产权证书、土地承包期的长短、土地调整频率、调整方式以及调整过程中对农户的中长期投资是否进行补偿等方面。首先，从承包期限分析。1984 年中共中央第三个 1 号文件确定了承包给农民的土地 15 年不变，1993 年的 11 号文件又提出将承包期延长到 30 年不变，2008 年中共十七届三中全会提出“土地承包关系长久不变”，将长期改为长久，意味着土地承包制度从一种有限期的制度变为无限期的土地制度。这对于稳定农户生产预期，促进农户盐碱地改良中长期投入具有一定的激励作用。但同时这一规定也意味着承包期内农户所承包的地块也不变，并且农户家庭增人不增地、减人不减地，这有可能影响到田块规模化经营与劳动力资源的优化配置。因此，农地承包经营期限对于盐碱农用地持续利用或许具有双面影响。其次，从土地调整分析。盐碱农用地利用具有投资成本高、回报周期长、外溢效应明显等特征，农户对盐碱地改良的中长期投资如果得不到相应的补偿，并且土地调整频繁，这将会降低农地产权的稳定性(俞海等，2003；谭淑豪等，2004)，增加农户的不确定性投资风险，因而会使农户在较短的承包期内尽可能以最大的资本回报率使用具有公共物品性质的盐碱地资源，这有可能加剧土壤盐碱化程度。第三，从承包权证内容分析。有效的产权制度能够平衡产权主体之间既得的利益和应负的责任(谭淑豪等，2008)，而我国土地承包权证书对具体土地利用方式、土壤培肥、水土保持及耕地保护等相关内容很少体现，忽视了土地的资源属性，承包权中耕地改良及保护责任残缺，由于产权缺失或不明确，容易导致“公地悲剧”现象发生(Hardin，1968)，不利于盐碱地农业的持续高效利用。

也有研究认为从所有权分析，农村集体作为土地所有者其主体地位虚置，土地无偿或低偿发包，所有者权益没有真正实现，因而集体组织没有能力承担土地改良投资和对农户耕地利用的监督成本，在缺失所有者约束条件下，土壤肥力和灌溉渠道等农田基础设施作为公共用品资源被推向了“公共领域”，而只具有一定时限使用权的农户，对这些无需付费的公共资源的“搭便车”现象就发生了，这激励了农户掠夺性经营行为(肖焰恒、彭新育，1999)。对于新增盐碱农用地及盐碱化障碍耕地而言，通过征收土地承包费的方法能否约束农户掠夺性经营的短视行为,或许应该分土地开发利用阶段及不同区域状况进行深入研究。

(2) 土地经营方式。主要集中在两个方面:第一,农村土地家庭承包经营制度下均分土地所造成的地块分散、细碎和小规模经营的"小农经济"生产格局;第二,农户是否在经营过程中拥有土地抵押权等完整的土地产权。针对这种现象,农地细碎化、适度规模经营与农业利用绩效研究成为热点问题。农地细碎化是指一个农户经营一块以上的农田,这些田块分布在居住地周围,相互不连接,呈插花、分散、无序的状态(吕晓等,2011)。一般情况下,农户经营的土地总面积越大,田块越集中连片分布,意味着耕作越方便、有更多的资本投入,越易于采用利于盐碱地改良及利用的持续性的农业生产方式。Green 等(1996)认为耕地经营规模与农户灌溉技术采用行为关系密切。Schuck 等(2005)通过对美国科罗拉多州影响农户节水灌溉技术的选择因素分析也表明,严重干旱时,在有更可靠的水供给的前提下,农户土地经营规模与农户农田水利设施投资意愿正相关。但朱红根等(2010)通过对江西省 619 户种粮大户的微观调查数据的实证分析认为,经营规模对农户参与农田水利建设意愿的影响不显著。因此,国内外学者关于耕地适度规模形成了不同的观点。根据我国统计年鉴数据,截至 2008 年年底,全国共有耕地面积 182573.85 万亩,乡村人口 72135 万人,平均每个乡村人口耕地面积仅为 2.535 亩。[1] 2008 年中共十七届三中全会文精神,鼓励农民在"依法自愿有偿原则"下,"发展多种形式的适度规模经营"。但是对于盐碱地这一资源障碍性土地类型而言,从田块面积和农户耕地总面积的角度,农业利用过程中土地规模化经营是否能够促进小农户精耕细作、增加盐碱地改良及农业生产投入?如果可以,土地经营规模多大为宜?以上问题待检验。目前对于农地产权完整性的研究主要集中在土地抵押处置权方面,张红宇(1998)认为应该赋予农户土地使用权抵押的权利,但大部分研究认为这种做法不适合我国国情。在承包合同期内允许农户将土地使用权作为抵押品取得资金是否有利于拓宽农户盐碱地改良融资渠道,促进农户持续性生产行为选择,这同样需要检验。

[1] 数据来源:中国统计年鉴(2009—2010)(中华人民共和国国家统计局网站 http://www.stats.gov.cn/tjsj/ndsj/)。

(3) 土地流转方式。土地产权具有商品属性，是土地市场形成的基础，土地产权只有在土地流转中才能发挥其资本价值。根据我国法律规定，允许农民以转包、出租、互换、转让、股份合作等形式流转土地承包经营权，这在一定程度上赋予了农民部分土地处分权，使得农地资产价值得以显现，并在一定程度上促进了农地资源向种田能手和种田大户流动，提高了农地资源利用效率。但目前我国农地流转制度是基于土地承包合同之上的，具有自发、非正规、短期性和政策不明朗的特点，农地承包经营权流转管理和服务不配套，缺乏健全的土地承包经营权流转市场平台。因此，在流转过程中尚存在以下问题：第一，对于转出和转入方责权规定不明确、不对等。现有的土地流转经常是双方通过口头协议，缺乏租赁合同等制度保障，约束效率低，这使得流转双方对农地流转缺乏安全感和稳定感，容易采取短视行为。第二，农地流转市场不发育，农地流转地租、地价的合理评估比较困难，这使得农地流转权的价值不能充分完全显化，进而影响农地资源配置效率（刘艳萍，2003）。第三，缺乏对土地资源开发利用方式及土地资源保护相关规定，农地产权流转同样存在耕地改良及保护责任残缺。而不完整土地交易权下的农户之间的非正式土地流转容易造成农地土壤长期肥力的损耗（俞海等，2003）。比较典型的案例是，在新疆察布查尔锡伯族自治县调研中，有一农民，33 岁，由于中年丧夫，家庭劳动力不足，她将家中 8 亩耕地租赁给别人使用，承包期为 10 年，结果别人在其耕地上种树苗，而起初并没有说明不可以在田里种树等条件，这造成土壤肥力严重下降，土壤板结及盐碱化程度加重，2011 年租赁合同到期，该农户准备采取种黄豆等养地措施重新改良。因此，本研究假设，在允许农地流转的前提下，通过完善土地资源保护相关内容，加强土地流转制度建设，能够为农地流转双方提供安全、稳定、完整的制度保障，进而较好地促进盐碱地资源及农业持续利用，这具有一定的现实依据。

(4) 土地产权登记。土地产权登记是界定产权边界、明晰产权主体的基础，产权主体不清晰必将会阻碍土地资源流转，影响农地的规模经营和集约高效经营。在调研区域，主要体现在两个方面：第一，随着农业税费改革的深入、农业经营收入逐步上升以及《土地承包法》和各种惠农政策的实施，保有土地的农民权利日益受到法律保护，农户可以得到很多实惠，因此农民种田的积极性又重新燃起，对于具有盐碱障碍的土地资源,甚至是盐碱荒地也出现了“要种”、“抢种”的现象,因此,过去隐藏的、未被理会的土地经营权归属问题纠纷大量发生,影响到盐碱地农业的稳定、高效以及持续利用。第二,在土地产权调整过程中,地方政府及村干部对于确定当地的土地承包条例具有重要的影响力(经济合作与发展组织,2005)。在垦利县部分地区,依然依据“村庄的每一个成员应该都能够获得集体土地所有的土地”这一原则,村庄人口的任何一次变动(生、老、婚嫁、户口迁入移出)都会用行政手段重新分配土地,这种村民小组或村庄范围内的土地重新分配发生的频率为平均每5～12年一次,这与土地承包期30年不变的农地产权制度不一致,家庭承包经营权登记形同虚设,农地产权的安全性较低。第三,在土地重新分配或当地的规定限制土地流转的时候,现行体制为当地政府任意决策留下了空间,埋下了村领导与农户间发生冲突的隐患。在镇赉县有外地来的大农户以及本地农户从村集体或乡镇政府通过租赁方式获得了新增盐碱农用地的承包经营权,但是由于新增耕地目前不属于在册耕地,因此农户无法取得国家良种以及粮食直补等农业补贴,这影响了农户盐碱地改良及农业生产的积极性。

三、分析框架

大量试验研究表明,适量施用化肥、增施有机肥,采取改良性培肥措施是进行盐碱地改良的一种经济有效的方法。通过秸秆还田、种植绿肥、施用人畜禽粪便以及油饼豆渣等有机肥施用,与化肥配施及不施肥、单施化肥相对照,对土壤质量、经济效益及生态环境等方面土壤改良均有显著作用。第一,提高土壤脱盐、抑盐能力,增强土壤保水保肥能力。通过秸秆还田、增施有机肥、有机无机肥配合施用,可明显地提高作物对盐渍化的耐受能力(杜连凤等,2005);增施有机肥可以提高土壤微生物活性以及土壤微生物数量,对化肥具有吸收保蓄、减少流失的作用,促进作物对NPK养分的吸收(周卫军等,2010),一般可使氮肥利用率提高10%～15%[1];同时部分有机质变成腐殖质的过程中,能把矿物质、土粒胶结起来,形成团粒结构,使土壤结构性能稳定良好;通过有机肥料在分解过程中产生有机酸等有机胶体,将半可溶性矿质养分如NH^{4+}、K^{+}、Ca^{2+}等阳离子吸附在自身周围,当

[1] 数据来源:农博网(http://feiliao.aweb.com.cn/2009/0720/7606144735250.shtml)。

土壤溶液浓度降低时又会释放到溶液中，因此，土壤有机质含量和微团聚体数量增加，可以降低盐分在土壤中的活性，同时，还可以降低土壤容重，增加总孔隙，改善入渗速度，从而使土壤易于脱盐，延缓土壤次生盐渍化进程(安东等，2010)，而半腐熟有机肥可以不断消耗耕层和表土盐分中的氮源，并能吸收部分盐分和阻断部分毛管水流，有抑制盐分积累的作用(杨学忠、李学文，2011)。种植绿肥以及绿肥与农家肥相结合脱盐效果更为明显(刘忠宽等，2009)。第二，减少生产费用投入，提高收益水平。试验研究表明，单一依靠施用化肥增产的做法不利于粮食产量的提高，而秸秆还田、增施有机肥等不单可以相应地减少化施用量，还可以明显提高水稻、小麦、玉米、棉花等农作物产量(李取生等，2003；宿庆瑞等，2006；杨志臣等，2008；李先等，2010)，化肥与有机肥搭配使用在中低产田土地上，可比单施化肥增产10%～20%，粮食品质也有很大改善[1]，在投入成本相同的情况下，在水稻种植中，施用一定比例的猪粪、稻草秸秆还田等方式可以促进水稻增长、促进水稻早熟、降低水稻空壳率、增加水稻干物重和千粒重(高菊生，2002)，明显提高水稻产量、品质和氮肥利用率(李先等，2010)，在玉米种植中，施用生物有机肥产量能比用化学改良法增产42.89%～53.29%(高亮等，2011)。尤其是绿肥种植相对于化肥投入和其他有机肥而言，只需少量种子和肥料，可以用空茬地进行间作、套种、混种及插种，就地种植，就地施用，节省人工和运输，克服了农家有机肥体积庞大、运输不便的缺点，比化肥成本要低。数据表明，种植1亩绿肥相当于节约化肥投资88元，通过压青或沤制可使稻谷增产约50 kg/亩(窦非等，2009)，而在盐化潮土黄淮平原一熟棉区，棉田秋季套种毛叶苕子、光叶紫花苕子、紫花苜蓿和黄花草木樨等绿肥，来年棉花播前翻压，棉花可增产11.0%～25.3%(董合林，2009)。第三，减少农村面源污染，缓解碳排放压力。目前我国水稻、玉米、棉花等粮食作物和经济作物在大田生产中化肥投入量大并且需求量明显增加，而有机肥增施不足(杨志臣等，2008)，部分地区甚至不施有机肥，长此下去不仅粮食生产难以持续稳定增长，还会使农业面源污染日趋加重。研究表明，从最佳施肥水平的经济分析角度看，我国过量施用的化肥已达到总施用量的30%～50%，与此同时

---

[1] 数据来源：农博网(http://feiliao.aweb.com.cn/2009/0720/7606144735250.shtml)。

化肥施用的环境影响比较显著，水体污染中的硝态氮、大气污染中的氨气和土壤污染中的镉贡献最多，这三项对环境健康损害贡献了74.8%，且全国化肥施用的环境影响成本逐年增加(赖力等，2009)。而适当施用化肥、增施猪厩肥和玉米秸秆，可以促进土壤大团聚体的形成，而大团聚体能够明显增加土壤有机碳的含量和储量(Yang等，2007;刘恩科等，2010)，而绿肥的有机碳含量占干物重的40%左右(窦菲，2009)，这对生态缓解 CO_2 排放压力具有重要意义。

同时，合理的农业灌溉是盐碱地治理及农业生产利用的重要手段，而农田水利工程的综合配套修建与持续利用管理是实现盐碱农用地持续利用的重要基础。自20世纪50年代以来，根据“盐随水来，盐随水去;盐随水来，水散盐留”的水盐运动规律，在我国黄淮海平原、松嫩平原西部、黄河中上游以及新疆地区等，开展了引水蓄水、井灌井排、微咸水灌溉、海冰水灌溉、覆膜滴灌、明沟排碱、暗管排碱等以水洗盐改碱的实验研究和生产实践(张兴权等，1998;武雪萍等，2010;马文军等，2010;窦超银等，2010)。结果表明，运用不同农田水利工程，配合适当的灌溉管理、排水管理和蓄水管理，对调节区域水盐平衡、控制盐分积聚、治理土壤盐碱、防范次生盐渍化发生以及改善土壤质量和提高土地生产力水平等方面均具有重要意义(单光宗等，1986)。生产实践中，我国的东北、西北、华北的干旱、半干旱地区以及江苏、浙江等沿海区域，由于水利工程质量差、不配套以及只灌不排、灌排失调、渠系水渗漏并采取大水漫灌等不合理的农业灌溉行为，造成了这些地区地下水位偏高(姚予龙，1995;王立洪等，2002;罗廷彬等，2004;林年丰、汤洁，2005)。这些不合理的灌溉行为加上雨水及蒸发量季节分布不均等气象气候和地形因素等自然因素的综合作用，西北、东北、华北等干旱半干旱地区盐碱地具有明显的脱盐和返盐季节，而滨海湿润地区低洼地带由于海水浸渍、排水不畅，积盐明显。因此，建立农业灌溉用水的资源管理机制，建立低风险、低成本、高效益和可持续的完善的农田水利系统(贺雪峰、郭亮，2010)是盐碱地改良及农业高效利用的基本保障。这在2011年中央1号文件中也有明确体现，“把水利作为国家基础设施建设的优先领域，把农田水利作为农村基础设施建设的重点任务”，以促进水资源合理配置以及水利工程良性运行。

本研究选择了黄河三角洲山东省垦利县、松嫩平原西部吉林省镇赉县以及伊犁河谷地区新疆维吾尔自治区察布查尔锡伯族自治县三个区域,对制约盐碱农用地持续利用的障碍因子识别进行了调研。在调查问卷中设计了一个不定项选择的问题,要求被调查的农户回答基于农户层面上本地区盐碱地农业要实现持续利用面临哪些关键制约因素。本次调研共收集到 468 份有效农户问卷,其中山东省 138 份、吉林省 157 份、新疆地区 173 份,结果表明:91.34%的农户认为水资源保障程度以及农田水利设施的完备度是实现盐碱农用地持续利用的关键因素;81.23%的农户认为增施有机肥,合理施用化肥,加强土壤培肥是实现盐碱农用地持续利用的关键因素;52.36%的农户认为不撂荒,减少地块数量,规模化经营是实现盐碱农用地持续利用的关键因素。从区域差异比对分析看,制约黄河三角洲盐碱地持续利用的主要因素在于水资源短缺和耕地细碎化,而土壤改良性培肥及改良在松嫩平原西部比较突出,要实现新疆伊犁河谷地区盐碱地的农业持续利用,则必须转变农户思想,不能允许农地撂荒。纵观问卷调研结果,可以看出农户是否采用改良性培肥行为、是否采用水资源利用行为以及是否愿意农地的合理流转及规模化种植等问题的解决是实现我国盐碱农用地持续利用的重要保障。

综上所述,本研究主要从农户盐碱地农业耕种行为、盐碱地土壤培肥行为和水资源利用及参与农田水利设施建设意愿三个方面讨论盐碱地产权安排对农户决策行为的影响,具有一定的科学依据和实践依据,是合理的,这也自然形成了本研究的主体内容和研究范式(图 2-5)。

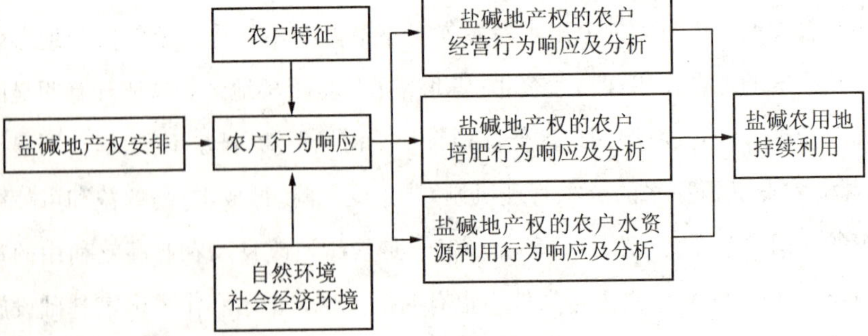

图 2-5　研究范式

第三章　研究区域概况

盐碱地的形成是气象气候、地形地貌、母质及水资源和生物等自然因素综合作用的结果，而在盐碱农用地利用过程中，土地开发、作物种植、灌溉施肥以及土地管理制度与政策等人为因素的叠加又干扰了自然的成土过程。因此，本章在对研究区域范围做简要分析的基础上，分别从形成机理、土地利用和产权制度与政策等方面进行分析，探索不同区域盐碱地形成的主要因素和盐碱农用地利用过程中存在的主要障碍因子。

第一节　研究区域范围

受地理位置、地形、地貌、水文、土壤等自然因素以及土地利用方式等人为因素影响，我国盐碱地资源具有面积大、分布广、形成原因多样化、盐碱程度差别化等特点。基于地理学综合性、区域差异性以及空间性的特点，根据盐碱地形成原因和各地盐碱农用地利用与管理实践，本研究主要基于村庄和农户尺度，选择黄淮海平原山东省垦利县、松嫩平原西部吉林省镇赉县和伊犁河谷地区新疆维吾尔自治区察布查尔锡伯族自治县作为研究区域。这三个地区分别位于我国湿润半湿润地区、干旱区，包括了盐土、碱土以及次生盐碱土等不同盐碱土类型，代表了国有和集体所有等不同产权类型以及旱田、水田等不同的农业利用方式（表 3 - 1）。

表3-1　研究区域差异性分析

研究区域	地理位置	气象气候	地形地貌	土壤类型	土壤熟化程度	灌溉水源	土地利用类型	土地产权类型
山东省垦利县	东部沿海	暖温带半湿润季风气候	黄河三角洲冲击平原,微地貌岗、坡、洼相间	潮土、盐化潮土为主	已开发的中低产田为主	黄河	旱田	家庭承包为主,兼有村集体机动地发包
吉林省镇赉县	中部农牧交错带	中温带半湿润大陆性季风气候	嫩江冲积平原,呈微波状起伏	淡黑钙土为主,盐化淡黑钙土、盐化草甸土、盐土、草甸碱土等斑块分布	盐碱荒地开发与熟地改良并存	嫩江	水田旱田并存	家庭承包、新增耕地集体发包并存
新疆察布查尔锡伯族自治县	西部粮食主产区	北温带大陆性干旱气候	南高北低的河谷盆地	潮土、灰钙土和盐化灰钙土为主	盐碱荒地开发为主	伊犁河	水田为主,兼有旱田	国有土地农户承包为主,兼家庭承包经营

一、垦利县

山东省垦利县地处黄河口高盐碱地带,属退海之地,是典型的滨海盐碱地。该县位于北纬37°21′至38°9′,东经118°24′至119°10′,东临渤海,南接广饶县,西南与博兴县毗邻,西北与利津县隔黄河相望。全县南北长85 km,东西宽60 km,总面积2935.4 km^2,黄河以先西南后东北的走向贯穿县境入海,全长101 km。由于黄河携带泥沙冲淤,形成了大量土地后备资源。垦利县下辖4镇、1乡、2个街道办事处,其中永安镇和黄河口镇位于垦利县东部,地势西高东低,地面高程为海拔3～5米,盐碱化程度较高,大部分地区是退海新生陆地,生态环境脆弱。

二、镇赉县

吉林省镇赉县位于松嫩平原西部农牧交错带,是我国典型的碱土分布区。该县位于北纬45°28′至46°18′,东经122°47′至124°04′,东靠嫩江,与黑龙江杜尔伯特蒙古族自治县、肇源县隔江相望,西连内蒙古自治区科尔沁右翼前旗,南和西南分别与大安市、洮南市、洮北区为邻，北与黑龙江泰来县、内蒙古自治区扎赉特旗接壤。全县辖区面积4737 km^2，辖4个乡、7个镇、140个行政村，总人口29.5万人，其中农业人口比重较大，约19.1万人，占总人口64.8%。五棵树镇和嘎什根乡位于镇赉县东部，以农业为主，是国家大型商品粮基地。该区域地势为平原，由东向西略微倾斜，风沙、干旱、盐碱化是农业生产最主要的限制性因素，其中盐碱化土地面积约 2.57×10^6 亩，重度盐碱化土地51.5%，中度盐碱化土地21.3%，轻度盐碱化土地占27.2%(李取生，2003)。

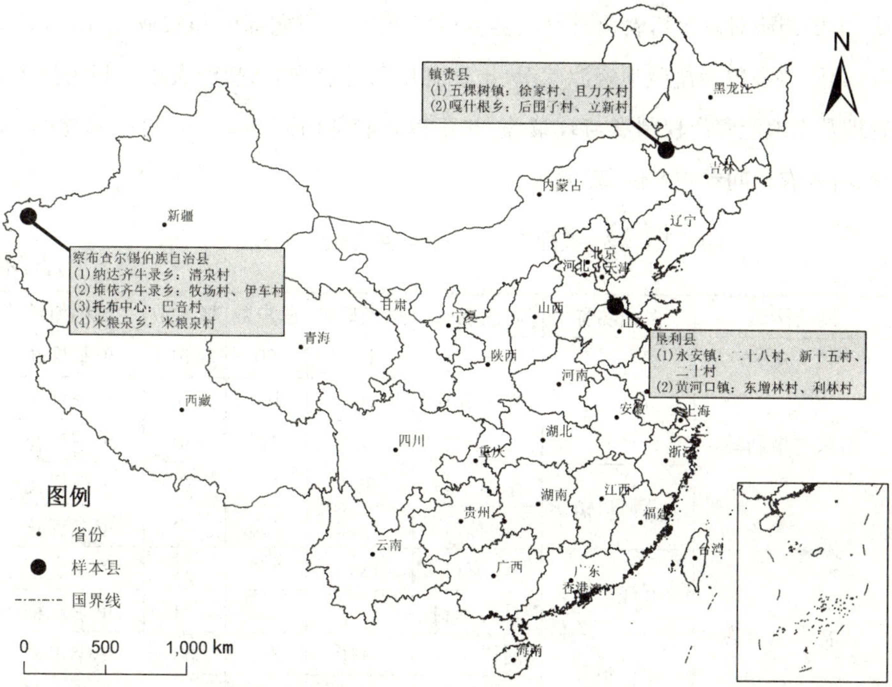

图3-1　研究区域示意图

三、察布查尔锡伯族自治县

新疆维吾尔自治区察布查尔锡伯族自治县地处伊犁河南岸和中天山西端的阿拉喀尔山脉北麓，原生盐渍化突出，是我国盐碱荒地开发利用的典型。该县位于北纬43°17′至43°57′，东经80°31′至81°43′，东与巩留县接壤，南以阿拉喀尔山脉与昭苏、特克斯县相邻，西与哈萨克斯坦接壤，北隔伊犁河与伊宁市、霍城县相望。全县东西长约 96 km，南北宽约 72 km，总面积为 4469.35 km^2。该县辖 2 个镇、11 个乡、140 个行政村，总人口 17.78 万人，其中农业人口 11.60 万人，占总人口 65.24%，是典型的以农为主、农牧结合的农业县。暴风雨、霜冻、干旱、干热风、大风等是本地区农业生产主要的自然灾害，由此带来的是水土的流失、土壤板结、盐碱化和沼泽化，严重制约了该县农业的可持续发展。

本研究选择了垦利县较难改良和难改良的盐碱区域永安镇和黄河口镇、镇赉县五棵树镇和嘎什根乡以及察布查尔锡伯族自治县纳达齐牛录乡、堆齐牛录乡、托布中心、米粮泉乡等共 3 县 8 乡（镇）14 村进行了盐碱地改良及农业利用情况调研，主要调研对象包括农户、村庄、县乡（镇）政府及职能部门和农业企业（农场）等，调研内容包括盐碱地资源状况、土地利用条件及现状、盐碱农用地利用技术、管理及土地经营产权制度与政策等，共获得政府部门问卷 27 份、村庄问卷的 14 份、有效农户问卷 468 份（表 3－2）。

表 3－2　典型农村入户调研数量统计基本信息

单位：人/户/个

调研区域	乡镇名称	村庄名称	总人口数	总户数	样本数	主要种植结构
山东省垦利县	永安镇	二十八村	153	60	9	单季棉花
		新十五村	600	165	37	单季棉花
		二十村	630	218	30	单季棉花
	黄河口镇	东增林村	360	120	23	单季棉花
		利林村	1468	480	39	单季棉花
吉林省镇赉县	五棵树镇	徐家村	1140	273	41	单季水稻
		且力木村	980	292	24	单季水稻
	嘎什根乡	后围子村	1170	310	52	单季水稻
		立新村	610	198	40	单季水稻
新疆维吾尔自治区察布查尔锡伯族自治县	纳达齐牛录乡	清泉村	＞1000	＞400	39	单季水稻
	堆依齐牛录乡	牧场村	996	190	14	单季棉花
		伊车村	1353	253	55	单季水稻
	托布中心	巴音村	1260	328	40	单季水稻
	米粮泉乡	米粮泉村	3900	830	25	单季水稻
合计	8	14	**	**	468	**

数据来源：根据 2010 年 12 月—2011 年 4 月农户入户调研及村干部访谈资料整理。

第二节 盐碱地形成机理分析

盐碱地的形成是气象气候、地形地貌、母质及水资源和生物等因素综合作用的结果，而在盐碱农用地利用过程中，土地开发、作物种植、灌溉施肥以及农业土地管理制度与政策等人为因素的叠加又干扰了自然的成土过程。本部分主要从盐碱地形成的自然因素进行分析。

一、垦利县

1. 地形地貌

垦利县永安镇和黄河口镇区域耕地大部分地块地势平坦，这有利于粮棉种植，而且十分有利于现代化农业的发展。但由于历史上黄河尾间段因泥沙淤塞常常左右摆动，多次发生溃决、漫溢、泛滥等冲积、淤垫、迁徙，故两乡镇范围内形成了地面坡降平缓，岗、坡、洼相间的微地貌形态，虽经多年风剥雨蚀、人为填补，仍是岗、坡、洼相间，废弃沟壕相互切割交错，这在汛期容易造成地表径流不畅，局部地区农业田间排水工程易于淤浅或坍塌，除涝能力减弱，大雨过后常常出现积水淹田或渍涝，自然形成“无雨是农田平川，雨落一片汪洋”的典型的三角洲地貌，加剧了土壤盐分增加，给农业生产带来了不利影响。

2. 气象气候

研究区域虽濒临渤海，但大陆性季风影响明显，夏季湿热、冬季干冷，四季分明，属于温带季风气候区，光能资源丰富，热量资源较多，但自然降水不足。年平均日照时数 2727.7 小时，年均气温 12.1℃。日平均气温≥0℃的天数 277 天，积温 4659.7℃，日平均气温≥10℃的天数 203 天，积温 4222.1℃。全年无霜冻期 196 天。春季时日短，回暖快，其间多西南风，风速大，降水少，蒸发量大，蒸降比≥10，气候干燥，多数为干旱，土壤仍然是返盐高峰期，这对种子萌发、作物生长供水不足，造成盐害乃至死亡。

3. 水资源条件

研究区域地下潜水埋深浅，矿化度高。由于地面高程低，地势平缓，西部又有黄河的侧渗，东面有海水顶托，因此土壤地下潜水位高。同时，由于受海潮侵袭和海陆交互沉积而成的母质的影响，潜水矿化度大，地下水矿化度范围多半在10～30克/升，局部地区达到30克/升以上，这不同程度地影响了种子萌发和作物对水分、养分的吸收，影响其正常生长。蒸发大于降水的气候条件决定了土壤盐渍化的形成，且土体含盐量高。

区域内地表水资源主要有两个：天然降水和黄河客水资源。区域年自然降水变化较大，季节分配不均匀。年平均降水量为574.4毫米，春季（3—5月）平均降水量占年降水量的11.3%；夏季（6—8月）雨水集中，平均降水量占年降水量的69.1%；秋季（6—11月）平均降水量占15.8%；冬季（12月—次年2月）平均降水量占3.8%。降水年内极不均匀，多集中在汛期，具有“春旱、夏涝、晚秋又旱”的特征。因此，春季正值农作物种植、灌浆的关键时刻，但春旱比较严重，而七、八月份往往造成暴雨沥涝，使不少庄稼受淹减产甚至绝产，同时地下水位提高，造成涝碱相随。黄河水是本区农业生产用水的主要来源，引黄（河）七干、下镇分干和同兴分干渠以及小岛河、“五七”渠横贯两镇镇域，灌溉面积约12.75万亩，但由于黄河上中游地区对黄河水资源的开发利用逐年增加，黄河来水年际变化较大，年内分布不均匀，年径流量逐年减少，尤其是4—6月份农业用水高峰期来水量更少，断流日趋频繁，已成为影响黄河三角洲农业生产的一个重要因素。因此，淡水资源短缺是本区域盐碱地农业生产中重要的障碍因素。

4. 土壤条件

垦利县永安镇和黄河口镇属于海陆交互沉积的退海之地，土壤母质由黄河水从黄土高原搬运而来，填充渤海凹陷而成陆，故形成一层次生碳酸盐风化壳。土壤属幼年阶段，成土年龄普遍较短。土壤类型多为盐化潮土，盐渍化面积大，改良难度大。永安镇二十八村、二十村和新十五村盐碱化程度高于黄河口镇东增林村和利林村。土体在水盐运动总体上呈现“春秋两张皮，七月八月地如筛，九月十月又上来，四月五月最厉害”的特点。

土壤条件在农业利用中主要的限制因子体现在以下两点：第一，在人为作用下，黄河口镇东增林村和利林村由于排水不畅、地下水位提高、耕作管理不妥善、土壤结构破坏等因素，土壤类型由潮土向盐化潮土发展。若地下水位进一步提高，加上不合理的耕作管理，还可能进一步演变成滨海潮盐土，而滨海潮盐土土属潜水位高 1.9～2.9 米，地下水矿化度 3.8～34.2 克/升，一米土体含盐量高达 0.73%～1.17%。第二，成土过程极短，甚至没有来得及进行草甸过程，即被人们开垦种植，有机质含量较低。就垦利县域平均水平而言，耕地平均有机质含量 0.84%，全氮 0.051%，全磷 0.105%，碱解氮 44.58 ppm，速效磷（P_2O_5）3.334 ppm，速效钾（K_2O）79.18 ppm，平均碳氮比 9.55，平均氮磷比 30.62。

以上数据说明，研究区域中土壤有机质、全氮、碱解氮在全国土壤养分含量中属第 5 级，土壤养分含量低（除钾外），且氮磷钾三要素比例严重失调，不能满足作物生长发育需要，加强土壤培肥，推广夏季绿肥、秸秆还田，积极施厩肥，增加有机肥，同时与适量以磷、氮为主的化学肥料配施，有助于抑制初春及晚秋土壤返盐，减轻作物、种子盐害。

二、镇赉县

1. 地形地貌

镇赉县地处松嫩平原西部边缘，地势西北高东南低、平缓低平，西北与大兴安岭外围倾斜台地相连，中部为沙丘，东濒嫩江，南邻洮儿河。五棵树镇和嘎什根乡为沿江河畔冲积平原，呈微波状起伏，有局部起伏较大的微地形岗地，地面海拔高程为 126～136 米，一般平均纵坡 1/8000，河漫滩和一级阶地比较发育。由于地势低平，在降水集中时段，地表水绝大部分不能通过河道或地下径流及时排往区外，水分平衡主要靠蒸发来调节，水中携带的盐类累积下来，使区内半内流区和闭流区的地表水、地下水逐渐被矿化，土壤也逐渐盐碱化（张殿发、王世杰，2002）（图 3-2）。

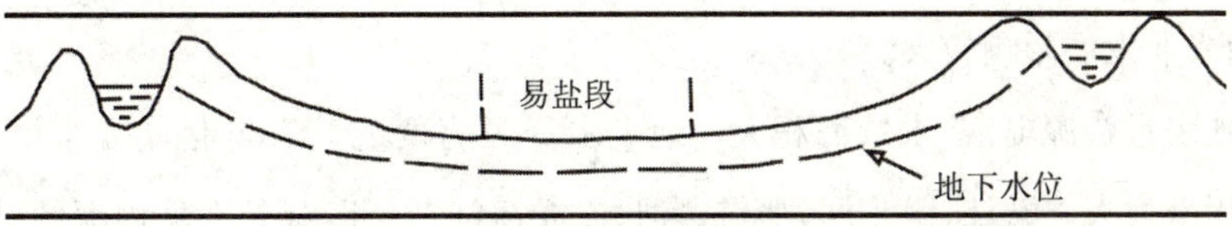

图 3-2　镇赉县盐碱土地形剖面示意图

2. 气象气候

研究区域属中纬内陆大陆性季风气候。春季干旱多风；夏季受华北气团控制，炎热雨量集中；秋季西风渐强，凉爽，温差大；冬季受西伯利亚高压气团影响，寒冷、干燥、多风、降水量偏少。年平均气温4.9℃，大于等于10℃的有效活动积温3002.4℃，年平均无霜期140天左右。全年盛行西北风，多年年平均风速3.1米/秒。多年平均蒸发量1745.9 mm，是平均降雨量的4倍多[1]，加之春季干旱少雨，蒸降比远大于年均水平，干燥度较大，土壤水的毛管上升运动超过了重力下行水流的运动，土壤及地下水中的可溶盐类随上升水流蒸发、浓缩，不断累积于地表（姚荣江等，2006），而冬季在土壤冻结过程中，结冻使土壤冻层与非冻层的地温产生一定差异，底层土壤水盐明显地向冻层运移，引起土壤毛管水分向冻层移动，盐分也随之上升，在冻层中累积，同时地下水不断借毛管作用上升补给，使水分和盐分不断向冻层移动，因此土壤冻融过程也会同步发生"隐蔽性"积盐过程（刘凤芹，2006）。

3. 水资源条件

镇赉县地下水埋深浅，矿化度高，盐分以碳酸盐为主，且含有大量代换性Na^{+}，加之松嫩平原周围高地岩石风化后，地表径流和地下径流携带大量可溶性盐类（主要是$NaHCO_3$和Na_2CO_3）向平原区汇集，特有的水文地质因素加速了本区土地盐碱化的发生与演变。

从大气降水来看，由于地处中纬内陆，受地理位置和气候的影响，降水严重不足，年际分配和年内降水量分配不均，多年平均降雨量不足400 mm，6—8月降雨集中，占全年降水量的73.31%，因此"十年九旱、年年春旱"特点突出，降水不能满足农业生产需要。同时，沿江河地带低洼易涝，洮儿河季节性变化较大，6—8月暴雨集中。五棵树镇和嘎什根乡平原沼泽滩地坡降缓、流速小，洪水灾害时有发生，对农业发展影响较大。

地表水资源丰富，水域面积大。地表水资源蕴藏量107.06亿立方米[2]，开发利用潜力大。嫩江、洮儿河、呼尔达河、二龙涛河"一江三河"在境内流经，面积

---

[1] 数据来源：吉林省西部土地整理重大工程镇赉项目初步设计报告（哈吐气区片征求意见稿）。

[2] 数据来源：镇赉县人民政府网站（www.jlzhenlai.gov.cn）。

30亩以上的泡沼有300多个。嘎什根乡东北角是“引嫩入白”工程渠首，一、二、三分干渠呈“川”字形由北向南将嘎什根乡平分，呼尔达河流经本乡腹地，而五棵树镇境内有嫩江、呼尔达河、二龙涛河三条水系。丰富的水资源为调研乡镇发展水稻种植等农业生产提供了物质基础。

4. 土壤条件

镇赉县土壤类型主要有黑钙土、淡黑钙土、栗钙土、草甸土、冲积土、风沙土、盐土、碱土和沼泽土9个土类，具有盐碱地面积大、可溶性盐含量高、酸碱度高、交换性钠含量高、土壤分散性强、低洼内涝、土壤有机质含量低、比较瘠薄等特点。在土壤分布上，五棵树镇和嘎什根乡主要是淡黑钙土，其次盐化淡黑钙土、盐化草甸土、盐土、草甸碱土等类型呈斑块状分布。淡黑钙土主要分布在浅岗高平地上，地下水位埋深多在3～5 m，土层较厚，腐殖质积累明显，约20～40 cm，灰褐色，砂壤或轻壤质地，散粒状结构，有机质含量为1%～2%，其下为灰棕色的碳酸盐淀积层。盐化淡黑钙土主要分布于岗地坡脚盐渍土边缘地带，其土体形态和物理性质同淡黑钙土，但土地中含有较多的可溶盐，土壤可溶盐含量一般在0.1%～0.35%之间，其盐分类型以氯化物苏打型为主，取土深度为0～26 cm土层，土壤质地属于砂壤土，有机质含量仅0.932%。盐化草甸土主要分布在地平处，多与草甸土、盐土、碱土呈复区分布，与草甸土相比，土地可溶盐含量大于0.1%，在盐分类型以纯苏打型和氯化物苏打型为主，重度盐化草甸土pH值为9以上，表层土壤质地为重壤土，其地表多有湿生耐盐植物，如碱草、盐蒿、虎尾草、羊草等，随着土壤含盐量增高、土壤碱化增强，植被变差，土壤腐殖质含量降低，土壤理化性质变差，通透性低。盐土主要分布区是岗下地势低平的甸子地凹地形，地表呈白色或灰白色，植被稀少，积盐季节有大量盐分积累在地表，形成盐结皮，地下水埋深一般在1.5～2.0 m，土壤质地黏重，可溶盐含量大于0.7%，盐分以纯苏打型和氯化物苏打型为主，伴有较重的碱化，土壤通透性差，理化性质恶劣。草甸碱土主要分布在盐渍土区局部略高处或凹平地边缘，地下水埋深在1.5～2.0 m之间，土体可溶盐含量并不高，但心土层土壤胶体吸附着大量的代换性钠，成为碱化层，有明显柱状结构，土壤碱化度高，一般在45%以上。

三、察布查尔锡伯族自治县

1. 地形地貌

察布查尔锡伯族自治县位于新疆西部天山支脉，伊犁河以南辽阔的河谷盆地，地势南高北低。自南向北多级阶梯，渐变平坦；东窄西宽，自东向西渐趋开阔。地形分为南部山区、山麓、丘陵、中部倾斜平原、北部河流阶地和河漫滩五个地貌类型，在地表径流不畅的扇缘带和河流低阶地，地下水位较高，而北部地区受伊犁河水顶托，也直接参与积盐过程(图 3-3)。

2. 气象气候

察布查尔锡伯族自治县属大陆性北温带干旱气候，热量丰富，光照充足，四季分明。冬春长、夏秋短，夏季炎热、冬季寒冷，空气干燥，降雨量少，蒸发量大。年均气温7.9℃，极端最高气温 39.5℃，极端最低气温 −43.2℃。年平均日照时数 2810.7 小时，4 月至 9 月是作物生长季节，实照时数达 1750.4 小时，≥10℃的积温 3389.1℃，无霜期 161 天，年均降水 206 毫米，蒸降比约为 6.5～7.8，加上本区域盛行东风，多年平均风速为 2.3 m/s。而西部地区年均降水量更少，约 150 毫米，最大蒸发量达 2200 毫米，蒸发量与降水量之比高达 15，尤其是 5—9 月，高温、干燥，伴有一定风力的情况下易出现干热风天气灾害。因此，在气象气候条件上，本地区光热资源丰富，可满足农作物及牧草生长对热量的需要，但积盐强度比伊犁河谷东部地区强，盐碱地面积也分布较广。

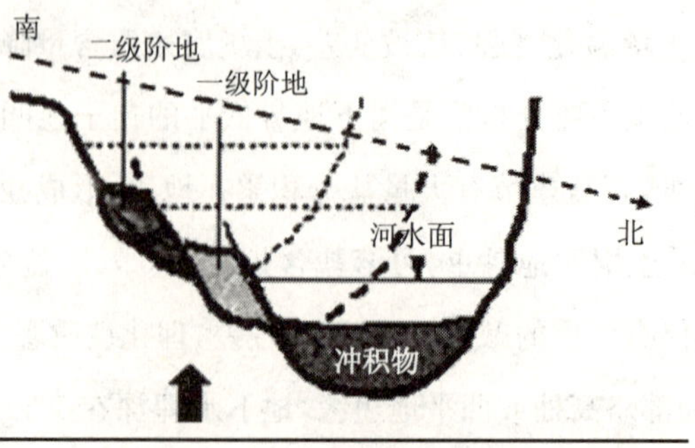

图 3-3　察布查尔锡伯族自治县自南向北地形剖面示意图

3. 水资源条件

察布查尔锡伯族自治县水资源总量 23.874 亿 m^3，其中地表水水资源总量 19.561亿 m^3，地下水水资源总量 4.313 亿 m^3。地表水资源主要有伊犁河南岸大渠、大河灌区和泉水构成，分别为 10.26 亿 m^3、5.98 亿 m^3、0.61 亿 m^3。察布查尔锡伯族自治县水资源按其引用水系可分为南山水系、伊犁河水系、泉水水系及地下水水系。调研区域属于伊犁河水系，是伊犁河灌区的主要水源，由察渠、察南渠和大稻渠三大引水干渠组成，年平均径流量 165 亿 m^3，年平均流量 522 m^3/s。

地下水主要来源包括灌区以南各山沟地表径流对地下水的补给、灌区本身的灌溉入渗补给、伊犁河的部分侧向补给等。地下水主要为孔隙潜水，接受农田灌溉、大气降水的补给，最终排泄在伊犁河内。水化学类型主要为 HCO_3—Ca 和 (HCO_3—SO_4)—(Ca—Na—Mg) 型水，pH 值 7.6，地下水总矿化度 1.18～2.9 g/L，地下水埋深 0.4～1.5 m。由于该地区排水设施少，长期大水漫灌造成地下水位增高，容易引起土壤次生盐碱化。

4. 土壤条件

察布查尔自治县地貌、地形复杂，土壤种类多样，从南向北，呈地带性分布规律，具体为：高山草甸土—亚高山草甸土—灰褐色森林土—山地黑钙土—山地栗钙土—灰钙土—盐土—沼泽土—草甸土(淋灌草甸土)。土壤耕层呈现出含盐量高、各乡镇(村)差异明显的特征。

具体调研乡镇而言，纳达齐牛录乡多为灰钙土，含盐量最低，约 2.5 g/kg。米粮泉乡米粮泉村多为潮土，盐化潮土与之呈复区分布，含盐量次之，为 2.5～6 g/kg，平均 pH 值为 8.7。堆齐牛录乡伊车村、牧场村和托布中心巴音村主要是灰钙土、盐化灰钙土，地表呈点、块状白色霜盐，含盐量最高，平均水平为9 g/kg，最高达 12 g/kg 以上。其中灰钙土和盐化灰钙土具有以下特点：① 腐殖质层较薄，在 8～15 cm 之间，有机质含量低，约为 1.56%～2.18%，平均含量1.847%；② 碳酸盐沿剖面分布较均匀，无明显的钙积层，一般在 20～30 cm 以下碳酸钙含量稍高，有不明显的石灰脉纹和斑点；③ 土壤结构疏松，中、小孔隙较多，一般以轻壤-中壤为主，呈棕灰色-黄灰色；④ 自然土壤的剖面 30～50 cm 处往往是一层坚硬的紧实层，质地偏重，耕种土壤有明显的犁地层；⑤ pH 值多在8.2～8.5 之间，重碳酸根离子含量高的地方，pH值超过8.6，一般呈弱碱性-碱性。灰钙土土壤开发后自然肥力消耗下降很快，土壤开发时一定要重视肥料投入，坚持无机肥与有机肥相结合，磷肥和有机肥基施，氮肥分期追施，钾肥与微肥根外补施，进行合理施肥才能保证产量。

第三节 盐碱地农业利用

本盐碱地农业利用状况主要包括土地资源利用结构和布局、农业种植结构与规模、农业生产条件等内容。

一、垦利县

1. 土地资源利用

垦利县土地资源利用主要呈现如下特征：农用地面积占比大，但均有不同程度的盐碱化；耕地后备资源丰富，但盐碱荒地分布广；林地面积比例偏小，生态保育功能弱。

垦利县第二次土地调查统计数据显示，垦利县行政辖区土地总面积349.65万亩，农用地面积133.47万亩，其中耕地63.48万亩，草场和林地134万亩，滩涂52万亩，盐碱荒地62万亩。永安镇和黄河口镇是垦利县幅员面积较大的乡镇，总面积为261.28万亩，占垦利县土地总面积的74.72%，其中耕地面积为34.50万亩，林地为20.45万亩，草地为13.27万亩，园地为0.16万亩，而其他土地包括设施农用地、田坎、盐碱地、沼泽地、沙地和裸地，共52.3万亩，其中盐碱地面积为52.17万亩，占其他土地总面积的99.75%。加之黄河每年携沙造陆1.5万亩左右，因此后备资源充足。合理安排荒碱地开发，推进土地集约高效利用，加快中低产田改造，是土地资源持续利用的重要途径。

2. 农业经营状况

垦利县永安镇和黄河口镇是典型的农业乡镇，农业产业结构单一，多为一年一熟制。两镇共有旱田19.32万亩，水浇地13.94万亩，水田仅有1.23万亩，是重要的产棉区。2010年全县玉米、水稻、小麦等粮食作物总面积达到23.14万亩，棉花 40.5 万亩，其中永安镇和黄河口镇粮食作物种植面积为 6.85 万亩，而棉花种植面积 33.92 万亩，占全县棉花种植总面积的 83.75％。[1] 由此可见，这两个乡镇以棉花为主的区域性特色农产品具有重要地位，棉花等大宗农产品供给功能比较明显，是山东省农业重点发展区域。但是在农作物种植中，依然是广种薄收，作物产量较低。

3. 农田水利设施建设与生产要素投入

在生产实践中，当地群众总结了灌、排、平、肥、建、管相结合的改碱经验。灌，即合理灌溉，控制灌水量；排，即疏通排沟，注意排水；平，即整平地面，保证灌水均匀；肥，即增施有机肥，合理施用化肥；建，即不断完善灌排系统，及时疏挖清淤，搞好维护，保证灌排畅通，加强田间工程设施的管理；管，即加强田间管理，提高科学种田水平，包括种植耐盐作物，及时耕翻土地，多耕少耙，晒垡养坷垃，适时耕播等管理措施。

在农田水利设施建设方面，主要围绕黄河水资源利用，形成了引、蓄、排并举的水利工程体系。(1) 引水、蓄水工程。1956 年打渔张工程刚建成时，强调以水改主，1958 年大种水稻，结果抬高了地下水位，土壤发生了次生盐碱化。1961 年停灌旱改，由于盐化较重，冬小麦春季因返盐死苗严重，春播作物难拿苗，效果仍不理想。1965 年复灌后，又以排为主，新挖骨干排水河道，加宽加深田间排水沟渠，虽取得一定效果，但因沟坡坍塌严重，排盐效果维持时间很短，之后又进行了竖井排水和暗管排水的大面积试验，但因管理和培肥跟不上，几年后效果下降。1985—1997 年间永安镇和黄河口镇共有小(1)型平原水库 7 座，小(2)型平原水库 20 座，设计库容 1310 万立方米。近年来，通过渠首引水工程建设、引黄干渠衬砌改造以及排水系统综合整治等项目，使输送环节损失减少，水的利用率和效益提高，渠道的携沙输沙能力逐渐增强。但目前黄河作为唯一的淡水资源，常年断流，加上引水口分散，水资源短缺是农业发展主要的障碍，还需加强蓄水工程投资配套改善。[2] (2) 排水工程。本县共有三大排河水系：广利河系、永丰河系和小岛

---

[1] 数据来源：根据山东省垦利县农业局农技站提供资料整理。

[2] 资料来源：根据《垦利县"十一五"规划及 2020 年远景目标计划》整理。

河系，基本呈东西流向，均独流入海，但除涝工程以及路、桥、涵洞等配套工程年久失修，毁损严重，近年来地势低洼处涝灾时有发生，尤其是东增林村，灌排设施极度缺乏，因此节水、蓄水和排水工程建设急需改善[1]。由于土地不平整，田间灌排工程不配套，大部分农田还是传统的大水漫灌方式，渠系水利用率低。沟渠绿化林木覆盖率低，加上人为破坏植被、乱垦、乱挖等原因，两镇有不同程度的水土流失，因此在整平土地、田间工程配套、干渠及河道清淤治理、水库除险加固治理、合理灌溉、防止大水漫灌等方面需要农户等相关主体积极参与建设经营与管理。

土壤培肥方面，农户施肥行为呈现如下特征：施肥强度大；化肥投入的养分比例不平衡，氮素超标，磷、钾素施用比例偏低；化肥利用率不高；轻视有机肥料的投入。不合理的施肥方法和培肥方式致使土壤结构变差，改变了土体构造，造成土壤板结，通气、透气、保肥性能下降，并且土耕层有机质急剧减少，降低了土壤肥力。在农户层面上，推广秸秆还田及配套技术，发展畜牧业和家庭养殖、增加厩肥，推广种植绿肥作物等是重要措施。

二、镇赉县

1. 土地资源利用

镇赉县土地资源利用呈现出如下特征：

第一，农用地面积大，其他土地所占比重次之，建设用地面积小。农用地面积约占全县土地总面积的 60%，而在已开发利用土地中耕地比重最大，牧草地次之，林地面积很小，土地后备资源充足，形成了以农牧业用地为主的土地利用土地利用结构形式。

第二，土地利用土地利用类型区域差异明显，西部乡镇以牧业为主，东部乡镇以农业为主，五棵树镇和嘎什根乡都是典型的农业乡镇，耕地后备资源充足。五棵树镇现有农用地面积 631967.55 亩，耕地面积占农用地面积比重较大，达 375176.55 亩，其中水田面积 282936 亩，占耕地面积的 75.41%。嘎什根乡共有耕地面积 214972 亩，其中水田面积 211772 亩，旱田面积 3200 亩，水田占据比例很大，约占耕地面积的 98.51%，有林地 9600 亩，草原 17600 亩，水域 67744 亩，未利

[1] 资料来源：根据《垦利县水利发展“十二五”规划》整理。

用地 4318 亩。[1]

第三，从土地利用变更情况分析，两个乡镇林地规模增长缓慢，草地面积逐渐减少，水田面积增长明显。由于地势低洼，十年九涝，因此 1986—1990 年本区进行了旱田改水田初步开发，1993—1996 年主要采取以稻治涝、以稻治碱措施，农户自发开发水田约 30000 亩。1998 年洪灾过后，大量草地变成泡塘，草地面积逐渐减少。2003—2006 年通过减免农业税以及农业补贴政策，鼓励农户规模开发。2006 年以来，实施了多项国家土地整治以及农业中低产田改造项目，2010 年自留水田面积达 225000 亩。根据《镇赉县土地利用土地利用总体规划》(2006—2020年)，至 2020 年五棵树镇和嘎什根乡通过土地整治补充耕地规模分别达 710.1 亩和 322.8 亩。但同时由于本区域地下水位埋深浅，林木成活率低，宜林地面积很小，主要分布在公路和渠系两侧。由于林地面积少，缺乏天然屏障，因而不利于耕地保护、生态平衡和调节小气候。

2. 农业经营状况

镇赉县是重要的国家商品粮基地，五棵树镇和嘎什根乡主要的农作物有水稻、高粱、玉米、大豆等，但目前种植结构单一，早期在排水条件不好的情况下水旱插花种植，造成了盐碱化与次生盐碱化的恶性循环。研究区域耕地较多，集中连片，地势平坦，有利于机械耕作和引水灌溉，加上区域土壤呈碱性、富含硒，因此非常适宜水稻种植，促进了近年来水稻种植面积的逐年增加，每亩耕地水稻产量约 466.67公斤。仅嘎什根乡 2010 年总产量就达到了约 14 万吨，农业总产值实现 3.64 亿元。

近年来依托“引嫩入白”实施了百万亩土地开发整理工程，新垦了大量的盐碱农用地，配合水利工程配套建设，水稻种植比重增加，主要由本村当地农户和规模化的企业承租经营。在企业层面上，盐碱地改良前期，pH 值为 10 以上的重盐碱地主要种植糜子、葵花，中度盐碱地种植小高粱，通过两年的旱作作物种植，利用作物根系将土壤逐渐熟化，然后进行规模化水稻种植。大部分农户和个别企业没有选择糜子、葵花等耐盐碱作物，而是在重、中度盐碱化农地上直接种植水稻，但

[1] 数据来源：根据《五棵树镇土地利用土地利用总体规划》(2006—2020 年)整理。

产量相对较低，目前约700～800斤/亩。之所以形成水稻规模化种植，工程示范起到了很大作用。2011年嘎什根乡有7处水田示范基地，分别为3处省级水稻品种示范基地、3处县级农业部门高产示范基地、1处农发办地膜覆盖有机栽培示范基地，覆盖面积分别为300亩、450亩、15亩，预计产量达667公斤/亩以上。

3. 农田水利设施建设与生产要素投入

农田水利建设投入主要包括灌区续建配套工程、中低产田改造工程、农田水利工程、高标准良田建设工程等，主要通过政府项目立项实现水田工程标准的大幅度提高。多年来水田生产排水不畅，缺乏完善的排水系统是造成土地盐碱化的重要原因，因此水稻产量低而不稳。通过国家农业项目扶持，近年来实施了白沙滩节水续建工程等，2010年嘎什根乡农田水利项目建设总投资达7000万元，农业生产条件得到了根本改善。对比各项水利工程及配套实施前后，2003—2009年平均每亩产水稻533公斤，2010年随着水利工程和中低产田改造工程的实施，平均每亩产水稻800公斤，最高产量达到每亩1000公斤，平均产量增加了50%，这对保障国家粮食安全作出了很大贡献。土地整理新增建设用地经营过程中，末级渠系田块水利配套设施需要加强投入，由于受到资金等因素制约，农户相对于企业承包模式而言，投入不足。

对于新垦盐碱农用地以沙压碱是比较好的改良措施，具有一劳永逸一次成型的优点，但是以沙压碱工程量较大，需要铲车等农机配套，购买沙子约10元/m^3，加上土地平整、农田水利等基建配套和人工费用，前期土地投入约1300～2000元/亩，因此前期投入成本较高。[1] 辽宁五峰米业加工有限公司和镇赉县毅腾有机农业发展有限公司等均采取了以沙压碱的措施，而农户投入较少。

镇赉县以农为主、农牧并重的县情特点为农业和牧业优势互补、良性发展提供了基础。嘎什根乡立新村等还建立了牧业小区，这为农业有机肥来源提供了保障。但是农用地资源利用仍然主要是耕作粗放，广种薄收，重用轻养，导致土壤肥力下降。根据镇赉县土壤普查资料，有机质含量平均每年减少0.10%～0.25%，相当一部分耕作层变薄，理化性质变劣。农民种地不施有机肥、只上化肥现象普

[1] 数据来源：根据农户和企业调研资料整理。

遍，土壤板结日趋严重。

三、察布查尔锡伯族自治县

1. 土地资源利用

察布查尔锡伯族自治县土地资源特征为：牧草地、耕地面积较大，建设用地比例较小；耕地面积中，中低产田占比大；土地利用布局存在潜在盐渍化与次生盐渍化风险等。根据2010年第二次土地调查数据，全县土地总面积为6704033.55亩，其中耕地1459702.5亩，占总面积的21.77%；园地面积85566.3亩，占总面积的1.28%，林地面积964260.75亩，占总面积的14.38%；牧草地面积3165215.55亩，占总面积的47.21%；城镇、工矿、水利交通用地433429.5亩，占总面积的6.347%；其他土地595858.95亩，占总土地面积的8.89%(以上面积含兵团面积)。[1] 现有耕地资源中，中低产田比例较高、分布广，占耕地总面积的70%以上，其中米粮泉乡主要靠伊犁河引水灌溉，地势低洼排水不畅、次生盐渍化明显。从土地利用布局分析，堆依齐牛录乡和托布中心的移民安置区属于伊犁河流域新垦区，由于特殊的自然条件，加之土地开发时间短、原游牧民族耕作经验不足，土壤盐碱化严重，同时由于其位于伊犁河谷冲积平原的二、三级阶地洪积—冲积平原上，地形坡降较大，土层较薄，如果土地开发不当，可能引起严重的水土流失。对于老灌区而言，新垦区位于老灌区上部，土壤盐碱含量高，地形坡降大，土壤保水性差，地下含水层为砂砾石，属于易透水层，灌溉渗漏严重，如果新垦土地开发利用不当，极有可能引发老灌区的土壤次生盐渍化。

2. 农业经营状况

察布查尔锡伯族自治县是伊犁河谷生产粮食的重要产区，主要粮食作物为小麦、水稻、玉米和大豆，经济作物为棉花、红花和甜菜。在农业整体结构转型过程中，种植业内部结构发生了较大的变化。2009年全县农作物播种面积99.3万亩，其中粮食播种面积61.95万亩，小麦播种面积26.85万亩，玉米14.1万亩，水稻14.1万亩。随着水土开发耕地面积的扩大和农田水利工程设施逐步完善与配套，

[1] 数据来源：察布查尔锡伯族自治县国土资源局网站(http://cbcr.ylgt.gov.cn/jgzn/ShowArticle.asp? ArticleID=81)。

近年水稻种植面积逐年增加。2010年,察布查尔锡伯族自治县水稻种植总面积15.15万亩,比2009年增长了7.45%,已成为新疆三大水稻种植基地之一。

在察布查尔锡伯族自治县调研的5个村庄中,由于盐碱地改良时间周期以及微区位自然条件不同,种植结构有较大差别。清泉村和米粮泉村改良历史较长,取得效果明显,并且清泉村农田水利设施完备,农田灌溉与排水有保障,因此目前主要种植水稻,平均亩产达700kg。而米粮泉村由于地下水位埋深较浅、水源主要来源于伊犁河,排水问题突出,因此同一条田返盐周期性基本相同,该村根据水盐运动规律,主要采用水旱轮作模式,一般在返盐时期种植2年水稻,然后再种3~5年旱田,旱田作物主要包括小麦、玉米、甜菜、大豆等。伊车村、巴音村盐碱地改良时间短,自2006年以来通过盐碱地改良以及农业综合开发等项目资助,目前主要采用种稻改碱的技术模式,因此当前水稻是这两个村庄的主要种植作物。由于引水工程配套尚不完善、盐碱化程度过高、农业投入产出比例过低等原因,也有部分农户一半水田一半旱田,旱田主要种植棉花、小麦、玉米等作物,也有部分农户将部分农田抛荒。牧场村共有耕地面积约7600亩,主要种植棉花、小麦、玉米、甜菜等旱作作物,由于棉花种植价格高,而小麦种植有国家补贴,因此棉花和小麦种植面积较大,分别约3000亩和2000亩,其余有玉米1200亩、甜菜1000亩以及少量的油葵种植约500亩。[1]

3. 农田水利设施建设与生产要素投入

农田水利设施建设主要采取"国家项目资金、县乡财政投资、群众收益自筹"的模式,以政府投入为主导、农民自愿投入为基础、社会其他经济组织参与为辅助,将节水工程资金、设施农业资金与低产田改造资金整合使用,农田水利及配套基础设施建设逐步完善。

2006—2009年,新修干、支、斗三级配套防渗渠385.62 km,更新改造农田防渗渠66.36 km,新建水利配套设施建筑物2177座,全面清淤和修复各类渠道9213.61 km,全县共改造灌溉农田27.964万亩,新增高效节水面积10.563万亩。2010年,该县累计消耗农田水利基本建设资金7124.57万元,新修干、支、斗三级

[1] 数据来源:根据调研数据整理。

防渗渠 88.85 km，农渠防渗渠 4.12 km，新建配套建筑物 712 座，修复农田水毁工程 192 处，维修农田灌溉渠道 122 km 等，改造了中低产田 0.8 万亩，改良盐碱地 0.75万亩，改善灌溉面积 3.63 万亩，平整土地 15.26 万亩，扩大高效节水灌溉面积 2.4 万亩，使农民在同样一块地上的浇灌时间缩短了 3 个多小时，轮水周期缩短了 4 天，为农民亩均节约水费 3.5 元。[1] 但是在巴音村、伊车村调研时发现，由于水利工程起初设计不合理、排水渠系不完善、衬砌率低，以及管护不到位、农户用水缺乏节水意识、大水漫灌等原因，水土流失和次生盐碱化现象严重。

土壤培肥方面，该县主要采取了保护性耕作生产、增施有机肥等措施。为盐碱地改良及农业高效利用，研究区加强保护性耕作生产投入，尤其是本县于 2006 年被农业部、自治区农机局列入保护性耕作技术项目试点县、保护性耕作示范县以来，免耕少耕、秸秆留茬和覆盖还田等保护性耕作技术在米粮泉村、清泉村等都得到推广，在减轻农田水土侵蚀、提高农田蓄水保墒能力、提升农田耕层土壤肥力、省工、省时、节本增效等方面效果明显。这在米粮泉村得到广泛应用。而对于巴音村、库车村、牧场村以及清泉村等村庄，在农户层面上，农户行为呈现如下特征：经济作物施肥多，粮食作物少；化肥撒施现象较普遍；农家肥与化肥的施用比例失调，重施化肥，不施或少施农家肥比较普遍；有机肥肥源日趋减少，培肥激励机制缺失。清泉村自 1982 年以来通过增施油渣豆饼、秸秆和家畜粪便堆沤还田等措施，实现了盐碱地农业高效利用，目前该村主要种植水稻，平均亩产 700 kg。而同样处于盐碱地改良初期的牧场村、伊车村、巴音村在 2006—2008 年进行的水稻、棉花和小麦等农业生产基本处于绝收状态，2009 年以来基本实现产投平衡，或少有盈余。因此，清泉村大部分农户受制于有机肥肥源不足，有机肥施用比例很低，而牧场村、伊车村、巴音村等由于盐碱地产投比过低，农户土地存在抛荒现象，有机肥投入更少。近年来，察布查尔锡伯族自治县坚持"定居先定畜、定畜先定草、定草先定地、定地先定水"的原则，通过良种引进和良种繁育，畜牧业得到较好发展。本县集中连片建设现代化养殖区的规划建设，一方面能确保牧民持续稳

[1] 数据来源：根据伊犁日报(汉)/2011 年/1 月/12 日/第 002 版 察布查尔农田水利投资大效益好(通讯员华明)整理。

定显著增收，另一方面也为秸秆废弃物资源利用和商品有机肥生产等有机肥肥源提供了保证。

第四节　盐碱地产权安排

一、垦利县

1979 年垦利县开始推行农业生产包工到组、联产计酬、超产奖励的责任制；1988 年，在完善家庭联产承包责任制的基础上，进一步推行“两田制”；1998 年，全县实施第二轮土地延包工作，将农民集体土地承包经营期限定为 30 年，取消了“两田制”。根据农户和村镇调研，永安镇和黄河口镇农用地经营与管理过程中存在三方面问题。

(1) 黄河三角洲地区国有土地、集体土地交叉，历史遗留问题多，权属复杂。早期由于农业比较受益低，土地盐碱化严重，大量土地闲置。近年来，随着土地资源稀缺性日益突出，国家对农业生产实行各种税费减免，加之各种农业补贴，农民生产积极性逐步增强，因此土地流转、承包、垦荒等现象并存，致使农民中间形成“谁开发、谁收益、谁占有”的产权意识，加之经济利益的驱动和历史上多种主体管理使用等遗留问题，村镇之间、村民小组之间、农户之间以及农户与村镇(村民小组)之间的土地权属纠纷日益频繁，给土地开发、利用带来一定困难。

(2) 土地资源在农户及村镇之间分配不均衡，土地调整频繁。新中国成立后，党和政府先后三次从鲁西南和附近县移民垦荒，进行黄河三角洲的开发建设。国家土地承包经营责任制政策实施以来，尽管国家规定“增人不增地，减人不减地”，但永安镇和黄河口镇依然是实行“增人增地，减人减地”办法，农民土地产权的稳定性和安全感不足，尽管部分农户认为这种“增人增地，减人减地”办法符合社会公德，但是在操作过程中意见较大，并影响了农民的生产投入。

(3) 各乡镇、村均有不同规模的机动地，机动地利用效率存在差异。调研村镇中各村机动地规模不同，机动地的利用效率也不一样。其中二十八村在土地经营方面取得了较大的成就。本村盐碱地面积大、资源丰富，但盐碱化严重和盐碱地改良资金匮乏是该村盐碱农用地利用中最大的障碍。本村为改造荒碱地，主要的做法是通过村集体行动，建设750亩的水库和沉沙池，在村集体资金不足的情况下，发动村民集资入股，进行集体开发。通过连年开发，村里修建了3座小型水库，总蓄水30万立方米，沟、渠、路、林、桥、涵、闸及电力设施全面配套，所有土地实现了自流灌溉，人均耕地面积从1亩多增加到20亩。本村农民除了自种农田外，剩下的全部承包给邻村农民种植，本村居民每年的粮棉收入加上土地承包费，收入可观。

为促进盐碱农用地有序开发、提高土地利用效率，永安镇和黄河口镇部分村庄通过各级土地开发整理、中低产田改造、撂荒地复垦、盐碱涝洼地综合治理、滩涂开发等为主要内容的农业综合开发工程，实现了农田规模经营和集约经营，土地资源利用效率逐渐提高。但是在各种项目推进过程中，会涉及土地工程占用、边界调整、土地产权变动，因此各项农业综合开发工程的顺利实施除了靠国家和政府投资建设，还需要农户在土地调整等方面主动参与配合。就调研村镇而言，农户对此意见不一，大部分农户持赞同态度，但也有部分农户意见较大，主要集中在：(1) 项目占用耕地过多，造成土地资源浪费；(2) 自家耕地占用补偿不合理，补偿耕地不及时、质量差；(3) 项目实施时间长，耽误农作物种植等。

二、镇赉县

镇赉县除家庭承包责任田外，农业可利用面积达6816139.5亩，其中国有土地面积5095500亩。多年来由于权属不清、承包发包管理不规范等原因，导致了大面积册外耕地、草原、泡沼等被私自发包、低价发包、仗权发包、监管不善[1]，造成国有、集体资产严重流失，土地资源利用效率较低。20世纪60年代初期盲目扩大耕地，70年代滥垦滥伐，毁林开荒，破坏草原，尤其是沙丘区，无止境地大面积开垦沙丘种地，种1～2年就弃耕，再开荒，群众称之为“捻沙子种”，年复一年，使大部分沙地(沙坨)、天然植被遭到破坏，使原来的固定沙丘变成流动沙丘，过度放牧、开垦破坏了生态平衡，加重了水土流失，耕地沙化、盐碱化日趋严重。

近年来镇赉县五棵树镇和嘎什根乡采取国家项目集中投资与群众承包治理

[1] 资料来源：《镇赉县土地经营管理专项执法监察工作汇报提纲》，2008年11月18日。

相结合的措施，展开了大规模的土地整理项目和中低产田改造项目。具体做法为：

(1) 集体土地大部分是家庭承包经营责任田和自留地等熟地。中低产田改造项目对盐碱地改良及农业利用起到了关键作用。根据当地农民的生产条件和能力，在尊重农民意愿的前提下，尽量少占或不占用农民已有耕地，满足农民的生产需求，通过财政、农发、扶贫等项目资助，加强现有农田盐碱农用地利用改良。项目实施结束后，在维持现有土地经营制度政策的前提下，允许农户进行自由流转。但是也有部分农户将土地流转出去以后，发现别人通过盐碱地改良等生产投入取得了很好的经济效益，欲收回土地，这种不完善的土地流转制度，阻碍了盐碱地农业的持续利用。

(2) 国有土地主要是新垦盐碱农用地。对于新增耕地，主要通过土地整理项目针对盐碱荒地进行高标准农田建设。整理后的土地所有权不变，原为国有土地的整理后仍为国家所有，由原单位管理；原为乡镇集体土地的整理后仍为乡镇集体土地；原为村集体土地的整理后仍为村集体所有。

在新增耕地分配方面，本着"先补偿、再预留、后发包"的原则进行分配，即先补齐因土地整理工程建设占用的农民原有承包耕地，然后给农民预留一定土地承包，最后将富余的土地由县、乡、村三级管理，以一定规模面向社会分别由国有土地原管理单位、乡镇人民政府和村民委员会组织发包。面向社会发包的土地一次性承包期最长为 30 年，承包价格和缴费方式包括固定承包价格、一次性交齐和浮动承包价格、分期缴纳两种形式。承包费主要用于支渠水利工程和田间渠系水利工程的维护与运营。

新增耕地内田、林、路、渠等尾欠工程，由土地承包经营者采取投工投劳的办法或一次性缴纳费用委托县里统一组织完成。补偿和发包给农户的土地必须在第一年耕种之前完成农渠(不含农渠)以下农田水利工程的修建和维护，承包期满后归发包方所有。如果土地因不可抗拒的自然灾害之外的原因而被弃耕撂荒，按政策规定标准收取土地荒芜费，连续三年内种植面积未达到 90%以上的，视为承包方自动放弃土地承包权，土地承包合同自行终止，承包费不予退回。

三、察布查尔锡伯族自治县

察布查尔锡伯族自治县在 2006 年被确定为全国 6 个土地开发重点区域之一，近年来通过移民工程、土地综合整治项目以及中低产田改造项目进行了大量的国有盐碱荒地开发利用与集体存量土地改良。通过移民工程，国有盐碱荒地的开发利用有了充分的劳动力保障，因此，全县 90.31 万亩耕地面积中，家庭承包经营面积占 70.74 万亩，占耕地总面积的 78.33%，而机动地仅为 19.57 万亩。研究区域在土地经营与管理方面还存在以下问题：

(1) 土地流转规模大，部分农户抛荒。由于巴音村、伊车村和牧场村居民原来大部分都是游牧民族，耕作经验不足，加上土壤盐碱化严重，产出效率低，因此当农业耕种处于边际化状态时，农户农地利用出现撂荒弃耕现象，呈现出“一年开草场、二年打点粮、三年五年变沙梁”的趋势。在调研的巴音村、伊车村和牧场村共 109 户农户中，有抛荒现象的农户约占 27.52%，每户平均抛荒面积为 15.5 亩。同时土地流转规模较大，全县 2010 年流出耕地面积合计约 2.82 万亩，并且流转类型多样，其中转包面积 1.91 万亩、转让面积 0.56 万亩、出租面积 0.31 万亩、其他形式约 0.04 万亩。家庭承包经营的耕地主要流入农户，约 2.79 万亩，占总流转面积的 98.94%，仅有 0.03 万亩流转入企业及其他主体。

(2) 人均耕地面积差异大，耕地资源分配不公平。调研区域村间耕地资源占有量差异较大，调研总样本中平均每户拥有耕地 26.74 亩，其中米粮泉村每户24.7 亩，清泉村每户 25.24 亩，巴音村每户 27.25 亩，伊车村每户 28.05 亩。而即使在同一村内，由于历史遗留原因，农户人均耕地占有量也不相同。在调研的清泉村和米粮泉村，还有个别农户没有责任田，全是通过农户之间土地流转承包经营，这部分农户在土地利用土地利用行为上就十分不注重土壤的培肥和合理的灌溉，当年经济收益最大化为其唯一经营目标。

(3) 耕地资源高效持续利用管理机制不完善。由于移民区灌溉用水不收水费，因此很多农户长时间、无限制地大水漫灌，造成渠系冲塌、水资源浪费以及邻家田块的水土流失。综上所述，调研区域盐碱农用地持续利用的激励和约束制度与政策缺失，是制约本地盐碱地农业高效持续利用的重要障碍。

第五节 研究区域差异分析

通过对三个区域概况、盐碱地形成机理、盐碱农用地利用及产权安排的对比分析，山东省垦利县、吉林省镇赉县和新疆维吾尔自治区察布查尔锡伯族自治县具有明显的区域差异性和相似性特征。这三个地区所选择的乡镇村具有不同的自然条件、不同的盐碱地产权特征和不同的土地利用土地利用类型(表 3－1)。

结合这三个典型区域盐碱农用地利用状况调研，发现水资源与土地资源的合理开发利用与管理在盐碱地改良过程中具有重要的作用，改水、培肥与完善的土地和水资源管理制度与政策是实现我国盐碱地改良与高效持续利用的关键(表 3－3)，这进一步验证了本研究的分析框架的可靠性，同时也表明以山东省垦利县、吉林省镇赉县和新疆维吾尔自治区察布查尔锡伯族自治县的乡镇村作为本研究的研究区域，具有一定的典型性和代表性。

表 3－3 研究区域盐碱农用地持续利用条件分析

研究区域	有利条件	障碍因素	发展方向
山东省垦利县	滩涂、光热资源丰富，对存量耕地的土地整理等国家项目支持	海水顶托、旱涝风险、土壤肥力低、灌排工程不配套、土地细碎化、调整频繁、产权复杂	灌排配套工程，节水农业，土地平整，土壤培肥，调整结构，规模经营、产权清晰
吉林省镇赉县	水土光热资源丰富，新增耕地多，土地整理等国家项目支持	地势低洼不平，盐碱、旱涝、风蚀、沙漠化、灌排工程不配套、新增耕地经营管理	防风固沙，土地平整，节水农业，灌排配套，土壤培肥，加强农地(新增耕地)经营管理
新疆察布查尔锡伯族自治县	水土光热资源丰富、移民开荒，土地整理等国家项目支持	原生盐碱化、土壤肥力低、水土流失、灌排配套工程、新开发耕地熟化	以水定地，水土平衡，灌排兼顾，土壤培肥，有机稻米

第四章　盐碱地产权的农户经营行为响应及分析

农户对盐碱地耕种行为选择是实现盐碱地农业高效持续利用的根本。通过调研发现，对于已经开垦的新增盐碱农用地必须持续不断地耕作，土地撂荒将会使盐碱化程度不断加强，因此激励农户盐碱地农业开发及持续耕种的意愿十分重要。本章结合问卷调研和实地考察，在分析研究区域农户盐碱地农业经营行为的基础上，以农户盐碱地流入行为为例，采用 Tobit 函数，分析盐碱地产权因素对农户盐碱地农业经营行为的影响机理，并在此基础上提出进一步完善盐碱地产权的制度安排建议，以促进农户盐碱地农业的持续耕种与经营。

第一节　农户盐碱地经营行为分析

一、农户持续性经营行为界定

本研究界定农户持续性经营行为主要包括三方面的内涵：(1) 发展传统农业，主要采取种稻改碱、上农下渔、“稻-苇-鱼”生态农业模式等；(2) 发展盐土农业，即根据盐碱环境，直接进行农业生产，主要包括耐盐碱的粮食作物、经济作物、耐盐蔬菜、耐盐饲草以及耐盐油料、生物质能源和树种，如耐盐棉花、豆类、菊芋、碱蓬、油葵等；(3) 持续不断的耕种，即对于存在盐碱化障碍的耕地资源持续利用，不撂荒，其中不撂荒、持续耕种是实现盐碱地改良及农业持续利用的基础。

二、研究区域农户经营行为分析

1. 农户基本概况

根据山东省垦利县、吉林省镇赉县和新疆察布查尔锡伯族自治县468户农户调研数据(表4-1),发现农户户主平均年龄为40～50岁,受教育水平较低,基本在初中毕业水平以下。调研区域农户家庭户均经营耕地总面积较大,平均水平为36.22亩。其中镇赉县农户户均经营耕地面积最大,为45.8亩;其次是垦利县和察布查尔锡伯族自治县,分别为37.14亩和26.74亩。农业收入都是各农户家庭收入的主要来源,平均水平为80.54%,垦利县、镇赉县和察布查尔锡伯族自治县分别为86.8%、88.17%和68.66%。

表4-1 样本农户的基本情况

样本县	样本数	户主平均年龄(岁)	受教育水平	户均劳动力(人)	户均耕地面积(亩)	农业收入占比(%)
山东省垦利县	138	48.29 (10.653)	1.81 (0.884)	2.57 (0.862)	37.14 (24.009)	86.80 (0.205)
吉林省镇赉县	157	44.69 (10.749)	1.73 (0.685)	2.37 (0.819)	45.80 (28.052)	88.17 (0.201)
新疆察布查尔锡伯族自治县	173	44.64 (11.292)	1.55 (0.892)	2.57 (1.212)	26.74 (19.39)	68.66 (0.308)
样本总体	468	45.74 (11.026)	1.69 (0.831)	2.59 (0.996)	36.22 (25.204)	80.54 (0.263)

注:① 括号内数字为标准差;② 受教育水平分五个档次,0=文盲,1=小学,2=初中,3=高中(中专),4=大专,5=本科及以上;③ 农业收入占比是指种植业收入占家庭总收入的比重。

在家庭联产承包经营责任制度下,农村家庭土地承包经营权长期不变,因此不同区县及村庄的农户耕地资源禀赋差异较大,主要体现在责任田经营总规模、人均责任田耕地面积、田块数量等方面(表4-2)。

(1) 户均责任田耕地经营规模。垦利县、镇赉县和察布查尔锡伯族自治县户均责任田面积较大,镇赉县五棵树镇最高,约为31.82亩,察布查尔锡伯族自治县纳达齐牛录乡户均责任田面积最低,但也达到18.24亩,说明研究区域耕地资源丰富。但从各村庄户均责任田耕地面积的方差统计分析来看，各乡镇内部户均耕地面积不均，相差较大。将调研的8个乡镇按照差异化程度从高到低排序为五棵树镇＞永安镇＞纳达齐牛录乡＞嘎什根乡＞黄河口镇＞米粮泉乡＞堆伊齐牛录乡＞托布中心，户均责任田面积这一指标对应的方差分别为19.672＞15.325＞14.681＞13.697＞11.420＞11.101＞9.383＞6.854。

(2) 人均责任田耕地面积。该指标呈现出以下特点：8个调研乡镇农户层面上，人均责任田耕地面积差异较大，各乡镇内部差异性也较为明显。其中，人均责任田耕地面积大于10亩的乡镇只有镇赉县五棵树镇，约为10.7亩；人均责任田耕地面积介于5亩和10亩之间的乡镇包括黄河口镇、永安镇、嘎什根乡、纳达齐牛录乡和米粮泉乡；而堆依齐牛录乡和托布中心人均责任田耕地面积不足5亩。从各乡镇内部差异性分析，人均责任田耕地面积差异程度从高到低依次为：五棵树镇＞纳达齐牛录乡＞永安镇＞嘎什根乡＞黄河口镇＞米粮泉乡＞托布中心＞堆依齐牛录乡。在户人均责任田耕地面积差异最大的五棵树镇，最小的农户仅为1.33亩/人，而最大值高达40亩/人。在户人均责任田耕地面积差异最小的堆依齐牛录乡，该指标最小值为1.71亩/人，最大值为10亩/人。以上数据表明，农户层面上家庭总人口与家庭责任田耕地资源二者之间差异明显，长期稳定的家庭联产承包责任制与农户家庭人口数量之间较不匹配，均衡程度较低。

(3) 块均耕地面积。该指标主要用来反映农户家庭责任田细碎化程度。从数值上分析，块均耕地面积从大到小排列依次为：托布中心＞堆依齐牛录乡＞五棵树镇＞纳达齐牛录乡＞米粮泉乡＞嘎什根乡＞永安镇＞黄河口镇。这主要与村庄特点有关。察布查尔锡伯族自治县托布中心和堆依齐牛录乡调研的巴音村、伊车村和牧场村是主要的移民村，村庄形成历史较短，近年来才刚刚完成家庭承包经营土地分割，因此田块相对较少，单位田块面积较大，均为13亩以上。而垦利县永安镇和黄河口镇由于开发历史较长，自实行责任田制度以来，农户家庭结构发生了较大变化，加之这两个乡镇一直遵循村规民约，根据人口增加进行耕地调整，这带来了耕地的细碎化程度加剧，因此农户层面上，责任田块均耕地面积平均水平分别为5.89亩和3.39亩。

表 4-2　样本农户责任田资源禀赋

单位:个/亩/块

样本县	乡镇名称	样本数	户均责任田面积			户人均责任田面积			块均耕地面积			田块数量
			最小值	最大值	平均值	最小值	最大值	平均值	最小值	最大值	平均值	
垦利县	永安镇(X_1)	76	7	100	25.02	2.40	30	7.81	0.80	25	5.89	7.07
	黄河口镇(X_2)	62	8	60	26.23	3.00	24	8.40	0.83	10	3.39	9.24
镇赉县	五棵树镇(X_3)	65	4	90	31.82	1.33	40	10.7	2.00	45	12.6	3.34
	嘎什根乡(X_4)	92	4	70	24.25	0.67	32	7.32	1.67	30	8.55	3.35
察布查尔锡伯族自治县	纳达齐牛录乡(X_5)	37	4	60	18.24	0.57	30	5.71	2.00	30	10.0	1.78
	米粮泉乡(X_6)	25	6	50	19.70	1.50	15	5.16	3.72	25	9.23	2.28
	堆依齐牛录乡(X_7)	69	8	60	21.25	1.71	10	4.73	4.00	30	13.1	1.75
	托布中心(X_8)	40	8	40	21.05	2.00	14	4.86	4.00	24	13.5	1.68
样本总体	8 个乡镇	467	4	100	24.21	0.57	40	7.16	0.80	45	9.24	4.17

注:根据农户调研实际情况整理,面积单位为亩,1 hm^2=15 亩。

2. 农户盐碱农用地利用状况

山东省垦利县、吉林省镇赉县、新疆维吾尔自治区察布查尔锡伯族自治县 3 个调研区域的盐碱农用地利用特征明显,主要以发展传统农业为主,作物熟制全部为一年一熟,种植结构分别以棉花、水稻为主。从表 4-3 可以看出,在调研的 8 个乡镇 467 个有效样本中,共覆盖耕地面积 17211.40 亩,从种植结构分析,种植面积从大到小依次为水稻、棉花、玉米、小麦,分别占调研总面积的 36.03%、31.26%、6.95%和 3.18%。而黄豆、绿豆、甜菜、高粱、芝麻、油葵以及蔬菜等其他作物种植面积共 3421.55 亩,占调研区域总面积的 19.88%,并且有 465.50 亩农地被撂荒。从区域差异性分析,垦利县以棉花种植为主,占永安镇和黄河口镇调研总耕地面积的94.07%;镇赉县嘎什根乡以及察布查尔锡伯族自治县纳达齐牛录乡、托布中心主要以水稻种植为主,种植面积分别占调研乡镇农地面积的 74.32%、71.67%、71.79%;而镇赉县五棵树镇以及察布查尔锡伯族自治县米粮泉乡、堆依齐牛录乡的种植结构则呈现出多元化特征,主要作物除了水稻、玉米之外,棉花、小麦以及其他作物均有种植。察布查尔锡伯族自治县堆依齐牛录乡和托布中心分别有 349.50亩和 116.00 亩耕地撂荒,分别占各乡镇调研农地面积的 21.93%和 12.21%。

表 4-3　村庄层面样本农户耕地经营结构

单位：亩

样本县	乡镇名称	总面积	水稻	棉花	小麦	玉米	其他	撂荒
垦利县	永安镇(X_1)	2678.00	31.50	2521.50	0	0	125.00	0
	黄河口镇(X_2)	2709.50	0	2546.50	0	0	163.00	0
镇赉县	五棵树镇(X_3)	3422.60	904.50	0	0	556.80	1961.30	0
	嘎什根乡(X_4)	3838.70	2852.85	0	0	239.60	746.25	0
察布查尔锡伯族自治县	纳达齐(X_5)	1306.00	936.00	0	89.00	0	281.00	0
	米粮泉乡(X_6)	712.60	155.00	0	351.00	61.60	145.00	0
	堆依齐(X_7)	1594.00	639.00	220.00	99.50	286.00	0	349.50
	托布中心(X_8)	950.00	682.00	92.00	8.00	52.00	0	116.00
总体	8 个乡镇	17211.40	6200.85	5380.00	547.50	1196.00	3421.55	465.50

注：根据农户调研实际情况整理，面积单位为亩，1 hm^2＝15 亩。

在农户层次上，调研的 468 个总样本中，按照作物种植农户数量排序从高到低依次为水稻、棉花、玉米和小麦，占调研样本的比重分别为 53.10％、34.26％、21.20％和 7.92％，而种植甜菜、高粱以及豆类作物和油料作物的农户数共有 125 户，30 户农户将部分农地撂荒，分别占农户调研样本总数的 26.77％和6.42％。研究中引入各种作物种植农户总数量与样本数比值来衡量作物种植农户层面的多样化，该比值从高到低依次为米粮泉乡＞堆依齐牛录乡＞五棵树镇＞嘎什根乡＞永安镇＞纳达齐牛录乡＞托布中心＞黄河口镇，其比值分别为 2.160、2.087、1.985、1.402、1.289、1.237、1.225 和 1.177。该比值越高，说明农户种植结构多样性越明显，专业化程度越低(表 4-4)。

通过以上分析，可以得出以下结论：(1) 调研区域盐碱农用地利用主要以发展传统农业为主，粮食作物以水稻为主，经济作物以棉花为主，而小麦、豆类以及其他传统作物占比较低，盐土农业占比更低；(2) 区域差异明显，新增盐碱农用地存在撂荒现象，山东省垦利县主要以棉花种植为主，吉林省镇赉县和新疆察布查尔锡伯族自治县传统农作区种植结构多样化，而新增盐碱农用地区域种植结构相对单一，以水稻为主，受制于水资源及基础设施等因素制约，部分农地撂荒；(3) 复种指数低，多为一年一熟制，土地利用效率较低。

表 4-4 农户层面样本农户耕地经营行为

单位：户

样本县	乡镇名称	样本数	水稻	棉花	小麦	玉米	其他	撂荒
垦利县	永安镇(X_1)	76	9	76	0	0	13	0
	黄河口镇(X_2)	62	0	62	0	0	11	0
镇赉县	五棵树镇(X_3)	65	46	0	0	35	48	0
	嘎什根乡(X_4)	92	80	0	0	26	23	0
察布查尔锡伯族自治县	纳达齐(X_5)	39	29	0	3	0	15	0
	米粮泉乡(X_6)	25	4	0	25	10	15	0
	堆依齐(X_7)	69	45	14	8	23	0	21
	托布中心(X_8)	40	35	8	1	5	0	9
总体	8 个乡镇	468	248	160	37	99	125	30

第二节　盐碱地产权安排的农户耕种行为响应驱动

一、影响农户耕种行为选择的指标体系

盐碱农用地持续利用以土地利用主体(尤其是农户)的持续耕种为前提，本研究以农户流转土地面积占农户经营土地总面积比重为因变量，作为农户对盐碱地农业耕种积极性的指标，研究农户对盐碱耕地持续性经营的行为选择及现有产权制度安排驱动机理具有一定的合理性。

1. 盐碱地产权因素

根据对研究区域的调研，影响农户耕种行为的盐碱地产权因素因子主要包括五个方面。

第一，盐碱地产权的稳定性。通过对山东省垦利县、吉林省镇赉县和新疆察布查尔锡伯族自治县典型村镇调研，农户普遍认为农地承包经营制度长期不变这一产权制度激发了农户种地的意愿，这对提高盐碱地粮食增产增收及提高农户收入水平的有明显贡献。但也发现，在实际行动中，垦利县调研的 5 个村庄仍然根据村集体人口增减，以 3～6 年的不同周期进行土地调整。有农户认为“家庭承包责任制长期不变”政策造成了盐碱地资源分配的社会不公，从社会道德而言，对频

繁的土地调整持拥护态度。但也有家庭认为,国家政策形同虚设,农户自身权益得不到保障。为考察盐碱地产权制度的稳定性对农户盐碱耕地持续利用行为的影响,本研究引入农地调整是否频繁这一虚拟指标,进行实证分析。

第二,人地资源协调度。以上分析表明,调研的8个乡镇之间农户层面上的人均责任田耕地面积差异较大,即使在同一个村,不同的村民小组之间人均责任田耕地面积也不相同。因此,这不能排除"家庭承包责任制长期不变"政策有可能造成了土地资源分配不合理,与农村家庭劳动力结构变化不符这一结果。因此,为评价盐碱地产权制度所带来的农户土地资源占有量与农户人口之间的协调程度对农户规模经营行为的影响,本研究引入了人地资源协调度指标,用农户家庭人均责任田耕地占有面积这一指标来衡量(单位:亩/人)。

第三,耕地细碎化。通过对块均耕地面积指标的描述性统计,发现研究区域耕地细碎化现象明显。对此,在调研中大部分农户赞成在村集体内部,按照耕地质量等级平均分配盐碱地资源,但对此行为造成的农户耕地细碎化后果却不十分满意。有些农户宁愿租种集中连片的村集体机动地,甚至是离家较远的国有农地,也不愿意在盐碱化程度严重、地块面积较小的家庭责任田上追加劳动力、资本品的投入以及进行新技术的推广和创新。但也有研究认为,土地的不同权属导致的土地分割及小块土地经营并没有排斥农业机械化,农业机械化与土地经营的规模大小无关(刘凤芹,2006)。为此,本研究引入农户家庭拥有的责任田地块数量和块均面积两个指标来衡量现有的盐碱地产权制度安排带来的耕地细碎化对农户行为选择的影响。

第四,盐碱地抵押意愿。通过对研究区域样本村及农户的调研,发现大部分农户在农业生产中面临资金短缺的问题,尤其是新疆察布查尔锡伯族自治县巴音村、伊车村和牧场村这3个移民村和山东省垦利县种棉大户。农户以土地作为抵押,取得农业生产资金的愿望比较强烈。农地产权能否抵押是农地产权是否完整的重要的衡量指标,并一直是学术界研究的热点问题。本研究也认为农户的盐碱地产权抵押意愿同样是影响农户是否愿意扩大盐碱地耕种规模的重要因素之一,所以引入该指标作为虚拟变量进行定量分析。

第五,盐碱地流转市场的安全性。如果说长期稳定的"农地普占"的农地产权制度制约了盐碱地资源的高效利用，那么建立完善的盐碱地流转市场，通过土地市场培育降低土地细碎化程度（Tanrivermis，2003），以促进农地的合理流转，这是实现耕地资源优化配置的重要途径。调研中发现，目前农村土地流转没有专门的管理机构，农村基层政府和集体经济组织没有明确在土地流转中的职责。因此有农户认为农地流转太麻烦，并且容易产生纠纷。也有农户担心耕地流入方采用掠夺式的耕作方式，不注意土地的培肥等长期投资。因此，由于农户之间农地流转具有自发自愿性质，外部约束机制缺失，在新疆察布查尔锡伯族自治县部分农户宁肯让部分耕地荒芜或半荒芜也不愿流转土地使用权。因此，农地市场的安全性对农户参与耕地经营具有较强的保障作用，本研究用农户在土地流转过程中是否达成了一致协议、是否有承租费用缴纳凭证、是否签订了承租合同、是否进行了土地登记来衡量农地市场的安全性对流转双方的权益保障。其中，口头协议赋值为0，仅有承租合同或费用缴纳凭证赋值为1，有承租合同及费用缴纳凭证赋值为2。

第五，盐碱地流转的完整性。在新疆察布查尔锡伯族自治县调研中发现，由于盐碱耕地具有明显的脆弱性，对耕地的保护责任规定不明确，转入农地者用来发展林果业、挖塘养鱼，对农田造成极大破坏。针对这些问题，农民及基层组织都未作出合理的回答。因此，盐碱地流转制度与政策的完整性对农户盐碱地经营行为也具有重要的影响。在土地流转时，除了对流转面积、期限、租金以及流转方式作必要的规定外，是否有土壤肥力保护相关规定也很重要。因此，研究中还引入“是否有盐碱地土壤肥力保护相关规定”这一指标来衡量农地流转制度的完整性。

除此之外，由于盐碱地改良周期长、投资大，而调研区域中垦利县各村农地调整较为频繁，因此本研究还假定在土地调整中，土地调整补偿方案对农户持续经营行为具有明显影响。一般情况下，在土地调整过程中，合理的补偿方案能够促进农户对盐碱耕地的合理流转和持续经营。本研究引入土地调整时对农户长期投资是否补偿这一虚拟变量，作为盐碱地产权完整性衡量的指标之一，来分析产权安排对农户经营行为的影响。

2. 其他因素

影响农户盐碱耕地经营的因素除了产权制度外，还包括农户特征、耕地资源特征、农业政策及服务体系以及区域因素等方面。具体体现在四个方面。

第一，农户特征。本研究中农户特征主要选择户主年龄、文化程度、家庭劳动力、家庭收入结构以及耕种意愿和农户对土地产权的认知等指标，分别反映影响农户对盐碱耕地经营决策的理性因素和行为感知。农户家庭收入结构以及劳动力资源禀赋的差异对农户的耕地需求具有较大的影响，农户租入土地多一方面是为了解决剩余农业劳动力的问题，另一方面也是为了满足家庭生计需求；而租出土地一方面是由于农户存在非农就业机会，另一方面是为了解决家庭劳动力不足的问题(陈和午、聂斌，2006)。因此，劳动力和家庭收入结构这两个指标改变了家庭要素禀赋结构与劳动力相对报酬。较多的劳动力资源既可能对农户盐碱地规模经营具有正向刺激作用，也可能受制于家庭耕地资源规模而发生劳动力转移，而家庭收入结构则体现了农户收入来源。本研究中用家庭劳动力数量表示农户劳动力资源禀赋，用农业收入占家庭总收入比重(%)表示家庭收入结构，以分析不同特征农户盐碱耕地经营意愿。

第二，农地资源特征。一般情况下，盐碱化程度与农户经营行为负相关，理性农户倾向于耕种盐碱化程度低、改良投资较少的耕地。根据盐碱耕地开发周期以及盐渍化形成原因，选择盐碱化程度这一指标来衡量农地资源特征对农户盐碱地经营行为的影响。由于山东省垦利县、吉林省镇赉县以及新疆察布查尔锡伯族自治县米粮泉村等调研区域盐碱地开发耕作历史较长，土壤基本熟化，次生盐碱化威胁明显，将土壤肥力赋值为 1；而新疆察布查尔锡伯族自治县其他区域盐碱荒地开发历史较短，土壤多为原生盐碱化，盐碱化程度较重，赋值为 0。

第三，农业政策及服务体系。根据研究区域本底值特征，主要选择农业补贴、农业信贷、农业保险、盐碱农用地利用技术等。(1) 补贴。调研区域农业生产补贴主要是国家财政支持，但在各地区试行情况不一。地方财政支持较少，仅在察布查尔锡伯族自治县有机水稻推广过程中有市县财政补贴。本研究用农业生产补贴占农业生产总投入的比重(%)来衡量补贴对农户经营决策的影响。(2) 信贷。由于盐碱耕地改良及农业利用需要投入大量资金，并且研究区域垦利县、镇赉县和察布查尔锡伯族自治县分别属于黄河三角洲冲击平原、松嫩平原西部和伊犁河谷地区，这些地区均具有地广人稀的特征，家庭耕地总规模较大，因此农业生产资金的保障对盐碱地农业经营具有重要的作用。(3) 保险。本研究引入是否参加农业保险,来衡量农业保险对农户经营行为的影响。(4) 技术。技术与土地经营具有一定的替代作用。本研究引入现有技术体系是否配套这一虚拟变量来衡量盐碱地改良及农业利用技术对土地利用效率的影响。

需要说明的是,本研究没有考虑农产品市场、农业生产组织这两个因素对农户持续经营行为的影响。主要基于以下原因:(1) 影响农户经营规模的农产品市场因素主要是价格和销售的便利性。一般情况下,农产品购销越便捷、价格越高,农户持续性耕种行为选择意愿越强烈。由于调研区域大部分农产品销售多是摊贩上门的形式,销售较为便利,并且近年来农产品价格处于上涨趋势,因此本研究没有考虑农产品市场的影响。(2) 农业生产组织。目前,农用地规模经营组织主要有公司+农户、公司+基地+农户、股田制等形式。由于盐碱地改良及农业生产具有投资周期长、见效慢、风险较大等特征,而农业生产组织具有降低生产成本、抵御农业自然和经济风险,因此应是影响农户持续经营行为选择的主要因素。但在调研区域农业生产组织化程度低,几乎没有推广,因此本研究也没有将农户是否参与生产组织这一指标考虑进来,以衡量农业生产组织对农户经营行为的驱动机制。

第四,区域因素。区域经济发展水平与当地农民规模经营意愿关系密切。一般而言,欠发达地区农民比发达地区农民更希望扩大经营规模,而经济发达地区农民缩小土地经营规模的意愿比欠发达地区更加强烈一些(张忠明、钱文荣,2008)。因此本研究中引入区域因素虚拟变量。

表 4-5　盐碱地产权安排的农户耕地经营决策行为响应指标体系

因　素	因　子	因 子 解 释
农户特征(H)	户主年龄(H_1)	定距型变量,0=40 岁以下,1=40 岁至 60 岁,2=60 岁及以上
	教育水平(H_2)	户主接受正规教育的程度
	劳动力(H_3)	家庭具有劳动能力的人口数量(人)
	收入结构(H_4)	农业收入占家庭总收入的比重(%)
	耕种意愿(H_5)	农户盐碱地农业开发及耕种意愿分为:0=不愿意,1=愿意,2=非常愿意

续 表

因 素	因 子	因 子 解 释
盐碱地产权(R)	产权稳定性(R_1)	土地调整是否频繁？0=否,1=是
	产权完整性Ⅰ(R_2)	土地调整时对改良性培肥等长期投资是否补偿？0=否,1=是
	产权完整性Ⅱ(R_3)	农户是否愿意进行土地抵押？0=否,1=是
	流转完整性(R_4)	土地流转中是否有土壤肥力保护相关规定？0=否,1=是
	流转安全性(R_5)	用土地流转过程中的双方协议方式表示,其中0=口头协议,1=仅有承租合同或费用缴纳凭证,2=有承租合同及费用缴纳凭证
	农户对产权认知(R_6)	农户对盐碱地产权制度的认知水平:1=不了解,2=基本了解,3=十分了解
农地质量(L)	盐碱化程度(L_1)	山东省垦利县、吉林省镇赉县各村以及新疆察布查尔锡伯族自治县米粮泉村等耕地质量赋值为1,新疆察布查尔锡伯族自治县其他各村耕地质量赋值为0
	人均责任田面积(L_2)	责任田耕地面积与家庭总人口的比值(亩/人)
	责任田地块数量(L_3)	责任田田块数量(块)
	责任田块均面积(L_4)	责任田平均地块大小(亩/块)
农业政策及服务体系(P)	补贴(P_1)	农业补贴占农业生产总投入的比重(%)
	保险(P_2)	是否参加农业保险？0=否,1=是
	信贷(P_3)	是否可以方便地取得土壤改良及农业生产贷款？0=否,1=是
	技术(P_4)	现有技术体系是否配套？0=否,1=是
地区变量(D)	垦利县(D_1)	是否属于垦利县？0=否,1=是
	镇赉县(D_2)	是否属于镇赉县？0=否,1=是
规模经营意愿	规模经营意愿(Y)	农户流转土地面积占农户经营土地总面积比重(%)

二、计量模型

农户耕种意愿相关研究主要的计量模型有二元 Logit 模型(周清明,2009;鲁莎莎、刘彦随,2011)、多项逻辑回归分析模型(Multinomial Logistic 模型)(张忠明、钱文荣，2008）以及 Tobit 模型（易小燕、陈印军，2010）等。综合考虑研究区域特征，农户流入土地面积占农户经营土地总面积比重取值范围为[0,1]之间的正值连续变量，并且因变量数据取值属于偶然断尾样本，即对于那些确实发生了土地流转的农户才能观测并计算出 y，而对于那些没有发生土地流转的农户则无法得到其 y 值。如果所有样本的自变量的值能够观测到，而因变量则只有那些发生土地流转的农户才被观测到，这称作因变量是审查的，相应的模型也叫审查回归模型。解决审查因变量的问题通常采用 Tobit 模型。本研究选择 Tobit 模型，以农户流转土地面积占农户经营土地总面积比重为因变量，分别对农户土地流入行为进行建模，研究农户对盐碱耕地农业经营的意愿及其驱动机理。Tobit 模型的基本连续形式为公式 4－1（Pindyck，2001；Wooldridge，2003）：

$$Y_i^* = \alpha + \beta X_i^* + \varepsilon_i^* \quad (4-1)$$

Y^* 代表农户流入土地面积占农户经营土地总面积比重，满足经典线性模型假定，服从具有线性条件均值的正态同方差分布。X^* 代表包括盐碱地产权制度以及农户特征、土地资源特征、农业政策及服务体系和区域因素等控制因子。对于未发生土地流入（出）的人，Y^* 不可度量，它的值设定为 0。因此因变量观测的定义为公式 4－2 和公式 4－3：

对于 $Y_i^* > 0$，

$$Y = Y_i^* \quad (4-2)$$

对于 $Y_i^* \leqslant 0$，

$$Y = 0 \quad (4-3)$$

实际估计的方程为公式 4－4：

$$Y_i = \alpha + \beta X_i + \varepsilon_i \quad (4-4)$$

三、数据模拟及结果分析

1. 数据来源

根据山东省垦利县、吉林省镇赉县和新疆察布查尔锡伯族自治县 468 户农户的调研数据，农户土地流转样本统计描述见图 4－1、图 4－2 和表 4－6。

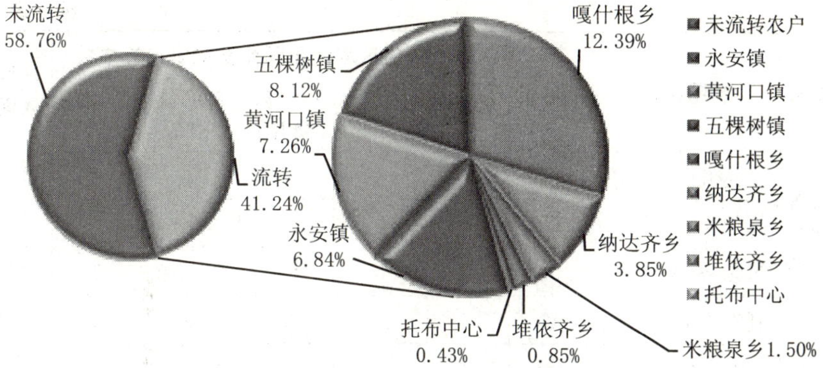

图4-1　各乡镇流入耕地的农户占总样本比例

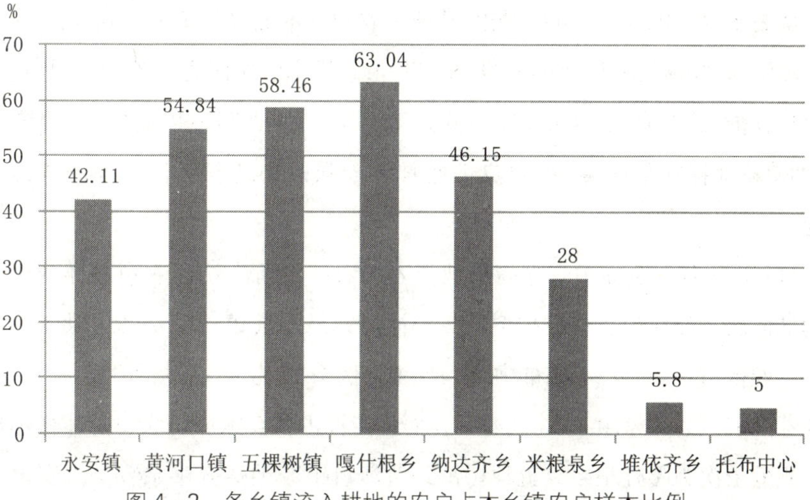

图4-2　各乡镇流入耕地的农户占本乡镇农户样本比例

表4-6　农户层面土地流入基本情况

单位:个/亩

样本县	乡镇名称	样本数	发生流入样本	流入耕地不同比重的农户样本数				户均流入面积
				(0,25%]	(25%,50%]	(50%,75%]	(75%,100%]	
垦利县	永安镇(X_1)	76	32	6	14	10	2	23.70
	黄河口镇(X_2)	62	34	9	8	13	4	31.85
镇赉县	五棵树镇(X_3)	65	38	6	9	22	1	35.64
	嘎什根乡(X_4)	92	58	11	17	19	11	28.09

续　表

样本县	乡镇名称	样本数	发生流入样本	流入耕地不同比重的农户样本数				户均流入面积
				(0,25%]	(25%,50%]	(50%,75%]	(75%,100%]	
察布查尔锡伯族自治县	纳达齐(X_5)	39	18	0	2	7	9	34.83
	米粮泉乡(X_6)	25	7	0	4	1	2	31.43
	堆依齐(X_7)	69	4	0	3	1	0	28.75
	托布中心(X_8)	40	2	0	1	0	1	54.00
总体	8个乡镇	468	193	32	58	73	30	30.54

注：根据农户调研实际情况整理，面积单位为亩，1 hm^2=15 亩。

从表 4-6 和图 4-1 可以看出，从流入农户样本数量分析，在调研的 468 个全部样本中，有盐碱耕地流入的农户 193 户，占总样本的比例为 41%；从户均流入耕地面积分析，最大值为 54 亩，最小值为 23.7 亩。这表明整体而言，在传统农作区，即使耕地存在盐碱障碍，农户仍然具有较强的种地积极性。各乡镇具体体现为：

(1) 调研各个乡镇中有盐碱耕地流入的农户占所有调研农户总样本比例从高到低依次为嘎什根乡＞五棵树镇＞黄河口镇＞永安镇＞纳达齐牛录乡＞米粮泉乡＞堆依齐牛录乡＞托布中心，所占比例分别为 12.39%、8.12%、7.26%、6.84%、3.85%、1.5%、0.85%、0.43%。而该指标占各乡镇调研农户总体样本比例从高到低依次为嘎什根乡＞五棵树镇＞黄河口镇＞纳达齐牛录乡＞永安镇＞米粮泉乡＞堆依齐牛录乡＞托布中心，分别为 63.04%、58.46%、54.84%、46.15%、42.11%、28%、5.8%、5%。这表明嘎什根乡、五棵树镇、黄河口镇农户具有很强的盐碱耕地耕种意愿，纳达齐牛录乡、永安镇和米粮泉乡次之，堆依齐牛录乡和托布中心农户耕种意愿最弱。

(2) 就流入耕地面积占家庭经营耕地总面积的比重而言，各乡镇呈现出不同特征。其中，纳达齐牛录乡大部分农户流入耕地面积占家庭经营总面积比重达到 75%以上，而黄河口镇、五棵树镇和堆依齐牛录乡大部分农户流入耕地面积占家庭经营总面积比重在 50%～70%之间，永安镇和米粮泉乡大部分农户流入耕地面积占家庭经营总面积比重则介于区间(25%,50%]，嘎什根乡农户流入耕地面积占家庭经营总面积比重在区间(0,100%]之间均匀分布。

2. 样本数据模拟

根据调研数据,采用 Stata 11 软件,运用 Tobit 模型对农户盐碱耕地流入的全部样本进行模拟,模拟结果见表 4-7。

从运行结果看,Prob＞chi2＝0.0000,表示拒绝“不存在异方差”的原假设,即接受原假设,因此运用总体模型拟合较好。需要说明的是,为了让变量变平稳,消除异方差现象,并进一步测量自变量变化 1%而引起的因变量变化的绝对量,本研究对农户家庭劳动力总数、人均责任田面积、责任田地块数量、责任田每块地平均面积大小这 4 个变量分别取自然对数。

表 4-7　基于全部耕地流入农户样本的 Tobit 模型回归模拟结果

因变量	*Coef.*	*S.E*	*t*	*P*	因变量	*Coef.*	*S.E*	*t*	*P*
H_1	−0.17	0.043	−3.92	0.000	L_1	−0.307	0.074	−4.17	0.000
H_2	0.055	0.033	1.66	0.098	LnL_2	−0.168	0.095	−1.77	0.078
LnH_3	0.179	0.084	2.15	0.032	LnL_3	−0.198	0.102	−1.93	0.054
H_4	0.419	0.115	3.64	0.000	LnL_4	−0.122	0.101	−1.2	0.229
H_5	0.130	0.052	2.50	0.013	P_1	−0.373	0.222	−1.68	0.094
R_1	0.158	0.056	2.81	0.005	P_2	0.091	0.052	1.76	0.079
R_2	−0.074	0.169	−0.44	0.663	P_3	0.042	0.043	0.99	0.325
R_3	−0.029	0.054	−0.53	0.598	P_4	0.012	0.057	0.21	0.837
R_4	0.109	0.154	0.71	0.478	D_1	−0.014	0.120	−0.12	0.908
R_5	0.156	0.082	1.89	0.059	D_2	0.315	0.085	3.72	0.000
R_6	−0.001	0.007	−0.10	0.917	*_cons*	0.044	0.271	0.16	0.870

3. 结果分析

从模拟结果分析,影响农户扩大盐碱耕地经营规模的主要盐碱地产权制度因素包括盐碱地产权的稳定性、农地流转的安全性以及由产权制度安排造成的人地资源协调度、农地细碎化等因素,除此之外还受到农户自身特征及资源禀赋、耕地盐碱化程度和农业政策及服务体系等因素的影响。根据统计学含义,统计指标 p 值是将观察结果认为有效即具有总体代表性的犯错概率,是结果可信程度的一个递减指标。通常情况下，p 值越大，越不能认为样本中变量的关联是总体中各变量关联的可靠指标。据此，根据 p 值大小将这些指标对农户流入耕地决策影响显著性从高到低排序，依次为户主年龄（H_1）≥收入结构（H_4）≥土壤盐碱化程度（L_1）>盐碱地产权制度的稳定性（R_1）>耕种意愿（H_5）>劳动力（H_3）、责任田地块数量（L_3）>流转安全性（R_5）>人均责任田面积（L_2）>保险（P_2）、补贴（P_1）>教育水平（H_2）。具体而言：

(1) 盐碱地产权制度及政策。盐碱地产权制度与政策的影响主要体现在产权制度的稳定性（R_1）、农地流转安全性（R_5）以及由产权制度安排所引起的农地细碎化程度（责任田地块数量 L_3）和人地资源协调度（人均责任田面积 L_2）等。

第一，从回归模型分析，盐碱地产权稳定性每提高一个单位，将会使农户流入耕地面积占家庭经营总面积的比例增加 15.8%。在调研的 193 户土地流入的农户样本中，共有 77 户农户在农村土地家庭联产承包责任制制度安排下，彻底贯彻"增人不增地，减人不减地"的农地产权制度，盐碱地产权相对稳定。其中，农户流转耕地占家庭经营耕地总面积 50%以上的农户中，39 户农户土地经营权长期不变，自从分责任田以来未曾调整；农户流转耕地占家庭经营耕地总面积在 50%及以下的农户中，该数据为 38 户。

第二，农地流转安全性指标对农户耕地流转行为决策的贡献指数为 0.156，这表明研究区域农地流转过程中，双方协议方式越规范，流转交易越安全，农户流入耕地的积极性越明显。在调研的 193 户土地流入的农户样本中，流转交易越规范、越安全，农户流转耕地规模比例越大。其中，农户流转耕地占家庭经营耕地总面积 50%以上的 103 个农户样本中，有 18 户农户既有承租合同及又有费用缴纳凭证，85 户农户仅有承租合同或费用缴纳凭证，仅有口头协议的农户样本为 0；而农户流转耕地占家庭经营耕地总面积 50%及以下的 90 个农户样本中，既有承租合同及又有费用缴纳凭证的农户数为 0，77 户农户仅有承租合同或费用缴纳凭证，仅有口头协议的农户样本达 13 户。

第三，人均责任田面积（L_2）。该指标与因变量负相关，自变量取自然对数后，相关系数为－0.168。这表明农户家庭人均责任田耕地面积每增加 1%，农户流转耕地占农户家庭经营总耕地面积比例会降低 16.8%。这主要是由于随着家庭结构的变化和家庭人口增减与家庭联产承包责任制下“增人不增地、减人不减地”的土地政策已经不再协调。表 4 - 2 数据也明显体现出户均责任田面积在农户层面上的较大差距，这种制度安排带来了土地资源在农户之间分配不均衡，人地资源协调程度减弱。因此，探索盐碱耕地区域农地调整或农地流转制度，促进盐碱耕地资源要素的优化配置对于促进盐碱耕地的持续利用具有重要作用。

第四，家庭承包经营的责任田田块数量（L_3）。该指标与因变量负相关，系数为－0.198。根据变量取自然对数的统计学内涵，农户田块细碎化程度每降低 1%，会引起的流转耕地占农户家庭经营总耕地面积比例增加的绝对量为 0.198。这表明，家庭联产承包责任制的“农地均分”制度带来的田块细碎化阻碍了农户流入更多的耕地，农户经营的责任田田块数量越多，扩大盐碱土地经营规模的意愿就越弱。

(2) 农户特征。回归结果显示，影响农户对盐碱耕地耕种意愿选择的因素主要包括户主年龄、户主受教育水平、家庭收入结构、农户耕种意愿以及家庭劳动力资源禀赋等，p 值均小于 0.1，对因变量的影响从高到低依次为收入结构（H_4）＞劳动力（H_3）＞户主年龄（H_1）＞耕种意愿（H_5）＞教育水平（H_2）。

第一，收入结构（H_4）。回归结果显示，农业收入占家庭年总收入的比重每增加一个单位，农户流入盐碱耕地占家庭经营耕地总面积的比重将增加 0.419 个单位。农业收入占家庭年总收入的比重越大，表明农户对农业收入的依赖程度越大，农户流入盐碱耕地占家庭经营耕地总面积的比重越大。

第二，劳动力（H_3）。劳动力资源禀赋是农户进行农业生产投入的必需要素，因此家庭劳动力数量与农户流入盐碱耕地占家庭经营耕地总面积的比重正相关。在耕地流入的 193 个农户样本中，流转耕地占家庭经营耕地总面积 50%以上的农户中，平均户均劳动力 2.99 个，而流转耕地占家庭经营耕地总面积 50%以下的农户中，平均户均劳动力 1.90 个。根据变量取自然对数的统计学内涵，家庭劳动力数量每增加 1%，农户流入盐碱耕地占家庭经营耕地总面积的比重将增加 0.179。

第三，户主年龄（H_1）。户主年龄与农户流入耕地面积占家庭经营面积的比重负相关，这表明农户户主年龄越大，扩大盐碱耕地经营面积的能力越弱。在耕地流入的 193 个农户样本中，户主年龄在 40 岁以下的农户有 69 户，40～60 岁的农户有113户,60岁以上的农户仅有11户。从流转规模分析,流转耕地占家庭经营耕地总面积50%以上的103个农户样本中,60岁及以上的农户仅有5户,60岁以下的农户共有98户,而流转耕地占家庭经营耕地总面积50%及以下的90个样本中,60岁及以上的农户已达32户,占比达到35.56%。

第四,耕种意愿(H_5)。该指标与因变量正相关,农户耕种意愿越强烈,流入耕地占家庭经营耕地总面积的比重越大。调研样本中既愿意参与政府开发主导的盐碱耕地,也愿意进行盐碱荒地资源开发的农户共有169户,平均流入耕地占家庭经营耕地总面积的比重为53.53%;仅愿意参与政府开发主导的盐碱耕地,而不愿意进行盐碱荒地资源开发的农户有18户,平均流入耕地占家庭经营耕地总面积的比重为47.28%;虽然具有盐碱耕地流转行为,但实际并不愿意流入耕地的农户仅有6户,平均流入耕地占家庭经营耕地总面积的比重虽然高达64.17%,但农户差异明显。

第五,教育水平(H_2)。该指标与农户流入盐碱耕地占家庭经营耕地总面积的比重正相关,即户主受教育水平越高,流入耕地占家庭经营耕地总面积的比重越大。在耕地流入的193个农户样本中,户主受教育水平平均值为1.865,文化程度相对较高,基本接近初中毕业。其中,流转耕地占家庭经营耕地总面积50%以上的农户中,户主受教育水平平均值为1.922,而流转耕地占家庭经营耕地总面积50%及以下的农户中,户主受教育水平平均值为1.800。

(3) 其他因素。主要包括土壤盐碱化程度(L_1)以及保险(P_2)、补贴(P_1)等农业政策及服务体系。土壤盐碱化程度与流转耕地占家庭经营耕地总面积比重相关显著性十分明显,二者呈现负相关关系,盐碱化程度越严重,农户流入农地的意愿越弱。农业保险与流转耕地占家庭经营耕地总面积比重正相关,参加农业保险的农户与未参加农业保险的农户相比,更愿意增加流转土地经营规模。在调研的193个流转农户样本中有95户农户参加了农业保险,流转耕地占家庭经营耕地总面积50%以上的103个农户样本中,参加农业保险的农户有49户,占参加农业保险农户总样本的一半以上。

第三节　政策启示

通过对研究区域总体样本的描述性统计分析和计量模型分析，可以得出以下政策启示。

(1) 以家庭联产承包责任制为主要特征的盐碱地产权制度与政策安排对农户盐碱耕地持续性经营行为选择的影响主要体现在盐碱地产权的稳定性、农地流转市场的安全性以及由此制度引发的耕地细碎化和人地资源协调度四个方面。因此，从农户耕作行为分析，为了促进盐碱耕地持续利用，现有盐碱地产权制度与政策在以下方面可以逐步完善：第一，坚持农村土地承包经营权长期不变，促进农村土地产权稳定。第二，完善耕地流转制度。可以适度探讨耕地流转的土地登记制度，加强政府和村集体的服务职能、监督职能，为盐碱耕地开发经营具有较强积极性的农户提供安全的制度保障。第三，适度推进地块整合。家庭联产成本责任制在兼顾按照田块数量和质量公平分配的同时，也带来了农户层面上的田块数量多、细碎化，这阻碍了农户进一步扩大盐碱耕地经营面积。建议采取群众参与、一事一议、民主协商等办法，通过村集体经济组织引导，实施田块整合，减少农户田块细碎化。第四，因地制宜推进土地调整。针对农户家庭劳动力等资源禀赋与农户耕地数量不匹配的问题，可以在遵循农户意愿的前提下，采取村镇主导型、农户主导型、村镇和农户共同协商的农田调整方案。

(2) 农户特征对农户盐碱耕地持续性经营行为选择的影响较大，按照显著性大小，主要体现在户主年龄、收入结构、耕种意愿、劳动力、教育水平等方面。从农户耕作行为分析，为了促进盐碱耕地持续利用，在农户层面上可以尝试加强以下措施：第一，促进老龄化家庭耕地流出，建立“以地养人”的可持续生计保障机制；同时适度引导 40 岁以下青年农户适度流入农地，扩大盐碱耕地经营规模。第二，促进盐碱耕地向种地意愿强烈的农业收入主导型农户家庭流入。探索新增盐碱耕地的农户分配方案，在遵循公平公正原则的前提下，适度采用政府主导与市场化手段相结合的方式，促进新增耕地向种地意愿强烈的农业收入主导型农户家庭流入;对于存量盐碱耕地主要采取市场化手段,依托土地流转,促进耕地向种地意愿强烈的农业收入主导型农户家庭流入。第三,根据生产要素配置理论,在农户层面上,优化盐碱耕地资源配置,促进其与劳动力资源的协调性。第四,采取远程教育、农业技术培训等各种方式,提高农户受教育水平。

(3) 农业保险、农业补贴等农业政策及服务体系完备程度对农户盐碱耕地持续性经营行为选择也具有一定的影响。第一,根据调研数据和模型分析,建议适度通过政府补贴、大户示范、个别试点等手段,加强农业保险推广,促进农户参与,增强农户抵御盐碱地农业这一脆弱性产业的生产风险能力。第二,完善国家农业补贴体系。研究结果表明农业补贴占农业生产投入比例这一指标与农户耕地流入面积占家庭经营总面积的比例这一指标负相关,这表明农业补贴在促进农户扩大盐碱耕地种植规模、提高农户耕种积极性方面还存在问题,建议实行差别的农业补贴政策,并建立一定的约束机制,以更好地促进农户对盐碱耕地的农业生产投入和持续利用。

(4) 从农户盐碱农用地利用状况分析,建议适度调整农户种植结构。研究区域主要是发展传统农业,水稻、棉花、玉米等作物占主导地位,而对耐盐碱油料作物、饲草作物以及耐盐碱果蔬和树种栽培等尚未形成一定的规模。因此建议:第一,根据盐碱耕地盐碱化程度和土壤质量特征,引导农户适度调整农业产业结构,适量适时地进行先锋作物种植,发展盐土农业,以促进盐碱地改良。第二,积极开展水稻、棉花和玉米等传统农业作物耐盐高产的新品种研发,以提高盐碱地农业土地利用效益。第三,加强速生绿肥等作物品种研发,改变研究区域单季作物种植习惯,适度提高耕地复种指数,合理开发冬闲田的土地利用,以加快盐碱耕地改良。

第五章　盐碱地产权的农户培肥行为响应及分析

盐碱地土壤肥力的提高和恢复是提高盐碱地土壤质量与土壤生产力的基础，而合理施肥是提高土壤肥力的重要措施之一，是实现盐碱地农业粮食增产、提高农户收入的基础，是盐碱地农业高效持续利用与发展的基本物质保证。本章结合问卷调研和实地考察，在分析研究区域农户施肥行为的基础上，采用多元有序Probit模型，分析盐碱地产权因素对农户培肥决策行为的影响机理，并在此基础上提出进一步完善盐碱地产权的制度安排建议，以促进农户盐碱地农业的持续改良及高效利用。

第一节　农户土壤培肥行为分析

一、盐碱地农户土壤培肥行为类型

盐碱地改良及农业利用中，土壤培肥不仅是为了获取作物的增产与增收，还为了土壤改良、提高农田质量，实现高产优质和环境友好的可持续发展。本研究中农户土壤培肥行为主要指农业生产中农户施肥种类、质量、数量和施肥方式，其中肥料种类除包括狭义范围的化肥及有机肥外，还包括农药、盐碱地改良制剂以及除草剂等。由于肥料种类繁多，根据肥料提供植物养分的特性和营养成分，分为无机肥料、有机肥料和有机无机肥料3类，其中无机肥料又分为单元肥料（仅含一种养分元素）和复合肥料（含两种或两种以上养分元素），前者如氮肥、磷肥和钾肥；后者如氮磷、氮钾和磷钾的二元复合肥以及氮磷钾三元复合肥。不同肥料的见效周期及施肥效果差别较大，根据肥料发挥作用的周期性和效果可以分为经济效益优先短期见效型肥料（如化肥、农药、除草剂、部分盐碱地改良化学制剂等）、生态效益优先肥效缓慢型肥料（如绿肥）以及经济与生态效益兼顾肥效持续型肥料（如家畜粪便、秸秆堆沤等）等。根据农户施肥种类，施肥方式可以分为单一施肥、测土配方施肥、有机肥与无机肥相结合平衡施肥三种情况。

盐碱地农业属于土地资源约束型农业。由于研究区域内自然条件和资源禀赋地区差异较大，盐碱化类型和程度不相同，在盐碱地土壤改良和培肥决策过程中，农户行为类型多样，其主动性差异显著。根据研究区域本底值特征，本研究将秸秆留茬翻埋、秸秆焚烧还田、秸秆粉碎深埋、堆沤还田、家庭畜禽过腹还田等秸秆还田行为以及种植绿肥、购买商品有机肥等行为界定为农户盐碱地改良性培肥行为，其中秸秆留茬翻埋、秸秆焚烧还田、家庭畜禽过腹还田为传统型盐碱地改良培肥行为；秸秆粉碎深埋、堆沤还田、种植绿肥、购买商品有机肥为主动型盐碱地改良培肥行为。

二、研究区域农户盐碱地改良性培肥行为概述

1. 研究区域现状

(1) 农户盐碱地改良性培肥行为基本状况

农业是山东省垦利县、吉林省镇赉县、新疆察布查尔锡伯族自治县 3 县 14 村的主要产业，主要种植作物分别是棉花、水稻、水稻，小麦、玉米等部分旱作作物在山东省垦利县、吉林省镇赉县、新疆察布查尔锡伯族自治县调研农户中均有部分种植。由于各区土壤类型及盐碱化程度等农业生产条件及环境不同，在秸秆还田、种植绿肥、施用人畜禽粪便以及油饼豆渣商品有机肥等改良性培肥投入差异较大。即使是同一个农户，由于盐碱地产权类型不同，有机肥施用情况也具有较大差别。本章所用的数据来自 2010 年 12 月—2011 年 4 月南京大学国土资源与旅游学系对垦利县、镇赉县和察布查尔锡伯族自治县的农户调研。根据盐碱农用地利用特点，结合当地政府和相关科研机构建议，在每个县选择典型乡镇，每个乡镇选择1～2 个村庄，并从每个村抽取 20～50 个农户家庭进行访谈，总共获得了 8 乡(镇)、14 村共 476 个农户家庭基本状况的调研资料，有效问卷 458 份(表 5 - 1)。调研内容主要包括农户农业生产、耕地资源禀赋、盐碱地产权、农户特征以及信贷、

补贴等农业政策和技术服务体系等。

表 5-1　样本户基本情况

样本县	样本数	户主平均年龄(岁)	受教育水平	家庭劳动力(人)	家庭耕地面积(亩)	家庭年总收入(元)	农业收入占比(%)
垦利县	138	48.29 (10.653)	1.81 (0.782)	2.57 (0.862)	37.14 (24.009)	77926 (49534.527)	89.24 (0.205)
镇赉县	147	44.86 (10.501)	1.75 (0.691)	2.39 (0.823)	44.76 (27.842)	53403 (36546.786)	87.83 (0.203)
察布查尔锡伯族自治县	173	44.64 (11.292)	1.55 (0.892)	2.57 (1.212)	26.41 (19.576)	37077 (39428.137)	69.65 (0.316)
样本总体	458	45.81 (10.950)	1.69 (0.836)	2.51 (1.000)	35.53 (24.988)	58495 (44816.584)	80.04 (0.269)

注:① 括号内数字为标准差;② 受教育水平分五个档次:0=文盲,1=小学,2=初中,3=高中(中专),4=大专,5=本科及以上;③ 农业收入占比是指种植业收入占家庭总收入的比重。

从表 5-1 可以看出,整体看来我国典型盐碱区域农户以中年型家庭为主,文化程度普遍偏低,种植业收入是家庭主要经济来源。尽管家庭劳动力人数平均不足 3 人,但因为山东黄河三角洲、吉林省西部以及新疆伊犁谷河区域盐碱障碍耕地面积大,耕地后备资源充足,因此家庭经营耕地总规模较大。从家庭年总收入指标来看,调研样本农户之间以及各样本区域之间家庭经济状况差异显著。垦利县农户家庭年总收入最高、镇赉县次之、察布查尔锡伯族自治县最低,收入结构也呈现出类似特征。

为研究不同产权类型对农户改良性培肥行为的影响,以 458 份农户样本数据为基础,以责任田为对照,根据产权状态的差异和不同区域主导种植作物进行田块选择,共选择样本田块 583 块,不同产权类型的田块上盐碱地农业改良性培肥技术采用情况见表 5-2。

表 5-2　不同地区及产权类型下农户改良性培肥行为选择情况

样本县	样本数	责任田		转包地		开荒地	
		传统型行为样本	主动型行为样本	传统型行为样本	主动型行为样本	传统型行为样本	主动型行为样本
垦利县	175	11	5	2	0	9	0
镇赉县	213	72	12	36	1	0	2

续 表

样本县	样本数	责任田		转包地		开荒地	
		传统型行为样本	主动型行为样本	传统型行为样本	主动型行为样本	传统型行为样本	主动型行为样本
察布查尔锡伯族自治县	195	25	115	8	18	0	2
样本总体	583	108	132	46	19	9	4

注：开荒地是指农民通过开垦未耕种土地而获得其使用权的土地，不需交纳土地使用费。转包地是指除家庭承包的责任田及开荒地之外的，从本村或本村以外的其他土地产权主体取得的耕地，一般需要向村集体或者是土地转出农户交纳土地使用费，通常转包期较短。

从表5-2可以看出，由于土壤肥力因素的制约，研究区域内有54.55%的农户采用了改良性培肥行为，其中有155户采取了主动型改良施肥行为，占调研样本总数的26.59%。从盐碱地产权视角分析，农户对责任田和开荒地采用改良性培肥行为的比率明显高于转包地。从区域差异性分析，察布查尔锡伯族自治县农户改良性培肥的主动性最强，镇赉县次之，垦利县最弱。具体体现在以下四个方面。

① 秸秆资源利用。目前我国农村秸秆资源主要利用方式有六种：秸秆直接还田、堆沤还田；作为饲草，通过氨化、青贮、微贮或直接喂养牲畜以及用于垫圈；直接用于生活燃料；用作工业、沼气等原料；在田间、地头或场院直接进行秸秆焚烧；弃置乱堆。调研发现：

第一，农户对水稻、玉米等作物根茬进行大部分还田，但根茬还田效率不高。新疆察布查尔锡伯族自治县水稻种植面积为15万亩左右，但目前机械收割面积不足4万亩，多采用全喂入式收割机收获水稻，稻草秸秆割茬过高，多在10 cm以上，因此大部门农户为抢抓农时、节省劳动力，多采用秸秆焚烧行为。吉林省镇赉县农户反映，水稻收割完毕后，根茬大部分留在田间，但是在来年水稻种植土地平整时通常将稻茬拣出扔掉，不能实现真正的秸秆还田。

第二，大部分秸秆的地上部分还田率低，没有被充分利用、还归土壤。对新疆察布查尔锡伯族自治县5村和吉林省镇赉县4村共320户农户的调研中，地上秸秆部分少数农户堆沤还田，有家畜饲养的农户部分过腹还田，没有家畜饲养的农户大部分秸秆烧灰还田；而对山东省垦利县5村138户的调研中大部分农户种植结构单一，很少有家畜养殖，本地农民虽然有秸秆还田的意愿，但由于机械化程度不高和技术条件限制，秸秆直接还田困难，大部分秸秆被田间焚烧或运回家中作燃料。而秸秆在农田就地焚烧会使土壤表层温度增高，烧死大量的土壤微生物，土壤水分损失约 65%～80%[1]，这将加剧土壤板结，大大降低土壤的自然肥力和吸水保墒性能，并给农业生态环境带来不同程度的大气污染。将秸秆运回家中作为燃料，则大大降低了秸秆资源的利用效率，无益于农田生态系统的物质能量良性循环。也有部分农户将玉米秸秆、稻草秸秆和棉花秸秆卖给小商贩，按照质量（斤）或者体积（捆）等单位低价销售，还有部分农户直接在田间弃置乱堆，秸秆资源利用效率低。

第三，农户秸秆还田技术掌握不足。在山东省调研时发现，部分农户在种植西瓜时，将西瓜秧蔓、叶片等直接还田，结果造成一些病害的植株残体或带毒的叶片将一些细菌孢子经过土壤传播，造成西瓜死秧，产量降低。

第四，秸秆资源利用情况区域差异明显。水稻是新疆察布查尔锡伯族自治县主要秸秆资源，农户秸秆还田意愿较高，对秸秆还田及配套技术较为了解。吉林省镇赉县水稻和玉米等旱作作物是主要秸秆资源，本区域农户秸秆还田意愿次之。山东省垦利县农户受制于棉花秸秆还田技术等因素制约，秸秆还田意愿相对较低，部分种棉农户虽然有秸秆还田的意愿，但通过堆沤、粉碎深埋等还田的行为不足。

② 绿肥种植。绿肥主要有紫穗槐、草木樨、苜蓿、沙打旺等豆科植物，绿萍、细绿萍、水葫芦等水生绿肥，绿肥种植在调研的 3 区 14 村中几乎没有。耐盐饲草及油料作物仅在新疆察布查尔锡伯族自治县尚有少量种植，察布查尔锡伯族自治县牧场村共有耕地面积 7600 亩，其中油葵种植面积约 500 亩，占全村耕地面积比例仅为 6.57%，甜菜种植面积约 1000 亩，占全村耕地面积比例为 13.16%。但同时，重度盐碱化地区部分农户宁愿抛荒也不愿进行绿肥种植，在新疆所调研的巴音村、伊车村、牧场村等盐碱化程度严重的 3 村 116 户农户中，有耕地抛荒行为的农户约 20 户，占总样本量的 17.24%。

绿肥种植面积偏低的主要原因有二：第一，部分农户对绿肥种植技术了解不

[1] 资料来源：新疆农牧业机械管理局（http://www.xjnj.gov.cn/Adetail.aspx? Aid=17474）。

足，缺乏示范引导；第二，大部分农户普遍认为绿肥种植增加了农户的劳动力、资本等生产要素投入，而经济效益较低，因此绿肥种植推广缺乏相应的激励机制。

③ 人畜禽粪便。这是重要的有机肥源，分为城乡人粪便资源和畜禽粪便资源。

从肥料来源看，农户家庭人粪便、家庭家禽牲畜养殖粪便、规模饲养场是农户人畜禽粪便有机肥的主要来源之一，新疆察布查尔锡伯族自治县、吉林镇赉县由于地处农牧交错带，规模化饲养和养殖农场较多，大部分农户均有不同规模的家禽畜庭院养殖，为农户有机肥来源提供了保障，而山东省垦利县大多家庭畜禽养殖很少，农家肥肥源不足。新疆 5 村 173 户农户中有养殖的家庭 44 户，仅占样本比例约25.43%；吉林 4 村 147 户农户中有养殖的家庭 39 户，仅占样本比例约26.53%；山东 5 村 138 户农户中有养殖的家庭仅有 4 户，仅占样本比例约 2.90%。近年来，家庭养殖所占比例越来越小，规模越来越小。

从肥料数量看，不论新疆、吉林还是山东，人畜禽粪便相对于农地面积而言总量偏少，城市人畜禽粪便资源利用率不高，大部分农民仅施用在自家耕地上，而对于租种的土地通常不施用粪便等农家肥。因此用于有机肥积造的人畜禽粪便资源数量少、利用率低，并受到利用条件制约。

④ 商品有机肥料。主要指各种油渣豆饼、畜禽粪肥和城乡有机废物，经过工厂化发酵和制造，具有养分浓缩高效和无害化特点，便于运输和使用的有机肥料。调研问卷中，新疆察布查尔锡伯族自治县农户购买商品有机肥料具有较强的积极性，山东和吉林两地的农户商品有机肥购买行为发生比率相对更低。

(2) 农户盐碱地改良性培肥效果实证

研究区域中盐碱地土壤中的盐分主要由 HCO_3^-、CO_3^{2-}、SO_4^{2-}、Cl^- 这 4 种阴离子和 Ca^{2+}、Mg^{2+}、Na^+ 这 3 种阳离子组成，大量盐分的累积会造成土壤结构黏滞，通气性差，容重高，土温上升慢，土壤中好气性微生物活动差，养分释放慢，渗透系数低，毛细作用强等，导致表层土壤盐渍化进一步加剧，造成土壤变硬、板结现象(高亮等，2011)。近年来研究区域也出现了重视有机肥与化肥配合施用的趋势，土壤逐步得到改良，粮食增产效益明显，农户普遍反映在盐碱地改良中有机肥具有十分重要的作用(表 5－3)。

表5-3　新疆农户访谈案例

县　　市:察布查尔锡伯族自治县	**村　　庄**:巴音村
调研对象:苏明贵	**性　　别**:男
年　　龄:46岁	**文化水平**:初中
家庭总人口:5人	**劳动力人口**:3人

苏明贵2005年通过移民工程搬迁到巴音村,按照每人4亩地的标准,全家有耕地面积20亩。苏明贵告诉我们,在承包经营之前,所经营耕地盐碱化非常严重,几乎寸草不生。自2005年耕种以来,一直种水稻,并长期使用牛羊粪等农家肥,土壤板结程度逐渐减轻,盐碱化程度明显下降,土壤不断熟化。目前农家肥价格为羊粪65元/方,牛粪50元/方,他家经营的20亩田,每年农家肥投入约5000元,亩均投入250元左右,占亩均投资总额(不含劳动力成本)的40%以上。2010年水稻亩产量为200公斤,与2009年相比翻了一番。而2005年亩产水稻仅10公斤,2006年约40公斤,2008年一块地水改旱,几乎绝收,2009年全部为水田,水稻亩产100公斤。(注:据农户调研实际情况整理,1 hm^2=15亩)

(3) 农户对盐碱地培肥的认知

改良性培肥行为对盐碱地改良及农业生产作用的农户认知主要体现在两个方面:第一,农户是否认为合理施用化肥、增施有机肥对于盐碱地改良及粮食增产具有重要的作用;第二,农户对改良性培肥行为采用的意愿倾向及主动性。调研中发现,农民在盐碱地改良及农业生产过程中总结出了很多经验,例如“碱大吃苗,肥大吃碱”、“地靠粪养,苗靠粪长”、“碱地莫上灰,上灰必吃亏”等谚语中肥、粪即指有机肥料,这在一定程度上反映了在生产实践中,采取合理适量增施有机肥料等改良性培肥对于提高盐碱地生产力的作用。通过调研发现,大部分农户认为合理施用化肥、增施有机肥是盐碱地农业高效持续利用的关键措施之一,但区域差异较大。总体上看,在调研的总体样本中,81.23%的农户认为合理施用化肥、增施有机肥是盐碱地农业高效持续利用的关键措施之一。从区域差异分析,新疆察布查尔锡伯族自治县调研农户有84.31%认为合理施用化肥、增施有机肥是盐碱地农业高效持续利用的关键措施,吉林省镇赉县调研农户中对这一观点持赞同态度的占81.20%,而山东省垦利县农户有91.2%认为盐碱地改良中最主要的是水,而合理施用化肥、增施有机肥在盐碱地改良中的重要性认知比例则为78.2%(图5-1)。

2. 存在的问题及原因

在农户施肥行为方面存在的主要问题是化肥投入为主,改良性培肥投入严重

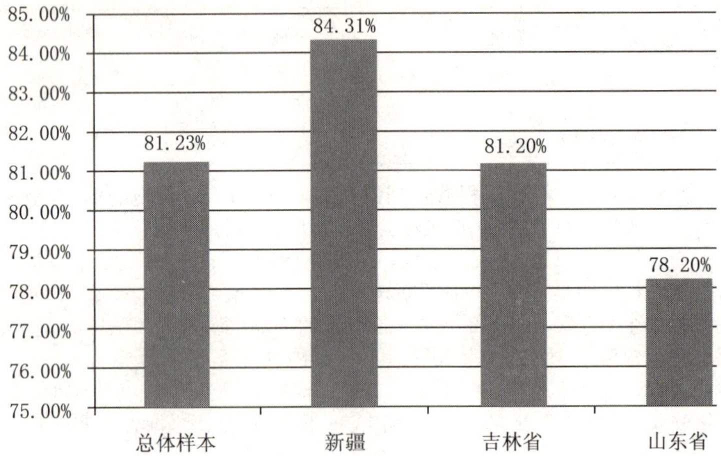

图 5-1 农户对盐碱地改良性培肥的认知

不足。我们初步认为与农户特征、农地特征、盐碱地产权和农业政策及服务体系的完备度有关。盐碱地产权以及农业政策及服务体系的完备度主要体现在以下方面：

第一，盐碱地产权因素。由于调研区域耕地后备资源充足，山东省垦利县、吉林省镇赉县土地整理项目的实施，又增加了大量的耕地供给，而同时农户家庭的小型化、非农兼业化等特征突出，因此农地转包现象明显。同时也有部分农户进行盐碱荒地开垦。在农家肥肥源约束情况下，大部分农户根据自身利益最大化原则，多在转包地上不用或少用农家肥。同时农地转包频繁，尤其是垦利县依然是根据人口增减进行耕地调整，这无疑降低了农户对土地产权的稳定性和安全感。其次，在农地承包和转包过程中缺乏农地改良性培肥等土壤质量保护与改良的约束机制，这也加剧了农户改良性培肥投入的不足。

第二，土地利用土地利用类型。山东省垦利县在土壤改良性培肥方面仅靠秸秆还田这一种方式，并且仅限于玉米和小麦种植，而棉花没有采取秸秆还田措施。察布查尔锡伯族自治县和镇赉水稻秸秆还田的方式主要是焚烧，只有少数采用机械联合收割方式的农户才会将秸秆碎粉还田。

第三，改良性培肥技术。科学施肥技术及其配套体系不完善，施用时间、施用方法、施肥数量等方面缺乏技术指导是大部分农户反映的突出问题。尤其是山东省垦利县调研村庄，大部分农户都种植棉花，棉花秸秆还田目前在技术上还存在一定的困难。在新疆察布查尔锡伯族自治县调研中发现，通过农民实践，秸秆粉碎及根茬还田后，由于秸秆腐烂较慢而使土壤的通透性等受到破坏，反而不利于土壤的改良，因此在来年土地平整过程中根茬多被拣出弃置，费时费力。吉林省镇赉县秸秆粉碎还田面临的主要问题是小型机械粉碎不彻底，耙地的时候缠车轱辘，水田里漂秧。

第四，农户资金短缺，改良性培肥补贴投入不足。如秸秆粉碎还田需要大型机械，农机具补贴主要依据“谁买机械，补贴谁”的原则，一般农户购买不起。若按正常农艺作业，秸秆粉碎还田每亩地将直接增加 30～40 元的成本，一般农户承受不了。尽管我国个别地方采取了保护性耕作项目补贴，直接发放到农民手中。但山东省垦利县农机站吴站长告诉我们 2010 年之前没有此项目，2011 年立项，尚未实施。而镇赉县农业局农业科姜科长告诉我们，“所调研区域没有类似补贴。农户认为农家肥劲儿小，并且无肥源。调研区域主要是水田，没有补贴。旱田有农家肥和商品有机肥补贴，全县一共有 20 万亩，主要在镇赉镇、建平乡、东屏镇、莫莫格乡，农户申报，县核实，然后发农户，每户每亩 10 元。”而改良性培肥补贴则对农户改良性培肥主动性具有明显的诱导作用。以新疆察布查尔锡伯族自治县为例，该县提出 2011 年发展有机水稻 1 万亩，3 年内达到 3 万亩，建成全国最大的有机稻米生产基地的农业发展规划，以确保粮食安全，确保农民致富、财政增收。在具体实施过程中，有机稻生产采取“六统一”，即统一供种、统一育秧、统一施用有机肥、统一机插、统一田间管理、统一机械收获。除了育秧软盘、种子费等由县财政统一补贴外，有机肥料费用每亩补助 200 元，人工拔草补助每亩发放 350 元，每亩有机水稻政府补助高达 565.5 元。以上种植技术和政策扶持相结合的方式，一方面降低了农户农业生产中化肥量的投入，提高了土地利用效益；另一方面也改变了土壤的理化性质，减弱了盐碱化程度，有利于土壤的持续利用。在项目实施区，如调研村庄中的纳达齐牛录乡清泉村，农户增施有机肥的意愿较高，有机肥的施用量得到很大提高，这对土壤盐碱化改良具有很大的促进作用，而没有项目及政策扶持的地区有机肥施用率明显较低。

第二节　盐碱地产权安排的农户改良性培肥行为响应驱动

一、影响农户改良性培肥行为选择的指标体系

1. 前提假设

盐碱地农业改良性培肥是一种中长期性的农业生产投资，具有投入成本高、见效周期长、不可移动等特点，并与农业生产风险并存。农户是否采用这种生产行为主要是在权衡长、短期利益及风险因素后，为追求自身利益最大化而作出的选择决策。农地产权制度与政策安排作为外生变量对农户改良性培肥行为影响机理及实证研究自20世纪末以来已经引起国内外学者的重视（Kung和Cai，2000；何凌云、黄季焜，2001），主要有两种不同的观点：一是农地产权制度及政策安排与农户改良性培肥行为密切相关；二是农地产权制度与政策并不是影响农户改良性培肥决策的主要原因。

根据国内外有关我国土地产权制度对农户施肥行为影响的相关研究成果，本研究提出以下假设：(1) 田块面积越小、离家距离越远，农户越不愿意或不方便采取秸秆粉碎还田、堆沤还田等改良性培肥行为；(2) 在满足生活基本需求的前提下，盐碱化程度越严重，农户采用改良性培肥的行为越主动；(3) 盐碱地产权越稳定、越安全、越完整，越有利于农户主动采取改良性培肥行为；(4) 在赋予农户自由转包农地权利的同时，也约定农地土壤培肥责任，这有利于盐碱地土壤培肥与持续利用；(5) 农户对盐碱地产权的认知水平越高，越愿意对盐碱地农业采取改良性培肥措施。

2. 影响农户改良性培肥行为选择的指标体系

根据前提假设，本研究认为我国现行的盐碱地产权制度与政策安排对农户长期性投资的影响主要体现在盐碱地产权的完整性、安全性、稳定性、流动性以及农户对产权的认知五个方面，其中，盐碱地产权的完整性、安全性、稳定性主要是为了保证归属清晰、权责明确，以减少农户在盐碱农用地利用过程中的不确定性和风险性；而流动性的主要目的在于促进盐碱地农业资源的优化配置和持续利用，

它与农户对产权的认知都以产权的完整性、安全性、稳定性为基础。除此之外，盐碱农用地利用自然条件、农户家庭特征、农业政策、农业技术等社会服务体系因素，也对农户行为选择产生一定影响。根据已有理论研究成果以及调研区域盐碱农用地利用的本底值特征，基于田块尺度建立研究指标体系（表 5－4）。

表 5－4　盐碱地产权安排的农户改良性培肥决策行为响应指标体系

因素	因子	因子解释
田块特征(F)	面积(F_1)	田块面积大小(亩)
	盐碱化程度(F_2)	根据农户耕作经验判断：1＝轻度，2＝中度，3＝重度
	土地利用类型(F_3)	分旱田、水田两种情况：0＝旱田，1＝水田
	距离家庭距离(F_4)	用田块到家庭的时间替代(分钟)
盐碱地产权(R)	产权类型(R_1,R_2)	分责任田、转包地和开荒地三种情况，以责任田为对照
	安全性(R_3)	是否签订了土地承包证书/转包经营合同或协议？0＝否，1＝是
	稳定性(R_4)	调整土地是否频繁？0＝否，1＝是
	完整性(R_5,R_6)	调整土地时对改良性培肥是否补偿？0＝否，1＝是
		农户是否愿意进行土地抵押？0＝否，1＝是
	流动性(R_7)	流转中是否有保护土壤肥力相关规定？0＝否，1＝是
农户家庭特征(H)	户主年龄(H_1)	0＝40 岁以下，1＝40 岁至 60 岁，2＝60 岁及以上
	教育水平(H_2)	户主接受正规教育的程度
	劳动力(H_3)	家庭具有劳动能力的人口数量(人)
	耕地面积(H_4)	家庭耕种土地总面积(亩)
	家庭收入(H_5)	家庭成员年总收入之和(元)
	收入结构(H_6)	农业收入占家庭总收入的比重(%)
	耕种意愿(H_7)	农户盐碱地农业开发及耕种意愿：0＝不愿意，1＝愿意，2＝非常愿意
	产权认知(H_8)	农户对盐碱地产权制度的认知水平：1＝不了解，2＝基本了解，3＝十分了解

续 表

因素	因子	因子解释
农业政策及服务体系(P)	补贴(P_1)	是否有改良性培肥补贴？0=否，1=是
	保险(P_2)	是否参加农业保险？0=否，1=是
	信贷(P_3)	是否可以方便地取得土壤改良及农业生产贷款？0=否，1=比较方便，2=方便
	技术(P_4)	现有技术体系是否配套？0=否，1=是
地区变量(D)	垦利县(D_1)	是否是垦利县？如果是，$D_1=1$；如果不是，$D_1=0$
	镇赉县(D_2)	是否是镇赉县？如果是，$D_2=1$；如果不是，$D_2=0$
改良性培肥行为选择(Y)		若未采取，则 $Y=0$；若采取传统型改良培肥行为，则 $Y=1$；若采用主动型改良培肥行为，则 $Y=2$

注：调整土地是否频繁这一指标主要根据村集体(村民小组)是否坚持"增人不增地、减人不减地"的政策，如果没有坚持本政策，则赋值为 1，反之赋值为 0。例如山东省垦利县大部分村庄平均3～6年进行一次土地调整，说明产权不稳定，赋值为 1。

二、计量模型

农户土壤培肥行为决策研究通常采用二元 Logit 或者 Probit 回归模型来分析农户肥料选择的影响因素，多用 Tobit 模型研究影响农户施用化肥量的机理(Nkamleu 和 Adesina，2000；Asfaw 和 Admassie，2004；Abdoulaye 和 Sanders，2005；郑鑫，2010)。由于研究区域农户改良性培肥行为类型多样，投入数量难以量化，并且农户对盐碱地农业改良性培肥的传统型行为与主动型行为差异明显。因此，本研究把响应变量 y 定义为一个次序型非连续随机变量，采用有序 Probit 模型，更能合理地表达农户改良性培肥行为特征。下面对该模型的数学原理进行简单介绍。

有序 Probit 模型本质上是运用转换思想，建立离散数据与连续的正态分布之间的关系，从而实现非线性到线性的转化。定义 Y_i^* 为农户改良性培肥行为选择的内在趋势，为一连续随机变量，与解释变量线性相关，建立模型如下：

$$y^* = \beta x + \varepsilon \qquad (5-1)$$

其中，β 是回归系数向量，ε 是标准正态分布的随机误差，y^* 和 x 分别是由

y_i^* 和 x_i 组成的向量。每个地块上农户改良性培肥行为 y_i 是可以观测到的，根据农户是否采取改良性培肥行为及其主动性的差异，将因变量 y_i 赋予三值响应变量：0 代表不采取改良性培肥行为；1 代表采取改良性培肥行为，但缺乏主动性；2 代表主动地采取改良性培肥行为。y_i 和 y_i^* 之间采用如下关系式：

$$\begin{cases} y_i=0, \text{如果 } y_i^* \leqslant \delta_1 \\ y_i=1, \text{如果 } \delta_1 < y_i^* \leqslant \delta_2 \\ y_i=2, \text{如果 } \delta_2 < y_i^* \end{cases} \tag{5-2}$$

这里 δ_1 和 δ_2 均为 y^* 值突变临界点，又称阈值，和 β 一样都是待估参数。由于 ε 遵从正态分布，每个田块农户改良性培肥行为选择的概率就可以用公式(5－3)来表示：

$$\begin{aligned} \text{prob}(y=0|x) &= \text{prob}(y^* \leqslant \delta_1|x) = \text{prob}(\beta x+\varepsilon \leqslant \delta_1|x) \\ &= \phi(\delta_1-\beta x) \\ \text{prob}(y=1|x) &= \text{prob}(\delta_1 < y^* \leqslant \delta_2|x) = \text{prob}(\delta_1 < \beta x+\varepsilon \leqslant \delta_2|x) \\ &= \phi(\delta_2-\beta x)-\phi(\delta_1-\beta x) \\ \text{prob}(y=1|x) &= \text{prob}(y^* > \delta_2|x) = \text{prob}(\beta x+\varepsilon > \delta_2|x) \\ &= 1-\phi(\delta_2-\beta x) \end{aligned} \tag{5-3}$$

采用极大似然法估计区间分界点和回归系数，即可探讨盐碱地产权因素对农户改良性培肥行为选择的影响机理。

三、数据模拟及结果分析

1. 全部样本数据模拟及结果分析

全部样本数据模拟结果（表 5－5）表明盐碱土田块特征、农户特征、盐碱地产权、农业政策及服务体系等因素对因变量有不同的明显影响。按照各影响因子显著性高低排序依次为：$P_1>R_2>H_8>H_7>R_4>P_4>F_3>R_6$。

(1) 田块特征。主要影响因子是田块土地利用土地利用类型(F_3)，水田秸秆还田率较低，旱田秸秆还田率较高。稻草秸秆主要通过秸秆粉碎翻埋、秸秆焚烧、家庭畜禽过腹还田等形式进行盐碱地改良培肥，但由于技术不成熟、留茬太高，不易腐烂，加上家庭养殖规模小等原因，稻草秸秆还田率较低。而种植小麦、玉米等旱作作物的地区，盐碱土改良性培肥技术较为成熟，直接将作物秸秆及残茬覆盖地表，减少了劳动力、肥料等生产要素的投入，因此与水田相比，耕作旱田的农户更倾向于改良性培肥投入。

表 5-5　基于全部样本的 Ordered Probit 模型模拟结果

因变量	Coef.	S.E	z	P	因变量	Coef.	S.E	z	P
F_1	−0.0003	0.0058	−0.05	0.959	H_4	0.0015	0.0033	0.46	0.646
F_2	−0.0978	0.0823	−1.19	0.235	H_5	0.0000	0.0000	−0.04	0.970
F_3	−0.1635	0.0776	−2.11	0.035	H_6	−0.2368	0.2482	−0.95	0.340
F_4	0.0018	0.0052	0.35	0.726	H_7	0.3126	0.1257	2.49	0.013
R_1	−0.3444	0.2092	−1.65	0.100	H_8	0.0406	0.0162	2.51	0.012
R_2	1.4882	0.4433	3.36	0.001	P_1	0.9601	0.2281	4.21	0.000
R_3	−0.2087	0.2412	−0.87	0.387	P_2	0.0208	0.1295	0.16	0.872
R_4	−0.4079	0.1867	−2.18	0.029	P_3	0.0283	0.0817	0.35	0.730
R_5	0.3536	0.4779	0.74	0.459	P_4	0.2581	0.1199	2.15	0.031
R_6	0.2019	0.1191	1.70	0.090	D_1	−1.9548	0.2509	−7.79	0.000
R_7	0.4188	0.4088	1.02	0.306	D_2	−0.7057	0.2106	−3.35	0.001
H_1	−0.1558	0.0947	−1.64	0.100					
H_2	−0.1234	0.075	−1.65	0.100	$/cut_1$	−0.9576	0.527		
H_3	−0.0217	0.06	−0.36	0.717	$/cut_2$	0.3295	0.5244		

(2) 农户特征。根据总体样本模拟结果，农户种地意愿强度(H_7)和农户对盐碱地产权的认知水平(H_8)是主要影响因子。由于研究区域均为传统农作区，农业收入是家庭主要经济来源，农户对耕种土地的需求愿望越强烈，对盐碱地产权的认知水平越高，农户越愿意采取改良性培肥技术。而农户家庭土地、劳动力及收入结构等因素对农户改良性培肥决策行为的影响并不明显。

(3) 盐碱地产权因素。产权因素对因变量具有显著影响，主要指标包括盐碱地产权类型(R_2)、产权稳定性(R_4)、农户将盐碱地产权抵押的意愿(R_6)等。根据 p 值的大小，可以判断各驱动因子显著性，从高到低依次为：$R_2 > R_4 > R_6$，分别是 0.001、0.029 和 0.090。第一，与责任田和转包地相比，农户更倾向于在自家开荒地上进行改良投资。第二，盐碱地产权越稳定，农户选择盐碱土改良性培肥技术的概率越大，越利于盐碱农用地持续利用。第三，土地抵押意愿越强，农户选择盐碱土改良性培肥技术的概率越大。调研中大部分农户均反映资金不足是制约盐碱地改良及农业持续利用的主要障碍，他们希望通过农地抵押获取更多资金用于农业生产，这在镇赉县和垦利县的表现较为明显。

(4) 农业政策及服务体系。主要影响因子是改良性培肥补贴(P_1)和技术体系及配套程度(P_4)，这两个指标均与因变量正相关，影响系数分别是 0.9601 和 0.2581。这表明采取盐碱地改良性培肥生产补贴以及相应的技术配套体系等措施能激励农户采取改良性培肥措施。尤其是技术及配套体系对农户行为的影响在山东省垦利县最为典型。本县单季棉种植的农户采取盐碱地改良性培肥的意愿十分强烈，但由于各户棉花种植面积大、投入高、资金有限，并且棉花秸秆还田技术不足，因此农户意愿并没有转成实际行动。

指标 D_1 和 D_2 的相关系数和 P 值表明，总体样本区域差异性明显。为验证不同地区农户改良性培肥技术选择的驱动因素，有必要以各地样本数据为基础，进一步对垦利县、镇赉县和察布查尔锡伯族自治县分别进行模拟研究。

2. 分县样本数据模拟及结果分析

根据垦利县、镇赉县和察布查尔锡伯族自治县 3 县田块调研样本，采用 Ordered Probit 模型，模拟结果见表 5－6。

表 5－6 基于分县样本的 Ordered Probit 模型模拟结果

因变量	垦利县				因变量	镇赉县				因变量	察布查尔锡伯族自治县			
	Coef.	*S.E*	*z*	*P*		*Coef.*	*S.E*	*z*	*P*		*Coef.*	*S.E*	*z*	*P*
F_1	0.0837	0.0308	2.72	0.007	F_1	−0.007	0.0088	−0.73	0.464	F_1	0.0017	0.0116	0.14	0.885
F_2	−0.123	0.2523	−0.49	0.626	F_2	−0.241	0.1425	−1.69	0.091	F_2	−0.012	0.1453	−0.09	0.932
F_3	−4.365	2067.6	0	0.998	F_3	0.1335	0.2705	0.49	0.622	F_3	−0.181	0.0883	−2.05	0.04
F_4	−0.008	0.0221	−0.36	0.721	F_4	0.0058	0.009	0.64	0.521	F_4	0.0119	0.009	1.32	0.187
R_1	−4.647	1.8013	−2.58	0.01	R_1	−0.653	0.2989	−2.18	0.029	R_1	−0.508	0.7134	−0.71	0.476
R_2	−1.243	1.2187	−1.02	0.308	R_2	6.2596	220.14	0.03	0.977	R_2	4.3642	505.22	0.01	0.993
R_3	−3.646	1.2169	−3	0.003	R_3	0.071	0.3512	0.2	0.84	R_3	−0.061	0.6258	−0.1	0.922
R_4	−1.38	0.5159	−2.67	0.007	R_4	−0.255	0.2928	−0.87	0.383	R_4	0.1551	0.7591	0.2	0.838

续 表

因变量	垦利县				因变量	镇赉县				因变量	察布查尔锡伯族自治县			
	Coef.	*S.E*	*z*	*P*		*Coef.*	*S.E*	*z*	*P*		*Coef.*	*S.E*	*z*	*P*
R_5	−4.897	1629.8	0	0.998	R_5	−0.328	0.9085	−0.36	0.719	R_5	4.3963	311.05	0.01	0.989
R_6	0.2333	0.4374	0.53	0.594	R_6	0.7018	0.2013	3.49	0	R_6	−0.485	0.2193	−2.21	0.027
R_7	1.0598	1.3035	0.81	0.416	R_7	0.3502	0.8889	0.39	0.694	R_7	0.1731	0.8626	0.2	0.841
H_1	−0.324	0.2787	−1.16	0.244	H_1	−0.143	0.1533	−0.93	0.353	H_1	−0.029	0.1805	−0.16	0.872
H_2	−0.641	0.2182	−2.94	0.003	H_2	−0.248	0.1398	−1.77	0.076	H_2	0.229	0.1348	1.7	0.089
H_3	−0.174	0.2259	−0.77	0.441	H_3	−0.129	0.1171	−1.1	0.271	H_3	0.0495	0.0959	0.52	0.606
H_4	0.0196	0.0143	1.37	0.171	H_4	0.0106	0.0053	2.02	0.043	H_4	0.0015	0.0067	0.22	0.824
H_5	0	0	−1.59	0.111	H_5	0	0	−1.02	0.307	H_5	0	0	0.57	0.566
H_6	−1.778	1.0651	−1.67	0.095	H_6	−1.079	0.5334	−2.02	0.043	H_6	0.0377	0.3589	0.11	0.916
H_7	−0.251	0.345 4	−0.73	0.467	H_7	0.3426	0.1894	1.81	0.071	H_7	0.5101	0.2474	2.06	0.039
H_8	0.1405	0.0564	2.49	0.013	H_8	0.0193	0.0295	0.66	0.511	H_8	0.0518	0.0287	1.8	0.072
P_1	(omitted)				P_1	(omitted)				P_1	0.7901	0.2871	2.75	0.006
P_2	−0.424	0.3787	−1.12	0.263	P_2	−0.015	0.1955	−0.08	0.938	P_2	0.1205	0.3334	0.36	0.718
P_3	0.0443	0.4045	0.11	0.913	P_3	0.192	0.152	1.26	0.206	P_3	−0.262	0.1318	−1.99	0.046
P_4	0.2705	0.4613	0.59	0.558	P_4	0.1184	0.1946	0.61	0.543	P_4	0.5685	0.2316	2.45	0.014

（1）垦利县

盐碱地产权因素是影响垦利县农户选择改良性肥料的主要因素，主要包括盐碱地产权类型(R_1)、盐碱地产权安全性(R_3)、农地调整频率(R_4)等。根据 p 值的大小，判断各驱动因子显著程度，从高到低依次为：$R_3 > R_4 > R_1$，p 值分别是 0.01、0.003 和 0.007。尽管《中华人民共和国农村土地承包经营法》规定，耕地的承包期为 30 年，并且国家依法保护农村土地承包关系的长期稳定。但在垦利县永安镇和黄河口镇 2 镇 5 村调研时发现：第一，本地区种植结构单一，以棉花为主，秸秆还田难度较大，加之农户家庭养殖规模逐年变小，大部分农户没有家庭养殖，因此持续性肥源不足。在肥源约束条件下，部分农户采取秸秆堆沤还田和人畜粪便还田等改良性培肥行为，但主要施用在自家责任田上，转包地上改良性培肥投入很少。第二，本地区频繁的土地调整，降低了农户对地权稳定性的预期，这是造成农户持续培肥投入不足的重要原因。尽管调研村庄均向农户颁发了土地承包经营权证书，但是在村庄，甚至村民小组层次上，仍然根据农村人口增减进行土地调整，调整周期3～6年不等，这直接影响了农户中长期生产投入的积极性。第三，转包地产权缺乏安全性与完整性，责权不对等。大部分农户通过口头协议进行，极少有书面契约，甚至没有第三方证明，这影响到农户在土地经营过程中对盐碱地产权的安全感。农地转包完整性不足主要体现在土地流入方在取得盐碱地农业耕作权的同时，缺乏土壤改良性培肥等相关规定。因此，对于转包地，农户以追求自身利润最大化为出发点，单纯追求当期农业产出最大，盐碱地农业中长期土壤培肥投入不足。

除此之外，田块面积(F_1)、户主受教育水平(H_2)、农业收入占家庭总收入的比重(H_6)、农户对盐碱地产权的认知水平(H_8)也与因变量密切相关。田块面积越大，农户对盐碱地产权的认知水平越高，农户改良性培肥投入越主动，而农户受教育水平和农业收入占家庭总收入的比重与因变量呈负相关。

(2) 镇赉县

农户特征是影响镇赉县农户改良性培肥技术选择的首要因素，其次是盐碱地产权因素。按照各因子影响显著性从高到低排序，依次是$R_6>R_1>H_4>H_6>H_7>H_2>F_2$。

第一，农户家庭耕地总面积(H_4)越大，农户盐碱地农业开发及耕种愿望(H_7)和盐碱地产权抵押意愿(R_6)越强，农户越愿意选择盐碱土改良性培肥技术。这主要是由于镇赉县是吉林省西部土地整理项目核心区域，近年来国家和地方政府投入了大量的人力、物力和财力进行大规模的盐碱荒地开发和盐碱障碍耕地改良，农户扩大农业经营规模、参与盐碱地开发的意愿越来越强烈，并且希望通过盐碱地产权抵押解决资金不足的问题，以增加盐碱土改良投入。因此，在镇赉县适度推广盐碱地农业规模经营，配合适当的盐碱地产权制度与政策支持，有利于促进农户改良性培肥投入。

第二，农业收入占家庭总收入的比重(H_6)越高，农户选择盐碱土改良性培肥方法的概率越低。这表明以农业收入为主要经济来源的农户，通常情况下是根据自身当期收益最大化原则，作出土壤培肥技术选择，因此相对于见效周期较长、效果不明显的改良性培肥方法而言，化肥具有明显的替代作用，这与调研结果一致。

第三，责任田与转包地(R_1)相比，农户更倾向于在承包经营权长期不变的责任田上采用改良性培肥技术，这与垦利县特征一致。由于镇赉县是吉林省西部土地整理项目核心区域，新增盐碱农用地面积较大，因此，借鉴家庭承包经营责任制适宜分配新增盐碱农用地，是实现盐碱地农业经营与持续利用的有效途径。

第四，新增土地盐碱化程度(F_2)较为严重，农户家庭收入水平较低，资金不足，这些因素又制约了农户改良性培肥投入的主动性。同时回归结果也表明，户主受教育水平(H_2)与因变量呈负相关。

(3) 察布查尔锡伯族自治县

影响察布查尔锡伯族自治县农户改良性培肥行为选择的主要因素是改良性培肥补贴(P_1)、土地利用土地利用类型(F_3)、农户盐碱地农业开发及耕种意愿(H_7)、农户对盐碱地产权的认知水平(H_8)和盐碱农用地利用技术及配套完备程度(P_4)等，这些指标都与因变量正相关。

察布查尔锡伯族自治县推广了有机水稻种植工程，在该工程实施过程中，地方政府采取了有机肥料补贴政策，每亩补助 200 元，并且每个村庄都配备有水稻种植专业技术指导人员。这种政策扶持和技术服务相结合的方式，大大提高了伊车村、巴音村以及清泉村农户对盐碱地土壤改良性培肥投入的积极性。

土地利用土地利用类型(F_3)与农户改良性培肥行为选择密切相关。米粮泉村由于紧靠伊犁河，地下水位埋深浅，盐碱化程度严重，因此该村主要采取水旱轮作的方式，小麦、大豆、玉米等旱作作物秸秆通常是粉碎还田，既节约了劳动力，又实现了盐碱地土壤培肥。在伊车村、巴音村和清泉村等非有机水稻种植项目区，由于土地利用土地利用类型(F_3)以单季稻为主，并且水稻秸秆还田技术不配套(P_4)，秸秆主要是根茬还田、焚烧还田，秸秆资源还田率较低。

农户盐碱地农业开发及耕种意愿(H_7)、农户对盐碱地产权的认知水平(H_8)这两个指标均与因变量正相关，这与垦利县、镇赉县一致。

信贷的便利性(P_3)以及盐碱地产权抵押意愿(R_6)这两个指标与因变量负相关，这与总体样本模拟结果以及镇赉县样本模拟结果相反。这主要与察布查尔锡伯族自治县巴音村、伊车村和牧场村都是移民村有关。一方面移民定居工程改变了农户家庭生活方式和收入来源。过去农户生活方式是农牧结合、以牧为主，畜牧业为家庭收入主要来源，而移民定居改变了传统的生活方式，家庭收入来源也从牧业向农业转变，而农户对这种改变并不完全接受。另一方面，盐碱地改良及农业开发利用时间短，仅有5～6年，土壤盐碱化程度严重与农业收入低并存，这对农户生产投入的激励作用较弱。因此，尽管很多农户希望土地产权能抵押且可得到信贷支持，但其目的在于获取更多的资金发展畜牧养殖等其他产业，而不是用于盐碱地改良性培肥投入。

第三节　政策启示

通过对研究区域总体样本及分区样本的计量分析，可以得出以下政策启示：

(1) 盐碱地产权类型及其稳定性、安全性和完整性与农户改良性培肥行为选择具有密切关系。① 与转包地相比，农户更倾向于在自家责任田上进行改良性培肥投入。降低土地调整频率、稳定土地承包关系，加强家庭土地承包及流转登记、颁发农村土地承包经营权证，以及规范农地流转、做到责权明确对等，有助于促进农户对盐碱农用地利用采取持续性中长期培肥行为。② 根据镇赉县和察布查尔锡伯族自治县模拟结果，盐碱地产权抵押并不一定必然增加农户对盐碱地改良性培肥的投入。建议根据区域社会经济文化背景，采取试点方案，差异化推行盐碱地产权抵押。③ 模拟结果中农地流转中土壤肥力保护相关规定与改良性培肥行为选择关系不明显，但这并不意味着二者没有相关性。这主要是由于调研区域农地流转中盐碱地资源保护的责任约束机制普遍缺失，而《中华人民共和国农村土地承包经营权证管理办法》表明，农村土地承包经营权证主要包括承包土地名称、地址、面积、用途以及承包期限和起止日期，也缺乏农地资源持续性利用相关规定。因此，本研究仍然建议加强盐碱化农地流转中土壤质量保护及改良相关规定，以利于盐碱农用地持续利用。

(2) 田块尺度上，全部样本模型表明土地利用土地利用类型与农户改良性培肥技术选择正相关，而其他因子与农户改良性培肥技术选择相关性较弱。就分区样本模型分析，① 适度增加单个田块的面积，降低土地细碎化程度，推进适度规模化经营有利于促进山东省垦利县农户选择盐碱土改良性培肥技术；② 吉林省镇赉县由于新增耕地盐碱化严重，前期改良投入过大，周期较长，因此田块盐碱化程度与农户改良性培肥主动性呈负相关；③ 影响察布查尔锡伯族自治县农户改良性培肥技术选择的重要因素是土地利用土地利用类型，这与总体样本模拟结果一致，因此适度推进种植结构调整有利于促进农户选择改良性培肥行为。

（3）农户层次上，农户自身特征与改良性培肥技术选择关系密切，但区域差异明显。全部样本模拟结果表明农户盐碱地农业开发及耕种意愿、农户对盐碱地产权的认知水平这两个指标均与因变量正相关。就分区样本模型分析，① 农业收入占家庭总收入的比重是影响垦利县和镇赉县农户决策行为的首要因子，并且该指标越大，农户选择改良性培肥的概率越低，而该指标对察布查尔锡伯族自治县农户决策行为的影响并不显著；②农户盐碱地农业开发及耕种意愿是影响察布查尔锡伯族自治县农户决策行为的首要因子，而对镇赉县农户决策行为的影响位居第二位，均与因变量呈正相关。因此建立激励农户开发利用新增盐碱农用地机制，有助于提高农户对盐碱地农业改良性培肥的主动性；③ 在经济相对发达的垦利县和镇赉县，户主受教育水平与因变量呈负相关，而在察布查尔锡伯族自治县该指标与因变量呈正相关关系。

（4）价格补贴机制及技术等社会服务支持相结合，能明显激励农户采取改良性培肥的主动性。但信贷的便利性并非必然会提高农户采取改良性培肥的主动性，在提高农户贷款便利性的同时，尚需要一定的制度规范约束，以引导农户增加对盐碱地农业改良及利用的投入。

第六章　盐碱地产权的农户水资源利用行为响应及分析

结合我国盐碱地成因和特点，通过我国学者大量的研究和农民生产实践的总结，得出“盐随水来，盐随水去；盐随水来，水散盐留”的水盐运动规律，经过长期实践证明，合理的排灌等水资源利用措施是一种非常有效的排盐降碱方案。因此，本章结合问卷调研和实地考察，在分析研究区域农户水资源利用行为特征的基础上，采用二元 Logistic 模型，分析盐碱地产权因素对农户水资源利用行为的影响机理，提出进一步完善盐碱地产权的制度安排建议，以促进盐碱地农业水资源持续利用。

第一节　农户水资源利用行为分析

一、盐碱地农户水资源利用行为类型

我国盐碱地从湿润区到干旱区均有广泛分布。根据水盐运动规律，采用适宜的水利工程技术和灌溉技术，进行盐碱地土壤改良在我国有较长的历史，并且卓有成效。实践证明，合理的农业水资源利用是实现盐碱地改良及农业利用的必需投入和基本方法，而不合理的农业水资源利用是造成土壤次生盐碱化的主要因素。通过农业生产主体的行为可以实现农业水资源利用调控，促进盐碱地农业向持续利用方向发展。

农户层面上，农业水资源利用行为主要包括农田水利工程设施的管护行为和盐碱地农业灌溉技术的采用行为。农田水利工程设施的管护行为主要是指农户

参与农田水利设施的投资、建设、经营、管理与保护的行为；盐碱地农业灌溉技术的采用行为主要包括漫灌、喷灌、滴灌、雾灌。农户对盐碱地农业灌溉技术的采用以农田水利设施投资建设为基础，通过农田水利设施对农业水资源控制、调节、开发、利用和保护，以减轻和治理盐碱化障碍，其完备程度为农户农业灌溉盐碱地改良技术的采用提供了保障。按照不同的分类标准，农田水利设施有不同的分类（图 6－1）。根据不同用途，农田水利设施可以分为水源工程和田间工程。水源工程主要包括水库及蓄水池等蓄水工程、水渠和提灌站等引水工程以及排水渠系和排涝泵站等排水工程。田间工程主要包括喷灌、滴灌、雾灌等节水灌溉设施，以及地埋管道、软带微喷等设施。根据工程体量的大小，可以分为大型农田水利设施、中型农田水利设施以及小型农田水利设施。根据调研，研究区域近年来通过土地综合整治以及中低产田改造等项目，大中型农田水利设施及配套基本完善，而小型农田水利设施的配套和完善是实现盐碱地农业水资源的持续利用的关键所在。

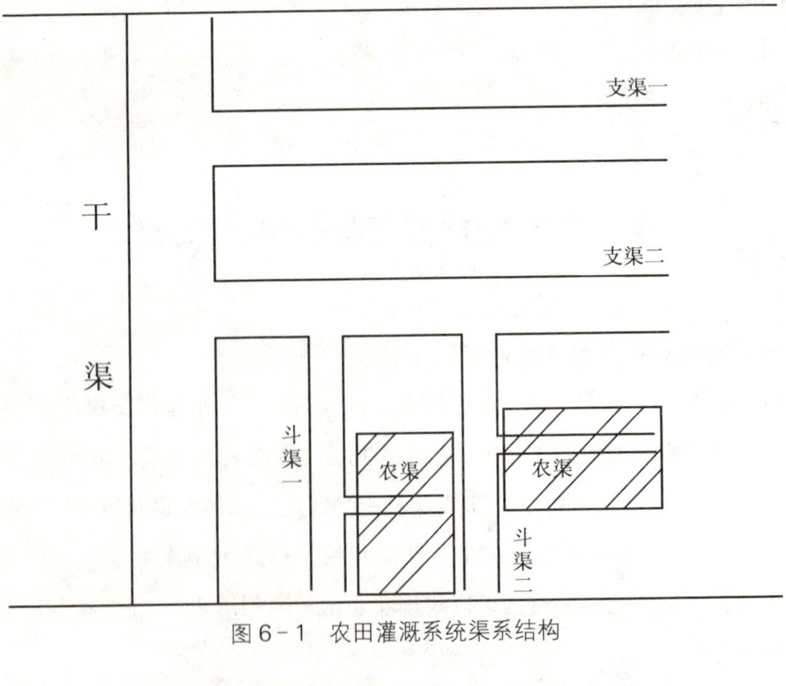

图 6－1　农田灌溉系统渠系结构

因此，提高农户对大中型农田水利工程建设、管理与保护的参与意识以及对小型农田水利设施的投资建设、经营管理与维护意愿，是实现盐碱地农业水资源高效利用与持续发展的重要保障。其中小型农田水利设施主要指斗渠以下的农田水利灌排设施及配套建筑物，也包括需要农户自建的毛泄渠、毛引渠、次埂及平整土地等田间工程。

二、研究区域农户水资源利用行为概述

1. 研究区域现状

垦利县永安镇和黄河口镇研究区域分别属于双河灌区和五七灌区，这两个灌区均以黄河为主要水源，其中五七灌区是重点发展的大型骨干灌区。但目前该区域农业灌溉用水资源短缺，农田水利设施不配套等问题依然突出。

（1）农田水利设施现状。双河灌区和五七灌区相关农田水利设施主要通过国家立项，市县财政拨款联合投资建设，为农业灌溉提供了良好的基础。双河灌区地处垦利县中东部，北至黄河大堤，南至溢洪河，东到防潮坝，西至辛垦路，设计灌溉面积 30 万亩，有效灌溉面积 10 万亩。灌区骨干工程主要由一号坝引黄闸、西双河引黄闸、渠首扬水站、双河干渠、广北水库及干渠上的八条分干和四条排水沟组成。五七灌区兴建于 1975 年，位于垦利县东北部孤岛地区，西、北、南均以黄河大堤为界，东至防潮坝，设计灌溉面积 8 万亩。垦利县共有广利河系、永丰河系和小岛河系三大排河水系，基本呈东西流向，均流入海，因此研究区域内排水设施基础良好。但目前以下问题突出：第一，灌区水利配套工程建造时间较久远，建筑物工程退化、老化严重。由于引黄闸口闸底高程较高，在黄河水量较小时，根本无法引水。部分水库淤积严重，库容大大缩小，坝体严重塌陷，水闸等建筑物启闭不灵，少数水库由于功能丧失，已经退库还耕。第二，土质以粉质砂壤土为主，河道淤积较快。第三，田间沟、渠建设不配套，不能做到田间通小沟、小沟通大沟、大沟通大河，难以保证降雨不涝、大雨不灾。第四，受投资限制，渠道衬砌和低压管道等节水灌溉发展缓慢，平均灌溉水利用率仅为 0.5%左右，而土渠跑、冒、淤积严重，水资源浪费严重。因此，通过发展节水型可持续灌溉，形成高水平、系统化、综合性的蓄水、节水和排水等灌溉工程体系，是实现盐碱地农业可持续发展的必然要求。

（2）农田水利设施投资建设与管理现状。干渠由灌溉处管理，斗渠以下的农村小型水利工程主要由乡镇管理。农民对农田水利设施的管理参与很少。同时，对骨干排水河道的管理缺少以河道为单元的管理机构，不能对河中设坝、乱扒乱

堵现象进行有效的管理，工程管理不配套，使流域内排碱、防洪、除涝效益难以发挥。农户的分户经营导致了农户进行自家田块的平整，而村庄层面田面不平整，不能有效保障“渠贯通、旱能浇、涝能排”，尤其是东增林村等部分村庄水利设施缺乏，靠天吃饭，影响了洗盐压碱措施的实施。

(3) 农业用水资源管理。据《垦利县水利志》，潜水埋深多在 2～4 米，浅水矿化度平均 24.63 克/升，最高可达 167.53 克/升，虽有个别地区矿化度小于 0.2 克/升，但均为洼地或黄河故道的小区块，蓄量甚少，无开采价值，因此土体不同程度含有盐分，浅层地下水均属高矿化度盐水。黄河水作为唯一的淡水水源，成为研究区域主要的灌溉用水来源，呈现出水量逐渐减少和可引水量不确定性增强的特点，这是研究区域盐碱地改良及农业高效持续利用的最大障碍。自 1991 年至 1998 年间，黄河断流时间密集，最长断流时间 200 多天，一度产生水荒，甚至已开发的一些农田因水资源的缺乏，被迫放弃种植而荒芜。1997 年特大干旱以来，中小型水库修建续建工程逐步加强，1998 年永镇水库建成，占地面积 13400 亩，设计库容 3972 万立方米，永安镇农业用水保证率相对较高。但在黄河口镇利林村调研时发现，部分河滩地基本实现旱能浇、涝能排，但河滩地以外的田块水资源短缺，基本无水。目前水费按人计征，灌溉处统一征收。但各镇征收标准不一，东增林村 20 元/人，新十五村 30 元/人，大部分是村集体缴费，农户不承担费用。对于租赁农场的耕地，由别人代为灌溉，灌溉费用体现在土地承包费用中。因此，农民群众有偿用水意识淡薄，渠水漫灌普遍，水资源短缺与浪费并存。[1]

镇赉县五棵树镇和嘎什根乡研究区域主要属于白沙滩大型灌区，该灌区以嫩江为主要水源，是重点发展的国家级大型骨干灌区之一，因此农业灌溉用水充足。但目前该区域农业灌溉用水仍然存在以下问题，成为盐碱地农业高效持续利用的障碍。

① 农田水利设施现状。突出问题是大中型农田水利设施近年来逐渐完善，末级渠系及田间工程配套投资严重缺乏。新中国成立后，为抵御旱涝灾害，当地

[1] 资料来源：根据《垦利县水利发展“十二五”规划（2011 年—2015 年）》（征求意见稿）等相关资料以及农村实地调研资料整理。

政府在“以蓄为主、小型为主、群众自办为主”的方针指导下，进行了大规模的水利建设，至 80 年代末期初步建成一批以大、中型为骨干，以抗旱除涝为主体，以小型为辅的水利工程体系。至 2005 年全县水利工程建设占地 81405 亩，其中沟渠占地 57000 亩，但是仍有许多工程年久失修并遭到不同程度的破坏，有些工程发挥作用甚微，因此农业生产抵御大型自然灾害能力较弱，粮食单产波动性较大。“十一五”期间，随着白沙滩节水续建工程以及“引嫩入白”工程等项目的实施，在泵站改造、渠道达标整治、建筑物修建、骨干渠道衬砌等方面投资力度不断增强，新打抗旱水源井 7028 眼，农田水利设施逐渐完善。[1] 据镇赉县人民政府网站公布数据，近年来白沙滩灌区固定资产增加 60%；提水能力提高 48.5%；骨干建筑物配套率达到 82%；渠系、建筑物完好率达到 94%；全面改善了灌区渠系状况，收到了预期成效，灌区受益乡镇粮食增产 6 万吨，农业产值增加 1.2 亿元，农民人均增收 2400 元；灌区年节水 4400 万立方米。[2] 但是嘎什根乡和五棵树镇调研过程中发现：第一，农田水利设施老化，配套不完整，个别村的水田排泄设施规划不合理，经常出现排泄不畅现象，形成内涝；第二，对于新垦宜农盐碱农用地，末级渠系及田间工程配套仍需加大投入。以上因素是制约镇赉县农业高效利用与持续发展的主要矛盾和突出问题。[3]

② 农田水利设施投资建设与管理现状。突出问题是水利设施建设由国家投资、农户投工投劳相结合向国家以项目发包形式投资建设转变，但后续农户用水组织和农户参与机制不完善。白沙滩灌区管理局建于 1972 年，1974 年投入运行，干渠、支渠、斗渠、农渠以及桥、涵、渣等基建配套主要由国家投资，而收益农户则以土方补助、农村义务工和劳动积累工等形式投工投劳。随着国家农业税的全部免除，近年来在农田水利设施建设方面从水源工程到灌排设施主要依托国家节水续建配套工程项目(2010 年 10 月—2011 年 10 月)、末级渠系改造项目以及土

---

[1] 数据来源：《镇赉县国民经济和社会发展第十二个五年规划纲要》。

[2] 数据来源：镇赉县人民政府网站(http://www.jlzhenlai.gov.cn/index.php? option=com_content&module=45&sortid=123&artid=3899)。

[3] 数据来源：根据《镇赉县嘎什根乡“十二五”经济和社会发展规划(2011 年—2015 年)》(征求意见稿)和《镇赉县水利局关于“十一五”计划完成情况的总结和“十二五”计划的安排意见》等整理。

地整理项目和白沙滩灌区中低产田改造项目等，由国家投资，一步到位。斗渠以下渠系及建筑物的后续维修、配套和更新改造需要收益农户和集体承担，农户对农户用水协会和水利工程维护的参与意识不足，农户就很少真正参与到农村小型水利工程管理中来，末级渠系水利工程的后续管理及持续利用机制急需完善。

③ 农业用水资源管理。突出特点是农业灌溉用水水费管理由乡镇收费向收费到户转变，但用水集中季节仍存在水资源争抢现象。白沙滩灌区从 1979 年开始征收水费，在水费征收范围上，凡是国家投资兴建，由县统一管理的提水、自流供水工程，灌溉水田、菜田、旱田水浇一律征收水费，而公社或大队(村)自建自管的供水工程自行管理使用。早期农户灌溉用水水费征收经由乡镇管理部门然后再交给灌区管理局，目前灌区成立用水协会，和农户直接签订合同，按照灌溉面积收费，直接收费到户，减少了中间环节。水费主要用于泵站、渠道及建筑物维护、电费支付、管理人员开支等方面。目前嘎什根乡和五棵树镇“引嫩入白”供水续建工程(2011—2015 年)以及(市)嫩江、洮儿河防堤新建工程(2006—2015)等重点建设项目正逐步展开，随着工程的建设，白城市成立了“引嫩入白”工程建设管理局，工程建设管理及维护垂直化管理逐步加强。但在农户层面上，用水集中季节上下游用水户之间水资源争抢明显，这一方面造成水资源浪费，另一方面使得部分用水户农田得不到及时灌溉。

察布查尔锡伯族自治县纳达齐牛录乡、堆依齐牛录乡和托布中心以及米粮泉乡等新疆研究片区均属于察布查尔灌区。灌区灌耕历史悠久，主要通过位于伊犁河左岸的察布查尔大渠(含察南渠、察渠)无坝引水，农业灌溉用水资源相对充足。在农田水利工程设施建设方面主要由国家全额投资，对于乡村自筹、农牧民投劳折资的工程，主要采取“一事一议”、“以奖代补”的方式，对田间工程进行建设。但近年来，研究区域进行了大量的盐碱荒地耕地开发，中低产田面积占耕地面积的 70%以上，新增盐碱障碍耕地与水资源供给之间矛盾突出，加上农田水利工程配套欠缺，因此灌溉用水资源利用效率低。这主要体现在以下方面：

① 农田水利设施现状。第一，工程建设标准低，建筑物不配套，在枯水季节引水量得不到有效保证。大规模兴修水利始于 20 世纪 60 年代，1961 年建成的 4 孔×2.6 m老进水闸，1974 年续建了 5 孔×2.72 m 新进水闸，在丰、平水年份时基

本能满足灌区引水需要。但察布查尔大渠(含察南渠、察渠)原设计引水流量 70 m^3/s,目前实际输水能力为 50 m^3/s,枯水期仅能引水 30 m^3/s,其中察南渠过水能力5～18 m^3/s,因此枯水季节引水量不足。第二,水利工程老化不配套。灌区现有骨干水利工程从伊犁河无坝引水,但防渗率偏低,渠系建筑物不配套,加上渠道淤积阻塞、渗漏严重,灌溉方式不科学,因此骨干水利工程的建设与田间农田水利基本建设不协调,跟不上灌区水土开发的需要和进程,造成部分区域地下水位逐年上升,引起下游滩地土壤次生盐碱化。第三,骨干排水工程基本配套,但田间排水工程严重不足。骨干排水工程主要由一干排、二干排、三干排和四干排四条干排组成,使得滩地内的地下水位明显下降,未达到设计要求的排水效果。灌区内支、斗、农级排水沟缺乏,灌水渠与排水渠共用,甚至没有田间工程排水设施,造成了田间水土流失严重,制约着灌区盐碱地农业的持续发展。

② 农田水利设施投资建设与管理现状。首先,多年来只重视农业灌溉,忽视了对排水设施的日常维护,渠系田间水通过灌溉,将耕地内盐分通过灌溉部分排入排水渠,而排水渠淤塞严重,沟底高程抬高较多,排水能力差,部分水回流,加剧了土壤积盐,并表现为耕地内为非盐渍化土,耕地外为盐土或盐渍化土特征。其次,尽管对部分斗排进行防渗处理,但南北方向斗排纵坡大,水土流失较严重,同时渠系建筑物损坏严重,基本发挥不了排水洗盐的作用。最后,长期的大水漫灌,使大量水从地下流走,并带走大量土壤肥料,抬高地下水位。

③ 农业用水资源管理。第一,灌溉水费征收。研究区域主要按照灌溉面积收费,旱地灌溉费用 23.5 元/亩,水田灌溉费用 80 元/亩,这种收费方式缺乏农户节水的约束机制。巴音村、伊车村、牧场村等恰甫其海水库移民安置区,目前尚不收水费。这种用水补贴机制,造成农户过量灌溉,加速农田水利设施老化,进一步造成次生盐渍化。米粮泉村地下水位埋深本身就比较浅,加上大水漫灌,排水能力差,因此存在部分盐水回灌,渗入补给浅层潜水,加剧了土壤积盐。第二,水费利用与管理。水费由水管单位统一收取,大河灌区支渠口水费的 70%上缴县水管总站,30%留给基层水管站所,用于职工"三金"、办公费、斗渠口以上水利工程维护,末级渠道养护费(5 元/亩)由水管总站统一用于斗渠口以下的水利工程维修养护。2010 年,该县实行村民大会"一事一议"农田水利基本建设制度,按照

"谁建设、谁所有、谁受益"的原则，调动和引导农牧民群众投工投劳积极性，组织动员农牧民投工集资2476.02万元，投工投劳51.73万工日，弥补了农田水利建设资金短缺部分。第三，农民用水协会。2007年8月成立了"自治县农民用水协会"组织，明确了农田水利工程的管护责任主体，保障了工程效益的发挥；规范了用水秩序，减少了水事纠纷；为"一事一议"提供了载体。但农户参与意识不足，协会管理制度政策待于完善。[1] 因此，加快大型灌区改造，尽快完成渠道的防渗和建筑物的配套建设任务，加强灌溉管理工作，提倡沟、畦、垄灌等科学灌溉方式，避免大水漫灌，提高农户对农田水利工程投入建设及维护参与意识和节水意识是实现察布查尔锡伯族自治县盐碱农用地持续利用的主要措施。

综上所述，合理的水资源利用行为及完善的农田水利设施及其持续利用是实现研究区域盐碱地农业高效持续利用的根本（表6-1）。

表6-1　研究区域水资源持续利用障碍因子

研究区域	农田水利设施	水利工程管理	水资源
垦利县	受水源特点变化，引水、蓄水和排水设施功能退化、老化严重，不配套	小型水利工程产权不清、主体缺位，排水渠系淤塞严重；河中设坝、乱扒乱堵	黄河为唯一水源，可用水量逐渐减少，可引水量不确定性强；大水漫灌，水资源浪费严重
镇赉县	新增耕地末级渠系及田间工程配套投资严重缺乏；已有水田排泄设施不合理，排泄不畅	斗渠以下渠系及建筑物的后续维修、配套和更新改造中农户用水组织和农户参与机制不完善	嫩江为主要水源，相对充足，但用水集中季节上下游用水户之间水资源争抢明显
察布查尔锡伯族自治县	工程建设标准低，建筑物不配套；老化、不配套；田间排水工程不足	重灌轻排，排水设施的日常维护不足，部分水回流，加剧了土壤积盐，且水土流失较严重	伊犁河为主要水源，相对充足，但水资源浪费严重，同时造成水利工程破坏

[1] 资料来源：根据察布查尔锡伯族自治县水利局提供资料及农田实地调研整理。

2. 农户水资源利用行为统计分析

(1) 农户基本概况

本章所用的数据来自 2010 年 12 月—2011 年 4 月南京大学国土资源与旅游学系对垦利县、镇赉县和察布查尔锡伯族自治县农户调研。根据盐碱农用地利用特点，结合当地政府和相关科研机构建议，在每个县选择典型乡镇，每个乡镇选择 1～2 个村庄，并从每个村抽取 20～50 个农户家庭进行访谈，总共获得了 8 乡(镇)、14 村共 468 个有效农户调研资料(表 6－2)。调研内容主要包括水资源和土地资源基本概况及其利用、水利设施及盐碱地产权管理、农户家庭基本特征以及农户盐碱地农业水资源利用行为及意愿选择等。

表 6－2　样本户的基本情况

样本县	样本数	户主平均年龄(岁)	受教育水平	家庭劳动力(人)	农业收入占比(%)
垦利县	138	48.29 (10.653)	1.81 (0.884)	2.57 (0.862)	86.80 (0.205)
镇赉县	157	44.69 (10.749)	1.73 (0.685)	2.37 (0.819)	88.17 (0.201)
察布查尔锡伯族自治县	173	44.64 (11.292)	1.55 (0.892)	2.57 (1.212)	68.66 (0.308)
样本总体	468	46.74 (11.026)	1.69 (0.831)	2.59 (0.996)	80.54 (0.263)

注：① 括号内数字为标准差；② 受教育水平分五个档次：0＝文盲，1＝小学，2＝初中，3＝高中(中专)，4＝大专，5＝本科及以上；③ 农业收入占比是指种植业收入占家庭总收入的比重。

从表 6－2 可以看出，整体上我国典型盐碱区域农户以中年型家庭为主，文化程度普遍偏低，种植业收入是家庭主要经济来源。从区域分异特征分析，黄淮海平原、松嫩平原西部以及新疆典型盐碱区域农户受教育水平呈现递减趋势，察布查尔锡伯族自治县农户受教育水平最低。从家庭年总收入结构分析，调研样本农户之间以及各样本区域之间差异显著。镇赉县五棵树镇和嘎什根乡以及垦利县永安镇和黄河口镇作为传统的农作区，种植业收入是农户家庭主要收入来源，占家庭年总收入的 85％以上，而处于农牧交错地的察布查尔锡伯族自治县农户其种植业收入占家庭年总收入的比重平均水平为 68.66％，远低于调研样本整体平均水平。

（2）农户水资源及其利用管理概况

水资源及其利用与管理方面的调研主要集中在水资源短缺程度、水费占农业生产总投入的比重、征收方式、水利设施完备程度、水利设施产权归属、农田水利设施建设是否有国家项目补贴、农户是否加入农业用水协会等方面（表 6－3）。

表 6－3　农户水资源及其利用与管理

样本县	样本数	水资源短缺程度	水费占比（%）	水费征收标准	水利设施完备程度	水利设施产权	国家立项补贴	农户用水协会
垦利县	138	0.64 (0.637)	1.09 (1.506)	0 (0.000)	0.86 (0.544)	1.54 (0.567)	0.62 (0.488)	0 (0.000)
镇赉县	157	1.29 (0.532)	15.60 (8.682)	1 (0.000)	0.91 (0.494)	1.85 (0.827)	0.96 (0.192)	0.15 (0.361)
察布查尔锡伯族自治县	173	0.89 (0.712)	5.46 (8.831)	1 (0.000)	0.88 (0.593)	1.51 (0.690)	0.77 (0.420)	0 (0000)
样本总体	468	0.95 (0.684)	7.58 (9.504)	0.78 (0.414)	0.88 (0.546)	1.63 (0.723)	0.79 (0.408)	0.05 (0.221)

注：① 括号内数字为标准差；② 水资源短缺程度根据农户调中能否满足作物生长需要进行赋值，其中 0＝否、1＝基本满足、2＝完全满足；③ 水费征收标准：按照耕地面积征收水费赋值为 1，其余征收标准赋值为 0；④ 水利设施完备程度：灌水和排水设施能否满足农业生产需求进行赋值，其中 0＝均不能、1＝二者仅有其一能、2＝二者均能；⑤ 水利设施产权：1 代表政府所有、2 代表村集体所有、3 代表私人所有；⑥ 如果水利设施建设中有国家补贴赋值为 1，没有国家补贴赋值为 0；⑦ 如果农户参加了用水协会赋值为 1，反之赋值为 0。

从整体上分析：

① 研究区域水资源禀赋差异较大。垦利县水资源严重短缺，灌溉用水保障度仅为 0.64，尚不能基本满足农作物生产需求。察布查尔锡伯族自治县基本满足农作物生产需求，而镇赉县随着“引嫩入白”工程的实施，水资源相对充沛。具体而言，总体样本中 27.1％的农户水资源不能满足农作物需求，52.1％的农户认为基本可以满足农作物需求，仅有 20.5％的农户在农业生产中水资源完全能够满足需求。垦利县的 138 个样本中，有 44.2％的农户水资源不能满足农作物需求，47.1％的农户水资源基本满足农作物需求，仅有 8.7％的农户在农业生产中水资源完全能够满足需求。镇赉县的 157 个样本中，大部分农户水资源基本或完全满足农作物需求，仅有 4.5％的农户在农业生产过程中，水资源不能满足农作物需求。察布查尔锡伯族自治县的 173 个样本中，有 34.1％农户水资源不能满足农作物需求，45.1％的农户水资源基本满足农作物需求，有 20.8％的农户在农业生产

中水资源完全能够满足需求(图 6－2)。

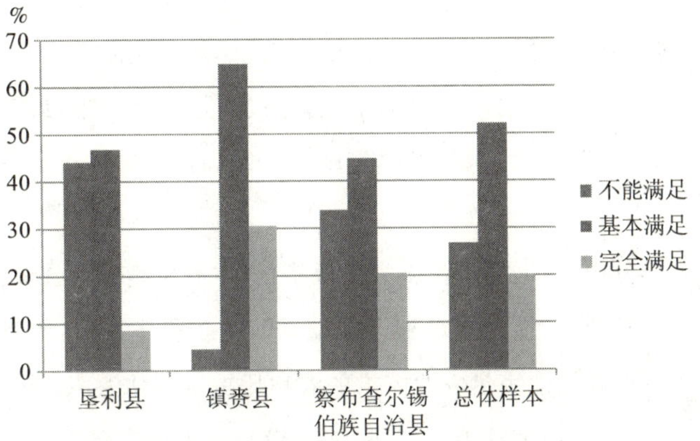

图 6－2　样本农户农业生产中水资源满足程度

② 水费占农业生产总投入的比重。该指标与水资源短缺程度呈现相同规律,垦利县水费仅占农户农业生产总投入的 1.09%;察布查尔锡伯族自治县次之,为 5.46%;镇赉县农户生产要素投入中水费占比例最高,约为 15.6%。总体样本中 30.2%的农户不需要缴纳水费,水费占比在 5%以下的农户约占 23.1%,水费占比在 5%～10%之间的农户约占 10.9%,水费占比在 10%以上的农户约为总样本数的 35.8%。察布查尔锡伯族自治县 55.2%的农户以及垦利县 33.3%的农户均不缴纳水费,而水费占比为 10%以上的农户分别约占各县样本数的 0.7%和 24.4%(图 6－3)。

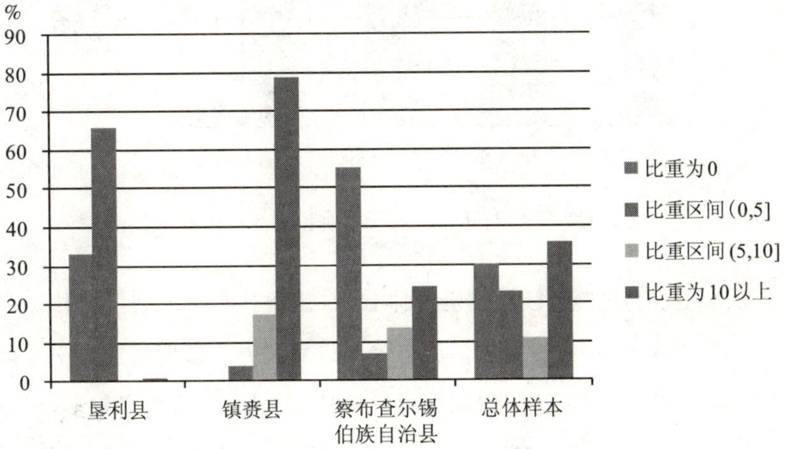

图 6－3　样本农户水费占农业生产总投入比重

③ 镇赉县和察布查尔锡伯族自治县水费征收以耕地面积为标准征收，垦利县以家庭人口数量征收，区域差异明显。

④ 从水利设施完备程度分析，灌排设施均能满足农业需求的农户仅占10%；大部分农户灌水设施与排水设施严重不配套，仅满足灌溉需求，或者仅满足排水需求，约占农户样本总数的53%；灌排设施均不能满足生产需求的农户占样本总数的13.5%。

从区域差异分析，根据灌排设施完备度指标，水利设施镇赉县最为完备，察布查尔锡伯族自治县次之，垦利县水利设施配套及完备程度最低，但具体而言区域差异明显。灌排设施均能满足农业需求的农户比重垦利县为15.2%，察布查尔锡伯族自治县为16.1%，镇赉县为19.8%；灌排设施基本能满足需求的农户比重镇赉县为40.1%，垦利县为45.7%，察布查尔锡伯族自治县为51.4%；能灌不能排、能排不能灌，甚至无灌排设施的农户比重垦利县为39.1%，察布查尔锡伯族自治县为32.4%，镇赉县为40.1%(图6-4)。

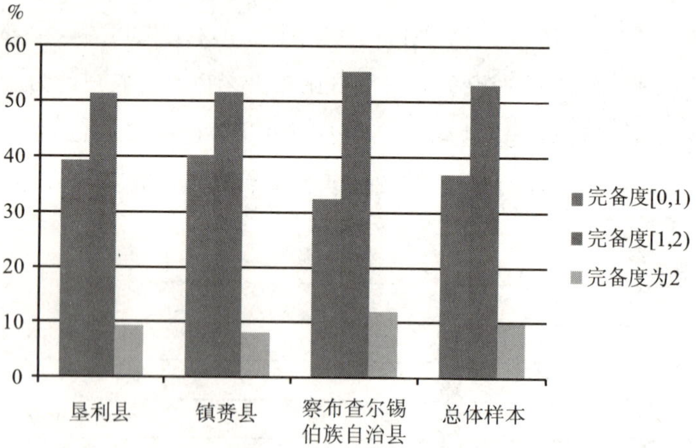

图6-4 样本农户农田水利设施完备程度

⑤ 从小型水利设施产权及投资主体分析，镇赉县农田水利设施私有产权程度较高，垦利县次之，察布查尔锡伯族自治县以移民办等政府投资为主。镇赉县作为吉林省西部土地整理这一国家级项目的核心腹地，政府投资较多；察布查尔锡伯族自治县的巴音村、伊车村以及牧场村等作为移民村，由移民办牵头负责，

大部分盐碱荒地开发的水利设施投资也是由国家和政府投资；而垦利县作为传统的农业耕作区，目前县级、地市级以及国家级的土地整理及综合整治项目正逐步展开，国家投资比重相对偏低。

⑥ 在调研村庄中，仅有五棵树镇且力木村有农户用水协会组织，其余村庄均没有。

在农户层面上，本研究以农户参与农田水利工程设施的投资、建设、经营、管理与保护以及采用适宜的漫灌、喷灌、滴灌、雾灌等灌溉技术意愿作为因变量，以评价农户水资源利用行为的盐碱地产权制度响应，如果愿意，将因变量赋值为1，如果不愿意，赋值为0(表6-4)。由于盐碱地农田水利工程设施的投入修建与维护均需要占用一定面积的土地，农户在水资源利用行为选择时，一方面希望自家耕地得到改良，实现农业生产的稳定、高效和持续，另一方面又明显表现出不愿意占用自家耕地的意愿。这明显受到现有的“家庭承包制度长期不变”的制度影响。为了深入分析现有盐碱地产权制度对农户水资源利用行为选择及意愿的影响，本研究引入“如果农田水利设施建设涉及耕地占用及调整时农户的意愿”这一虚拟变量，分析农户水资源利用行为选择意愿。

表6-4 农户水资源利用行为决策统计

样本县	样本数	不涉及耕地占用及调整		耕地占用及调整	
		均值	标准差	均值	标准差
垦利县	138	0.54	0.500	0.30	0.462
镇赉县	157	0.92	0.276	0.66	0.477
察布查尔锡伯族自治县	172	0.92	0.265	0.61	0.489
样本总体	467	0.81	0.393	0.54	0.499

从表6-4可以看出，在不涉及农户耕地占用及调整的前提下，农户采用水资源利用行为的意愿明显，镇赉县和察布查尔锡伯族自治县农户样本均值为0.92，垦利县为0.54，均大于0.5。但在涉及农户耕地占用及调整时，农户采用水资源利用行为的意愿明显降低，全部样本均值仅为0.54，垦利县样本均值仅为0.30。在两种情形下，全部样本和分区样本的标准差较大，这说明不同的农户特征下农户

行为选择意愿差异明显。

(3) 农户盐碱地资源及其利用管理概况

盐碱耕地资源及其利用与管理方面的调研主要集中在农户耕地总规模、地块数量、土地利用土地利用类型以及地权稳定性等方面(表 6-5)。

表 6-5 农户盐碱耕地资源利用与管理

单位:块/亩/%

样本县	样本数	耕地总面积	地块数量	块均面积	水田比重	地权稳定性
垦利县	138	37.14 (24.009)	8.71 (6.168)	5.59 (4.523)	1.05 (0.432)	0.55 (0.430)
镇赉县	157	45.80 (28.052)	4.31 (2.207)	13.455 (15.012)	67.01 (0.418)	0.24 (0.494)
察布查尔锡伯族自治县	173	26.74 (19.39)	2.09 (0.942)	13.47 (7.976)	52.50 (0.432)	0.07 (0.255)
样本总体	468	36.22 (25.204)	4.79 (4.524)	11.14 (10.851)	42.17 (0.451)	0.27 (0.444)

注:① 括号内数字为标准差;② 农户耕地总规模用耕地总面积来表示,单位:亩;③ 土地利用土地利用类型用水田占耕地总面积的比重来表示,单位:%。

从表 6-5 可以看出,① 耕地总规模分析。调研样本农户户均耕地总面积为 36.22 亩,但标准差较大,反映在样本中调研农户最大总耕地面积为 165 亩,而最小总耕地面积仅为 2.8 亩。从样本区域差异分析,镇赉县户均耕地总面积最大,垦利县次之,察布查尔锡伯族自治县户均耕地总面积最小。② 户均地块数量分析。在现有的产权制度安排下,户均地块数为 4.79 块,户最大地块数为 35 块,最小地块数为 1 块。垦利县户均拥有的地块数量最大,远远高于察布查尔锡伯族自治县和镇赉县。③ 从细碎化程度分析。总样本块均耕地面积为 11.14 亩,但户均差异明显,样本农户最大块均耕地面积为 150 亩,最小块均耕地面积仅为0.83亩。镇赉县和察布查尔锡伯族自治县每块耕地面积均约为 13 亩,而垦利县仅为 5.59 亩/块,最小值为 0.83 亩/块。④ 从土地利用土地利用类型分析,调研区域农户水田与旱田耕地总面积基本相当,具有一定的盐碱耕地利用代表性。其中,垦利县以旱田为主,水田仅占户均耕地总面积的 1.05%,垦利县和察布查尔锡伯族自治县以水田为主,水田比重分别为52.50%和 67.01%。⑤ 从土地稳定性分析,大部分地区盐碱地产权较为稳定，但山东省垦利县等调研村庄在耕地家庭联产承包责任制长期不变的前提下，村组内耕地调整频繁，地权稳定性较弱。

为了进一步分析盐碱地产权因素对农户水资源利用行为选择意愿的影响机理，本研究拟采用计量经济学模型进行进一步研究。

第二节　盐碱地产权安排的农户水资源利用行为响应驱动

灌溉用水是盐碱地农业最重要的生产要素之一，对水资源及水利设施的持续使用、经营与维护需要通过合理的利益分享、风险分担机制来实现。结合研究区域本底值特征，本研究以农户水资源利用行为选择意愿作为因变量，在综合考虑农田水利设施基本特点和农户水资源利用行为一般驱动因素的基础上，探索盐碱地产权安排的农户水资源利用行为响应机理，为建立“自下而上”的农户需求表达机制和农户参与机制提供决策依据，以实现农业用水资源持续利用及农田水利设施长期高效的农业生产保障作用。

一、影响农户水资源利用行为选择的指标体系

1. 农田水利设施基本特征

完备的农田水利设施是盐碱地农业水资源持续利用的基本保障。农田水利设施的供给与需求特征是影响农户水资源利用行为的重要因素。因此，探讨盐碱地产权安排对农户水资源利用行为的影响需要对农田水利设施的特征加以分析。

(1) 公共性。农田水利设施是排盐压碱、改良盐碱土土壤结构，提高盐碱地农业抵御洪涝及干旱等自然灾害能力和农业综合生产能力的基础设施，具有公共池塘资源属性，以公益性为主导，属于公共财政支持的范畴。同时，由于水资源及农田水利设施的使用具有公开获取性及非排他性，农田水利设施受益范围涉及千家万户，尽管农民都觉得需要改进水流不畅等问题，但是个人理性效用追求者的逻辑与社群效用逻辑不一致，这种公益性特征决定了在使用过程中用水户之间的

竞争性和拥挤性特点突出，进而造成水资源过度和低效使用。

(2) 弱势性。农田水利设施主要服务对象是弱势产业和弱势群体，包括农业、农村和农民，投资回报周期长、回报率低甚至没有利润回报，私人资金很少投入，因此投资主体主要是国家和政府。但由于农田水利设施花费资金多、短期效益不明显，部分政府基于自身利益考虑，公共财政扶持不足，服务供给格局扭曲甚至主体缺位。因此，农田水利设施建设滞后，投入不足，大部分农区提、引、蓄、排等水利工程不配套，水资源利用率低，具有明显的脆弱性。

(3) 合作性。农田水利设施属于长期性投资，并且需要有一定的规模才能起到作用，所需投入的土地、资金、劳动力等生产要素也较多，常常超出单个农户的承受能力，需要众多农户的共同行动或外部资金的援助才能完成，并且建成项目具有明显的整体性，需要受益主体共同使用和维护。因此农田水利设施投资需要有威信较强的组织协调者和发起者，不是一个普通农户所能办到的。

(4) 投资风险性。农田水利设施建设投资大、风险高、资金回收期长与我国农业比较收益低并存，投资农田水利这种纯粹为农业生产服务的基础设施短期内很难获得预期收益，对于追求自身利益最大化的农户、私人企业等理性经济人来说，民间资金缺乏投资激励。

(5) 农民参与的消极性。农户作为具有独立经济利益意识的经营主体，其生产经营活动要么力求使私人边际成本等于私人边际收益，要么向外部转嫁成本但不会自己承担外部成本。农田水利设施作为具有外部性的共用设施，对农户而言是一种成本高且私人收益不明显的投资活动，农户参与积极性不足。

2. 指标选择

通过对研究区域农户盐碱农用地利用及农业灌溉状况进行调研，吉林省镇赉县盐碱农用地利用的关键问题是提高农户对国家土地整理项目中新增盐碱耕地的小型农田水利设施投入；新疆维吾尔自治区察布查尔锡伯族自治县盐碱农用地利用的关键问题是加强农户对移民区政府投资建设的农田水利设施的维护参与意识；山东省垦利县则主要在于提高土地综合整治项目区农田水利设施建设的农户参与及配合意识和已有水利工程设施的疏浚、治理和维护。基于以上分析，提出下列假设：(1) 政府的财力不足以满足盐碱地农业灌溉对农田水利设施的全部需求;(2) 在政府进行主体投资的前提下,农民可以进行配套投资[1];(3) 在技术可行性和经济合理性的基础之上,作为理性经济人的小农才会进行农田水利设施投资建设及参与维护管理。

在以上假设前提下,本研究认为农户参与农田水利设施建设维护及投入意愿是实现盐碱农用地持续利用的根本保障。界定农户参与行为主要包括:(1) 大中型农田水利设施规划建设的参与及配合;(2) 通过"一事一议"对大中型农田水利设施以及对斗渠以下小型农田水利灌排设施进行裁弯取直、清障、护岸工程、疏浚工程等日常维护;(3) 对渠系配套建筑物和漫灌、喷灌、滴灌、雾灌等田间节水灌溉技术的投资建设、经营管理与维护等。将农户参与行为作为被解释变量(y),分析盐碱地产权安排的农户水资源利用行为响应,这具有一定的普遍性和代表性。

目前对农户水资源利用行为选择驱动因素研究主要集中在农户特征、农业用水资源特征以及政府制度政策和集体行动等方面,但盐碱地产权制度对农户水资源利用行为的影响专题研究较少,一些文献虽有涉及,但比较零散。本研究假设盐碱地产权制度安排对农户水资源利用行为的影响主要体现在耕地经营规模、土地耕作的零碎化、农田水利工程土地占用、地权稳定性等方面。

第一,耕地经营规模。在水资源供给不确定性的前提下,经营耕地规模较大的农户越有可能投资更高效的灌溉系统,并且促使其持续利用。本研究界定耕地经营规模用农户经营耕地总面积来表示,包括自家家庭承包的责任田,也包括通过农户从村集体、乡镇政府以及其他农户和企业等主体那里流转流入的耕地。

第二,农地细碎化。在调研中发现,山东省垦利县农户由于户均地块数量多,单位地块的耕地面积小,尽管政府通过土地综合整治、土地整理等项目进行了大量的盐碱地改良投入,但通过项目实施,由于工程占用以及户耕地总面积减少,农户参与意愿不足。已有研究也表明,农地细碎化与农户水资源利用行为选择具有密切的关系。周立(2011)认为,由于水利工程设施需要提供一定的土地条件,具

[1] 这里所说的政府包括中央政府、地方政府以及在我国的行政序列上不属于行政机构的村级组织。

有一定的规模效应，因此耕地的细碎化和农田水利的公共性不匹配。贺雪峰等(2003)认为当前农村土地家庭承包经营制度所带来的耕地细碎化使得农户不可能独立解决农田水利的供给。阎文圣和肖焰恒(2002)针对我国的实证分析表明，农户对于防止土地次生盐渍化的节水技术尽管具有采用意愿，但由于技术整体性强，需要区域共同使用，而田块规模细小造成了小规模的单个农户无法使用，即使能用也因成本过高或效益外溢不得不放弃。因此，一般情况下，每块耕地的面积越大，越方便农户采用适宜性灌溉技术；耕地越细碎，实施适宜性灌溉技术越不经济。在此基础上，刘国勇和陈彤(2010)建议通过土地流转，促使土地相对集中，鼓励农民发展适度规模经营，以满足节水灌溉对土地条件的要求。考虑到水利工程设施具有位置固定性、需求的长期性、投资大等特点以及农户流入土地的流动性强、承包期短等特点，本研究选择农户家庭责任田的每块耕地的面积(亩/块)来反映耕地细碎化程度，以检验家庭联产承包责任制的农地经营制度所带来的土地细碎化对农户水资源利用行为选择的影响。

第三，地权稳定性。通过调研发现，频繁的土地调整、较短的承包期不利于农户参与农田水利工程建设投资及采用盐碱地改良型灌溉技术。农户在对盐碱地农业可持续发展方面的生产性投资表现出较强的短视性，对关系到眼前利益的生产要素投资需求明显，而对关系长远收益的公共产品投资考虑不足。但也有研究认为农田水利设施失修是一个与承包期无关的普遍现象，这主要是由于农田基本建设投资成本的分担和利益的分享都很难界定，导致搭便车现象严重而造成的，而较短的承包期或许能较好地解决这类“搭便车”问题(严金泉，1998)。因此，通过延长土地承包期，提高盐碱地产权稳定性，是否能够促进农户参与长期性农田水利设施建设以及选择持续性的水资源利用方式尚需要通过实践检验。本研究用土地调整是否频繁这一虚拟变量衡量地权的稳定性。

第四，农田水利工程设施耕地占用。灌溉设施的投入修建与维护需要占用一定面积的土地，农户在选择水资源利用行为时，一方面希望自家耕地耕作条件得到改良，实现农业生产的稳定、高效和持续；另一方面又明显表现出不愿意占用自家耕地的意愿，这明显受到现有的“家庭承包制度长期不变”的制度影响。为了深入分析现有盐碱地产权制度对农户水资源利用行为选择及意愿的影响，本研究引入“如果农田水利设施建设涉及耕地占用及调整时农户的意愿”这一虚拟变量，分析盐碱耕地占用或调整对农户水资源利用行为选择意愿的影响。

盐碱地产权除了通过以上方式对农户水资源利用行为选择意愿产生影响之外，在此制度框架下所形成的相关社会经济因素、水资源管理制度因素以及自然环境因素和农户(家庭)因素等与之关系也比较密切。

第一，水资源稀缺程度。水资源的稀缺程度是影响农户水资源利用行为选择的基本内生因素。通过调研发现，水资源越短缺，农业生产受到灌溉用水资源供给条件的影响也越大，农户越倾向于水资源的持续利用。而随着水资源短缺程度的减缓，农业生产受水资源的约束越小，农户灌溉用水量也会显著增加。根据王金霞等(2004)的已有研究成果，本研究中水资源短缺程度用水资源满足农业需求的程度来衡量，分为严重缺水、差不多满足、完全满足三种情况，分别赋值为0、1、2。

第二，土地利用类型。不同的土地利用类型，对灌溉需求的强度不一样，也会影响到农户水资源利用行为选择。棉花、高粱、玉米、小麦等旱田作物相对于水田作物而言，需水量较少。从农户家庭经营特征分析，一般情况下，水田越多，需水量越大，农户选择适宜性水资源利用方式的意愿越强。本研究用水田占家庭耕地总面积比重衡量不同的土地利用类型对因变量的影响。

第三，现有农田水利设施。调研结果显示，农田水利设施对农户水资源利用行为决策的影响主要体现在农田水利设施的完备程度及其产权类型两个方面。本研究通过灌水设施和排水设施两个方面衡量其完备程度。如果灌水设施和排水设施均不能满足农业生产需求，则赋值为0；如果二者仅有其一可以满足农业生产需求，则赋值为1；如果二者均能满足生产需求，则赋值为2。同时，本研究将农田水利工程的产权分为政府所有、村集体和协会所有及私人所有三种类型，分别赋值为1、2和3，如果有多种产权形式，则取其平均值。需要说明的是，其中政府包括中央政府和地方政府，村集体界定为行政村、村民小组以及农民用水协会等社会团体和组织，私人包括农户个人、联户和公司等形式。

第四，水权市场。本研究区域农户用水水权交易主要是通过乡镇向水利管理部门或者农户与水管站等职能部门签订用水协议、缴纳费用来获取农业灌溉用水使用权,而没有所有权、经营权和管理权等,因此灌溉水费是影响农户水资源利用行为选择意愿的重要指标。水费征收对水资源持续利用的影响主要通过水费总额和征收标准来体现。本研究中由于垦利县、镇赉县和察布查尔锡伯族自治县的农业灌溉费用的区域差异较大,因此不易直接评价比较其高低,单纯采用灌溉费用作为因变量不能很好地解释二者的内在机理。因此,引入"水费占生产总成本的比例"这一指标,衡量灌溉费用对农户水资源利用行为决策的影响具有一定的普适性。水费征收标准主要有三种形式:按人口计征、按灌溉面积计征和按用水量计征。一般情况下,依据农户实际的灌水量而不是按灌溉面积和人口来征收水费,可以激励农户采用有效的节水措施和行为。因此,基于农户层面,本研究仅从水费占生产总成本的比例(W_1)和水费征收标准(W_2)两个指标来衡量水权对农户持续灌溉行为选择的影响。

第五,集体行动。农田水利工程这种公共物品在使用过程中容易出现集体成员的不对称和选择性激励,个体理性和集体理性背离,因此集体行动是影响农户水资源利用行为选择的重要因素。根据调研,盐碱地农田水利工程中主要涉及国家、地方政府、村集体以及农户用水协会四种集体形式。(1) 国家和地方政府的集体行动。对农户灌溉决策的影响主要通过是否有农田水利设施补贴来体现,而水利设施补贴主要通过中低产田改造项目和土地综合整治项目来体现。政府有关部门的资金扶持力度越大,农民的自有资金压力就越小,就更有可能采用适宜性水资源利用方式。本研究引入虚拟变量,项目区赋值为1,非项目区赋值为0。(2) 村集体行动。根据调研,发现山东省垦利县永安镇和黄河口村村庄规模较小,便于农户协商,通过集资、外包等形式,农户投工、投劳相结合,进行小型水库修建、河道疏浚等统一的集体行动。而吉林省镇赉县和新疆察布查尔锡伯族自治县由于村庄规模较大,农户集体行动难以统一协调。因此,村集体规模通过对个体行为的影响进而影响集体行动绩效。已有研究也表明,村集体规模与农户个人水资源利用行为选择关系密切。根据曼瑟尔·奥尔森(Mancur Olson,1965)集体行动的逻辑理论,集体行动的组织规模和强制及选择性激励措施是影响集体行动的主要因素。Meinzen Dick 等(2002)以及 Baland 和 Platteau(1997)通过实证研究发现小规模的村民组、成员间的同质性、相互间的有效监督等对成功的集体行为会产生正的显著效应。也有人基于村民组层面集体行动的多项指标进行了实证分析，结果表明农户数越多的村民组成功进行集体行动的可能性越高（黎红梅，2009）。本研究中村集体行动通过村集体规模衡量，将200户以下的村庄赋值为0，200～400户赋值为1，400户及以上的村庄赋值为2。（3）农户用水协会。农户用水协会主要是由用水户通过民主协商的方式组织起来的从事农业灌排自助服务的行业性社会团体，是地方性、非营利性的互助合作用水组织，具有法人资格。通过实行工程自我管理、自收自支、自负盈亏、自我发展、独立核算，充分调动用水户参与工程建设管理的积极性和自觉性，以降低灌溉成本，提高用水效率，促进农业稳产高产、节水高效、会员增收。因此，农户用水协会是根据用水者的利益运作的，是推广用水户参与式灌溉管理的重要方式。但在调研区域内，我国农村现有的农户用水协会运作成功者比较少。因此农户用水协会对农户水资源利用行为选择的影响需要通过进一步实证检验。

第六，农户特征。包括户主的受教育水平、年龄、家庭劳动力数量、农业收入等都会在一定程度上对其灌溉用水行为产生影响。（1）教育水平。良好的教育增加了农户对于适宜性水资源利用方式及农田水利设施建设项目的理解和接受能力。将农户户主受教育水平分五个档次，其中文盲赋值为0、小学赋值为1、初中赋值为2、高中（中专）赋值为3、大专赋值为4、本科及以上赋值为5。（2）户主年龄。该指标与农户水资源利用行为选择关系密切。根据实际年龄大小，将40岁以下赋值为0，40岁至60岁赋值为1，60岁及以上赋值为2。（3）家庭劳动力。从微观层面来看，农田水利设施建设的主体大致有五种：农民、村干部、乡镇级政府干部（基层政府的代表）、私人业主以及金融机构。其中，各级干部可能成为组织资源的投入者，而农民可能成为劳动力资源的主要投入者。一般情况下，农户家庭劳动力数量越多，劳动力对水资源投入的替代效应越明显，农户更倾向于水资源的持续利用，因此，家庭劳动力总人口反映了农户可以投入的劳动力资源情况。（4）家庭收入。通过调研发现，农户收入水平并非必然会对农户水资源利用行为产生正向或负向影响。而已有研究中有人认为农户收入水平是影响农户水资源利用行为决策的重要因素（韩洪云、赵连阁，2000）；也有人认为农业收入比较效益低是抑制农民在建设农田水利基础设施上合作积极性的因素（周立，2011），并且农户家庭总收入中种植业收入占的比重越大，农民越愿意采取节水灌溉（刘国勇、陈彤，2010）。因此，本研究引入家庭收入结构指标，用种植业收入占比来衡量，通过实证分析进一步检验。

表6-6　盐碱地产权安排的农户水资源利用行为响应指标体系

因　素	因　子	赋　值
农户特征(F)	户主年龄(F_1)	0=40岁及以下，1=40岁至60岁，2=60岁及以上
	教育水平(F_2)	户主受教育水平：0=文盲，1=小学，2=初中，3=高中（中专），4=大专，5=本科及以上
	家庭劳动力(F_3)	农户家庭劳动力数量（人）
	家庭收入结构(F_4)	户年均种植业收入占年均总收入的比重（%）
土地产权(R)	耕地经营规模(R_1)	农户经营耕地总面积（亩）
	地块总数(R_2)	农户经营耕地总块数（块）
	土地细碎化(R_3)	农户经营单位地块面积（亩/块）
	地权稳定性(R_4)	土地调整是否频繁？0=否，1=是
	工程占地(R_5)	如果修建农田水利工程需占你家土地，您是否愿意采取水资源利用行为？0=否，1=是
资源及利用(N)	水资源短缺(N_1)	能否满足作物生长需要？0=否，1=基本满足，2=完全满足
	土地利用类型(N_2)	水田占耕地总面积的比例（%）
现有水利设施(P)	设施完备程度(P_1)	灌水和排水设施能否满足农业生产需求？0=均不能，1=二者仅有其一能，2=二者均能
	设施产权因素(P_2)	1=政府所有，2=村集体所有，3=私人所有
现有水权(W)	水费占比(W_1)	年均水费占年均农业生产总成本的比例
	水费征收标准(W_2)	是否按耕地面积计征？0=否，1=是
	剩余水权交易(W_3)	剩余水权是否有转让交易？0=否，1=是
集体行动(C)	政府补贴(C_1)	是否有国家和地方政府项目补贴？0=否，1=是
	村集体行动(C_2)	用村集体规模替代：0=200户以下，1=200户至400户，2=400户及以上
	农户用水协会(C_3)	是否加入农户用水协会？0=否，1=是

续　表

因　素	因　子	赋　值
地区变量(D)	垦利县(D_1)	是否是垦利县？如果是，则 $D_1=1$；如果不是，则 $D_1=0$
	镇赉县(D_2)	是否是镇赉县？如果是，则 $D_2=1$；如果不是，则 $D_2=0$
水资源利用方式	农户参与水资源及农田水利设施持续利用与管理意愿(Y)	若不愿意，则 $Y=0$；若愿意，则 $Y=1$

备注：(1) 对于旱田和水田不同的土地利用类型，水资源短缺(N_1)程度不一样，根据不同土地利用类型水资源满足情况，取其平均值对指标水资源短缺(N_1)赋值。(2) 调研区域水费征收主要有两种方式：按照面积计征和按人口计征。为了衡量水费征收标准对农户持续灌溉行为的影响，引入是否按耕地面积计征这一虚拟变量指标。(3) 由于农户层面上，研究区域内没有剩余水权交易(W_3)，因此本研究中，该指标没有考虑在内。

二、建立模型

国内外有关农户水资源利用行为决策的研究通常采用普通最小二乘法(OLS)(王金霞等，2004；陈崇德等，2009)、Logit 和 Probit 模型(王蔚斌等，2006)及基于情景分析的二阶段随机程序模型(SPM 模型)(Cai 和 Rosegrant，2004)等计量经济学模型，将农作物灌溉用水量、灌溉用水费用、灌溉方式发生的概率以及种植结构调整作为被解释变量，综合考虑农户决策行为影响因素，进行回归分析。

本研究中被解释变量农户参与水资源及农田水利设施持续利用与管理意愿(y)是一个纯粹的二值品质型变量(1 表示愿意参与及投入，0 表示不愿意参与及投入)，而不是连续定距型变量，这不符合一般多元线性回归的前提假设条件，不能直接采用多元线性回归模型建模，通常采用 Logistic 回归模型。下面对该模型的数学原理进行简单介绍。

二元 Logistic 回归模型实质上是利用一般线性多元回归模型建模的理论和思路，通过对被解释变量发生概率采用非线性的转换处理，利用一般线性回归模型建立被解释变量与解释变量之间的依存模型。

首先，利用一般线性多元回归模型对被解释变量取值为 1 的概率 P 进行建模，此时模型被解释变量的取值范围是 0～1，即

$$P_{y=1}=\beta_0+\beta_i x_i \tag{6-1}$$

然后，将 P 转换成 Ω，

$$\Omega=\frac{P}{1-P} \tag{6-2}$$

公式(6-2)中,Ω 称为发生比或相对风险,是事件发生的概率与不发生的概率之比。Ω 是 P 的单调增函数,保证了 P 与 Ω 增长(或下降)的一致性。发生比的趋势范围在 $0\sim+\infty$ 之间。

再把 Ω 转换成 $\ln\Omega$,即

$$\ln\Omega=\ln\left(\frac{P}{1-P}\right) \tag{6-3}$$

公式(6-3)中,$\ln\Omega$ 称为 Logit P。经过这一转换后,Logit P 与 Ω 之间仍呈增长(或下降)的一致性关系,且取值于 $-\infty\sim+\infty$,已与一般线性回归模型中因变量的取值范围相吻合。

上述两步转换过程称为 Logit 变换。经过 Logit 变换后,就可以利用一般线性回归模型建立被解释变量与解释变量之间的依存模型,即

$$\text{Logit}P=\beta_0+\beta_i x_i \tag{6-4}$$

公式(6-4)就是 Logistic 回归模型。模型中 Logit P 与解释变量之间是线性关系。将 Ω 代入,则有

$$\ln\left(\frac{P}{1-P}\right)=\beta_0+\beta_i x_i \tag{6-5}$$

即

$$P=\frac{1}{1+\exp[-(\beta_0+\beta_i x_i)]} \tag{6-6}$$

公式(6-6)正是 Logistic 函数,是典型的增长函数,很好地体现了概率 P 和解释变量之间的非线性关系,其中 x_i 为第 i 个解释变量。

三、数据模拟及结果分析

1. 全部样本数据模拟及结果分析

根据 SPSS 17.0,采用向后步进筛选策略,对不涉及耕地占用及调整和假定耕地占用及调整两种情形下的全部样本进行模拟。从模拟结果看,模型的-2倍的对数似然函数值分别为 184.264 和 118.422,Nagelkerke R^2 值分别为 0.603 和 0.765,因此运用总体模型拟合较好,结果见表 6-7 和表 6-8。

表 6-7　不涉及耕地占用及调整的全部样本二元 Logistic 回归模拟结果

	指标	*B*	*S.E*	*Wald*	*df*	*Sig.*	*Exp*（*B*）
步骤 8[a]	F_3	−0.386	0.187	4.241	1	0.039	0.680
	R_1	0.068	0.016	17.106	1	0.000	1.070
	R_2	−0.204	0.081	6.355	1	0.012	0.816
	R_4	−1.683	0.477	12.442	1	0.000	0.186
	N_1	−1.159	0.378	9.408	1	0.002	0.314
	N_2	1.540	0.611	6.359	1	0.012	4.666
	P_I	0.767	0.428	3.209	1	0.073	2.154
	P_2	0.840	0.287	8.554	1	0.003	2.317
	W_1	0.160	0.052	9.634	1	0.002	1.173
	C_1	2.114	0.486	18.894	1	0.000	8.284
	D_2	−2.247	0.741	9.189	1	0.002	0.106
	常量	−0.750	0.881	0.725	1	0.395	0.472

表 6-8　假定涉及耕地占用及调整的全部样本二元 Logistic 回归模拟结果

	指标	*B*	*S.E*	*Wald*	*df*	*Sig.*	*Exp*（*B*）
步骤 7[a]	F_3	−0.554	0.242	5.238	1	0.022	0.575
	F_4	−1.949	0.963	4.098	1	0.043	0.142
	R_1	0.081	0.027	9.292	1	0.002	1.084
	R_2	−0.399	0.179	4.938	1	0.026	0.671
	R_3	−0.180	0.062	8.282	1	0.004	0.836
	R_4	−1.475	0.658	5.027	1	0.025	0.229
	N_1	−0.995	0.424	5.500	1	0.019	0.370
	N_2	1.794	0.736	5.940	1	0.015	6.011
	R_5	6.004	1.318	20.766	1	0.000	405.090
	P_2	1.142	0.377	9.171	1	0.002	3.134
	W_1	0.187	0.062	9.022	1	0.003	1.205
	C_1	3.082	0.655	22.129	1	0.000	21.811
	D_2	−2.634	0.930	8.021	1	0.005	0.072
	常量	1.191	1.173	1.031	1	0.310	3.291

表 6-7 和表 6-8 显示了回归后最终进入模型的自变量的回归系数(B)、标准差($S.E$)、Wald 统计值、自由度(df)、显著度($Sig.$)以及每增减一个变量引起的变动值(Exp(B))。根据回归结果,不管是否涉及农户耕地占用及调整,影响农户水资源利用行为选择的共同因素包括耕地总规模、土地利用类型、土地细碎化、土地产权稳定性等土地资源利用及产权因素;水资源短缺程度、水费在农业生产中的比重、农田水利设施产权等水资源利用及产权因素;以及家庭劳动力等农户特征和是否有政府补贴等外部支持因素。

第一,耕地经营规模。耕地经营规模是影响农户水资源利用行为选择的正向因子。(1) 农户经营的耕地面积越大,越愿意适宜性水资源利用生产投入。这表明盐碱耕地规模化经营有助于提高农户在盐碱地改良及农业持续利用中对农田水利设施的投入积极性。(2) 在引入农田水利设施工程占用耕地下农户参与意愿虚拟变量后,耕地经营规模对因变量的影响有所增加,这也表明只有农户拥有较大规模的耕地时,土地要素投入的积极性才会增强。

第二,土地利用类型。旱田相对于水田而言,需水量小,灌溉次数少,农户对水资源和农田水利工程的高效持续利用行为选择意愿也较弱。在具有一定水资源保障的情况下,水田具有稳产保产的特征,旱田经营风险相对较大,因此水田所占比例越高的农户,越倾向于选择水资源和农田水利工程的高效持续利用行为。因地制宜,适当调整农业结构有助于提高农户水资源和农田水利工程的持续利用效率。

第三,土地细碎化。土地细碎化是影响农户水资源利用行为选择的重要因素。由于农田水利设施投入具有位置固定性、收益范围有限性等特征,农户地块越多,分布越分散,越不愿意采用水资源及农田水利设施持续利用行为。在引入虚拟变量"如果农田水利设施建设涉及耕地占用及调整时农户的水资源利用行为选择意愿"后,单块耕地面积也成为影响农户水资源利用行为选择的因素之一,并且农户块均耕地面积越小,农户越不愿意选择适宜性水资源利用方式。因此,农户层面上,采取一定措施,促进土地适当集中经营,有助于增强农户水资源利用行为选择的意愿。

第四,地权稳定性。回归结果表明,土地调整越频繁,农户适宜性水资源利用行为参与意愿越低。对农田水利设施这种长期投资而言，频繁的土地调整对农户造成了土地产权的不安全感，缺乏对农户的激励机制。在调研中，山东省垦利县部分村庄及村民小组，土地每5～12年调整一次，农户对于水资源利用行为选择的意愿明显偏低，在138个调研样本中，仅有54%的农户选择了适宜性水资源利用方式，远远低于吉林省镇赉县和新疆察布查尔锡伯族自治县92%的水平。因此，在当前国情背景下，贯彻和落实农村土地家庭联产承包责任制，并坚持长期不变，这对于提高水资源和盐碱耕地利用效率具有重要的制度保障作用。

第五，水资源和水利设施利用及管理。水资源短缺程度是影响农户水资源利用行为选择的自然因素之一。水资源保证率越低，农户对于节约用水、提高水资源利用效率的意愿越强。征收水费作为对农户水资源利用行为的约束机制之一，与农户水资源利用行为选择正相关。水费占农业生产总投入的比重越大，农户提高对水资源和水利工程设施持续利用的投入意愿越强烈，这与个别已有研究相矛盾(Green等，1996)。在未引入"如果农田水利设施建设涉及耕地占用及调整时农户的水资源利用行为选择意愿"这一虚拟变量时，现有的农田水利设施的完备度与农户行为选择正相关。这说明现有农田水利设施越完备，农户对于农田水利工程对盐碱地改良的重要性认知水平越高，越愿意采取水资源利用行为。而国家投资经营进行农田水利工程管理的模式与农村家庭联产承包责任制下的分户经营的模式已不相适应，引导村集体、村民小组以及农户和公司等多主体投入，明晰农田水利设施产权及管理制度有利于促进农户选择持续性水资源及农田水利工程设施利用的行动。

第六，其他因素。(1) 家庭劳动力和农业收入占家庭收入比重等农户特征与农户水资源利用行为选择负相关。家庭劳动力越多，农业收入占家庭收入比重越大，农户越不愿意采取水资源利用行为，这一结果缺乏理论支持。因此，提高农户水资源合理利用及农田水利设施投入意愿，加强农户教育，转变农户思想，具有十分重要的作用。(2) 政府对于持续性水资源利用方式和农田水利设施投入的补贴对农户水资源利用行为选择的重要性明显，尤其是在涉及农户土地占用及调整的情况下，政府的补贴对农户的行为选择起到了催化作用。(3) 垦利县和察布查尔锡伯族自治县农户参与持续性水资源利用及农田水利工程设施管理行为明显，镇赉县农户则相对较弱。这主要是由于镇赉县农田水利建设投入主要依托吉林省西部农田综合整治项目由国家进行了大量的投入，并且灌溉用水管理逐步从乡镇管理模式向水管站与农户直接对接转变而造成的。

2. 分县样本数据模拟及结果分析

对垦利县、镇赉县和察布查尔锡伯族自治县样本采用二元 Logistic 模型分别进行回归分析，在不涉及耕地占用及调整的情况下，3 个县农户样本模拟结果中 −2 倍的对数似然函数值分别为 96.949、41.701 和 71.777，Nagelkerke R^2 值分别为 0.657、0.604 和 0.269，垦利县和镇赉县模型拟合较好，而察布查尔锡伯族自治县拟合优度水平一般。表 6－9 显示了在不涉及耕地占用及调整的情况下，回归后最终进入模型的自变量的回归系数（*B*）、标准差（*S.E*）、*Wald* 统计值、自由度（*df*）、显著度（*Sig.*）以及每增减一个变量引起的变动值（Exp(*B*)）。

表 6－9　不涉及耕地占用及调整的区域样本二元 Logistic 回归模拟结果

样本县	指标	*B*	*S.E*	*Wald*	*df*	*Sig.*	*Exp (B)*
垦利县							
步骤 $10^{a,b,c}$	R_1	0.055	0.014	14.295	1	0.000	1.056
	P_1	1.378	0.592	5.411	1	0.020	3.968
	常量	−1.914	0.829	5.334	1	0.021	0.148
	R_4	−2.056	0.530	15.048	1	0.000	0.128
	N_1	−1.796	0.558	10.348	1	0.001	0.166
	C_1	2.346	0.650	13.024	1	0.000	10.442
镇赉县							
步骤 $12^{a,c}$	N_2	3.140	1.157	7.365	1	0.007	23.097
	常量	−31.029	12146.543	0.000	1	0.998	0.000
	F_2	1.160	0.678	2.928	1	0.087	3.190
	R_2	0.618	0.309	3.991	1	0.046	1.855
	N_1	−1.288	0.775	2.760	1	0.097	0.276
	C_1	30.294	12146.543	0.000	1	0.998	1.434E13

续　表

样本县	指标	*B*	*S.E*	*Wald*	*df*	*Sig.*	*Exp* (*B*)
察布查尔锡伯族自治县							
步骤 12[a,c]	F_3	－0.502	0.218	5.309	1	0.021	0.605
	R_1	0.074	0.042	3.154	1	0.076	1.077
	N_2	2.176	0.905	5.782	1	0.016	8.813
	P_I	1.453	0.630	5.322	1	0.021	4.274
	常量	0.563	1.110	0.257	1	0.612	1.756

在假定耕地占用及调整的情况下，垦利县、镇赉县和察布查尔锡伯族自治县3个县农户样本模拟结果中－2倍的对数似然函数值分别为52.324、38.186和46.799，Nagelkerke R^2值分别为0.845、0.642和0.559，总体来说模型拟合较好。表6－10显示了在引入虚拟变量“如果农田水利设施建设涉及耕地占用及调整时农户的水资源利用行为选择意愿”的情况下，回归后最终进入模型的自变量的回归系数(*B*)、标准差(*S.E*)、Wald统计值、自由度(*df*)、显著度(*Sig.*)以及每增减一个变量引起的变动值(Exp(*B*))。

表6－10　假定涉及耕地占用及调整的区域样本二元Logistic回归模拟结果

样本县	指标	*B*	*S.E*	*Wald*	*df*	*Sig.*	*Exp* (*B*)
垦利县							
步骤 11[a,b,c]	R_5	26.764	3847.824	0.000	1	0.994	4.201*E*11
	常量	－29.132	3847.825	0.000	1	0.994	0.000
	R_1	0.048	0.030	2.585	1	0.108	1.049
	R_3	0.365	0.143	6.473	1	0.011	1.440
	C_1	25.652	3847.824	0.000	1	0.995	1.382E11
	C_2	2.286	0.893	6.549	1	0.010	9.839
镇赉县							
步骤 13[a,c]	N_2	2.423	1.104	4.820	1	0.028	11.284
	R_5	2.901	1.210	5.751	1	0.016	18.193
	常量	－19.931	15674.364	0.000	1	0.999	0.000
	F_1	－1.155	0.720	2.568	1	0.109	0.315
	N_1	－1.658	0.857	3.746	1	0.053	0.191
	C_1	24.067	15674.364	0.000	1	0.999	2.834E10

续 表

样本县	指标	*B*	*S.E*	Wald	*df*	*Sig.*	Exp（*B*）
察布查尔锡伯族自治县							
步骤 13[a,c]	F_3	−0.870	0.304	8.194	1	0.004	0.419
	N_2	2.255	1.014	4.945	1	0.026	9.532
	R_5	20.986	3267.154	0.000	1	0.995	1.301*E*9
	P_2	1.482	0.648	5.239	1	0.022	4.404
	常量	0.985	1.102	0.799	1	0.371	2.677

根据表 6－9 和表 6－10 回归结果，尽管垦利县、镇赉县、察布查尔锡伯族自治县对模型拟合优度检验较好，但显著性不明显。这主要是由于盐碱耕地分布具有插花性，且即使同一个县域，不同村庄水资源和农田水利设施投入与经营，盐碱耕地开发经营与管理模式均不相同等原因造成的。但该模拟结果对于分析农户水资源利用行为选择仍然具有一定的启示。

(1) 垦利县。在引入虚拟变量"如果农田水利设施建设涉及耕地占用及调整时农户的水资源利用行为选择意愿"之前，影响垦利县农户水资源利用行为选择的因素主要是土地产权制度因素带来的耕地经营规模、土地产权稳定性等因素以及水资源短缺程度和水利工程设施的完备程度等水资源及其利用与管理因素。政府补贴可以减轻农户负担，降低农户投入成本，因此也是重要的影响因素之一。在引入虚拟变量之后，土地细碎化和村集体行动成为农户行为选择的主要驱动因子。单个地块面积越大，农户参与水资源及农田水利设施持续利用与管理的积极性越强，农户进行田块合并集中的需求越明显。模拟结果显示，村集体规模与因变量成正比，这与调研结果不一致，主要是受制于村庄样本个数较少的原因造成的，这不能表明村集体规模与因变量直接的真实相关性。实际调研中，二十八村由于规模较小，仅有 53 户农户，总人口 153 人，而村集体已经确权的农地总面积为 6420 亩，其中家庭承包责任田为 3500 亩，其余 2920 亩耕地由村集体采取入股等方式进行土地开发、经营，其收益用于农用地道路、沟渠、水库等设施建设，本村农田灌溉用水保证程度明显高于同县其余样本村庄。

(2) 镇赉县。在引入虚拟变量"如果农田水利设施建设涉及耕地占用及调整时农户的水资源利用行为选择意愿"之前，土地利用类型和地块数是影响农户水资源利用行为选择的主要因素。水田所占比例越大,农户参与水资源及农田水利设施持续利用与管理的意愿越高。但地块数量这一指标与因变量正相关,这与垦利县相反。这主要是由于农户追求耕地效益最大化,尽量降低农业生产风险的经营理念造成的,这种理念使得农户在追求主要作物规模化经营的同时,也通过种植结构多样性分担风险。同时这也表明,适度的地块数量可以促进农户采取恰当的水资源利用行为。在引入虚拟变量之后,农田水利工程是否涉及土地占用及调整成为影响农户行为选择的主要因素。这表明,愿意以自家土地占用和调整为代价的农户要比不愿意以自家土地占用和调整为代价的农户参与水资源及农田水利设施持续利用与管理的意愿要强。因此在农田水利工程建设过程中,创新工程占地经营模式对于农户持续性行为选择具有重要作用。

(3) 察布查尔锡伯族自治县。由于察布查尔锡伯族自治县样本村中既有当地农户经营多年的盐碱耕地,如清泉村和米粮泉村,也有通过移民工程进行盐碱荒地开发的新增耕地,如伊车村、牧场村、巴音村等,因此在引入虚拟变量"如果农田水利设施建设涉及耕地占用及调整时农户的水资源利用行为选择意愿"之前,方程模拟结果不好。从模拟结果看,家庭劳动力、土地利用类型和农田水利设施的完备程度与农户行为存在一定的相关性。在引入虚拟变量之后,农田水利设施产权与农户行为选择结果正相关。在伊车村、牧场村、巴音村等移民村调研时发现,现有的农田水利设施基本都是政府投资,并负责管理维修。但由于工程设计不合理、农户参与灌溉工程投入与管理的约束机制缺失等原因,农田水利设施完备程度成为本区域盐碱耕地改良的主要因素。因此,在现有的盐碱地产权制度框架下,明晰农田水利设施产权归属和管理经营主体对实现察布查尔锡伯族自治县移民村盐碱地农业高效持续利用具有重要的保障作用。

第三节　政策启示

通过对研究区域总体样本及分区样本的计量分析,可以得出以下政策启示。

(1) 现有盐碱地产权安排对农户水资源利用行为选择关系密切。建议现有盐碱地产权制度与政策在以下方面逐步完善：第一，适度扩大农户耕地经营规模、增加农户耕地面积；第二，降低“均分田地”带来的土地细碎化程度、适当提高农户单块土地面积；第三，坚持农村土地承包经营权长期不变，促进农村土地产权稳定；第四，适度引导农户种植结构调整，比如利用土地利用规划和农业发展规划等手段；第五，充分发挥村集体作用，借鉴垦利县二十八村经验，探索“以地养水，以水养地”的模式，发挥盐碱耕地资产价值，降低农户负担，促进农户选择适宜性水资源利用方式。

(2) 水资源和农田水利设施利用及管理、政府补贴、农户特征也与农户水资源利用行为选择关系密切，但农户用水协会、村集体行动影响较弱。第一，水资源和农田水利设施利用及管理。水资源越短缺，农户提高对水资源和水利工程设施持续利用的投入意愿越强烈。因此建议适当提高灌溉水费，引导村集体、村民小组以及农户和公司等多主体投入，完善农田水利设施及配套体系，明确产权归属及经营管理机制有利于促进农户选择持续性水资源及农田水利工程设施利用的行动。第二，政府补贴。政府补贴对于农户水资源利用行为选择具有明显的催化作用，尤其是在涉及农户土地占用及调整的情况下，可以降低农户投入成本。第三，农户特征。加强农户教育，转变农户思想，提高农户水资源合理利用及农田水利设施投入意愿十分重要。

(3) 从各样本县分析，在促进农户参与水资源利用行为选择方面，样本县各有侧重。第一，垦利县。除探索新增盐碱耕地分配到户方案之外，农户土地适度集中、提高农户水资源保护意识、增强农户对农田水利设施与盐碱地农业高效持续利用作用机制的认知水平、提高农户对国家和政府土地综合整治、中低产田改造等项目的民众支持等方面具有十分重要的作用。村(社)作为基本的灌溉单元具有合理性，但村户数与集体水资源利用行动之间并不具有必然相关性。第二，镇赉县。在促进农业规模种植的基础上，适当调整农业种植结构，降低农业生产风险，增加农户经营收入，探索农田水利工程土地占用及经营管理模式等方面需要进一步加强。第三，察布查尔锡伯族自治县。在现有的盐碱地产权制度框架下，现阶段需要继续增加政府投入，逐渐明晰农田水利设施产权归属和经营机制，逐步向“弱化政府投入，增强农户参与”转变。

第七章 基于产权安排的盐碱农用地持续利用管理方式

本章在综合以上章节研究结论的基础上，结合山东省垦利县、吉林省镇赉县和新疆维吾尔自治区察布查尔锡伯族自治县三个区域典型的盐碱农用地利用与管理的生产实践，基于公共政策的供给与需求理论，以盐碱地产权制度为出发点，提出适宜我国不同地区的基于盐碱地产权安排的农业持续利用管理方式，以提高盐碱地产权制度的有效性和整体效率。

第一节 盐碱农用地持续利用管理方式集成路线

一、基本原则

基于公共政策供给与需求理论，对盐碱农用地持续利用管理方式进行集成与优化的过程应该遵循以下原则。

(1) 规范引导与限制原则。规范主要用来督促政策对象的行为向政策制定期望方向或方式开展行动，以减少、杜绝政策对象的“不良”或者“不适当”的行为。规范限制包括两个方面：通过硬性规定对有关对象从事某种行为设置特定的条件或标准等门槛性措施；针对有害于社会、违背政策愿望的行为人的严厉惩罚等强制性措施。

(2) 经济刺激与限制原则。经济刺激主要是根据经济理性人假设，利用利益诱导机制，通过提供经济优惠来引导政策对象的行为，如免税、补贴、信贷贴息等。经济限制主要指通过经济处罚或制裁来制约政策对象行为，如罚款等。

(3) 精神激励与约束相结合。主要是通过精神上的鼓励或刺激，来唤起政策对象的社会意识，影响其观念，进而引导政策对象行为，如正面典型宣传、公开评比排名等。

二、集成路线

从系统视角分析，盐碱农用地持续利用管理方式及其运行是一个完整的系间，包括前期系统投入、中间转换过程和系统产出。前期系统投入包括政策需求与政策支持；中间转换过程是政策制定系统；系统产出即是公共政策。这是一个开放的系统，运行环境受到政治、经济、社会、文化等诸要素制约。

从过程的视角分析，盐碱农用地持续利用管理制度与政策的制定符合一般政策制定的程序。主要包括问题的发生与察觉、问题列入政策议程、政策问题的诊断、政策目标的设计、政策方案的设计、政策方案的评估与选择、政策的合法化、政策执行、政策评价、政策修正与调整及政策终结。

因此，本书根据公共政策供给与需求理论，采取自上而下和自下而上相结合的政策设定模型，以农户“理性经济人”的假设为基础，提出基于盐碱地产权安排的农业持续利用管理方式的集成与优化技术路线(图 7－1)。

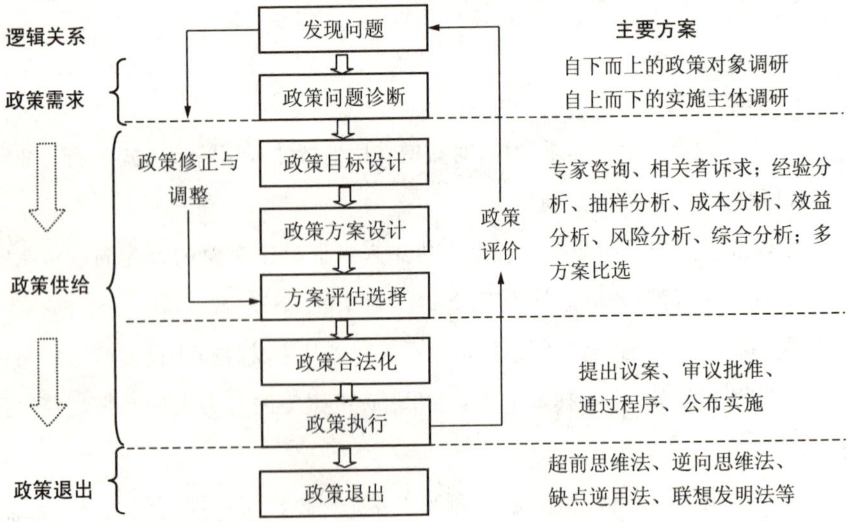

图 7－1 盐碱农用地持续利用管理方式的集成与优化技术路线

第二节　基于产权视角的盐碱农用地持续利用管理政策需求与供给

一、我国典型地区盐碱农用地持续利用的政策需求

基于第三至六章从农户对盐碱耕地资源经营行为、土壤培肥行为、水资源利用及农田水利设施管理行为的视角综合分析，将我国典型地区盐碱农用地持续利用与管理的盐碱地产权制度需求及其他驱动因素进行归纳总结，见表 7-1。

表 7-1　农户层面基于产权安排的典型盐碱农用地持续利用与管理的政策需求

行为类型	主要内容	影响因素			
		共性因素	区域差异		
			垦利县	镇赉县	察布查尔锡伯族自治县
农户耕地经营行为	分为三种类型：(1) 传统农业。主要采取种稻改碱、上农下渔、“稻-苇-鱼”生态农业模式以及采用耐盐碱的新品种等；(2) 盐土农业。即根据盐碱环境，种植和开发耐盐碱的粮食作物、经济作物、耐盐蔬菜、耐盐饲草以及耐盐油料、生物质能源和树种，如耐盐碱棉花、豆类、菊芋、碱蓬、油葵等；(3) 保证耕地不撂荒，持续性耕种。	(1) 盐碱地产权因素及引致结果：农地细碎化程度（责任田地块数量）、人地资源协调度（人均责任田面积）、农地流转安全性、产权制度的稳定性；(2) 农户特征：收入结构、劳动力、户主年龄、耕种意愿、教育水平；(3) 其他因素：土壤盐碱化程度、补贴、保险。	(1) 盐碱地产权因素及引致结果：农地细碎化程度（责任田地块数量）、农地流转安全性、产权制度的稳定性、人地资源协调度（人均责任田面积）；(2) 农户特征：农户对土地综合整治的参与程度、收入结构、耕种意愿；(3) 其他因素：种植结构单一、技术配套不足、冬闲田资源闲置。	(1) 盐碱地产权因素及引致结果：农地流转安全性、人地资源协调度（人均责任田面积）、新增耕地分配制度；(2) 农户特征：收入结构、耕种意愿；(3) 其他因素：资金缺乏、种植结构单一、冬闲田资源闲置。	(1) 盐碱地产权因素及引致结果：共性因素中农地流转安全性较为突出以及土地细碎均分带来农作物插花种植；(2) 农户特征：耕种意愿、收入结构、生活习惯；(3) 其他因素：盐碱化程度、政府补贴、种植结构单一、冬闲田资源闲置。

续　表

行为类型	主要内容	影响因素			
		共性因素	区域差异		
			垦利县	镇赉县	察布查尔锡伯族自治县
农户改良性培肥行为	分为两种类型：传统型改良性培肥行为和主动型改良性培肥行为。(1) 传统型改良性培肥行为包括秸秆留茬翻埋、秸秆焚烧还田、家庭畜禽过腹还田等；(2) 主动型改良性培肥行为包括秸秆粉碎深埋、堆沤还田、种植绿肥、购买商品有机肥等。	(1) 盐碱地产权因素：盐碱地产权类型、盐碱地产权的稳定性、农户将盐碱地产权抵押的意愿；(2) 农户特征：农户种地意愿强度、田块土地利用类型、农户对盐碱地产权的认知水平；(3) 其他因素：是否有改良性培肥补贴、技术供给及技术体系配套完备程度。	(1) 盐碱地产权因素及引致结果：盐碱地产权类型、盐碱地产权安全性、农地调整频率以及农户对盐碱地产权的认知水平和田块面积；(2) 农户特征：农业收入占家庭总收入的比重、户主受教育水平等。	(1) 盐碱地产权因素及引致结果：盐碱地产权抵押意愿、盐碱地产权类型和家庭耕种土地总面积；(2) 农户特征：农业收入占家庭总收入的比重、农户盐碱地农业开发及耕种意愿、户主受教育水平等；(3) 其他因素：农地盐碱化程度。	(1) 盐碱地产权因素：盐碱地产权抵押意愿；(2) 农户特征：农户盐碱地农业开发及耕种意愿、土地利用类型、农户对盐碱地产权的认知水平；(3) 其他因素：是否有改良性培肥补贴、技术供给及技术体系配套完备程度、信贷的便利性等。
农户水资源利用行为	分为两种类型：盐碱地农田灌溉技术的采用行为和农田水利工程设施的管护行为。(1) 农田灌溉技术主要包括漫灌、喷灌、滴灌、雾灌；(2) 农田水利工程设施的管护行为主要是指农户对大中型农田水利工程建设、管理与保护的参与行为以及对小型农田水利设施的投资建设、经营管理与维护。	(1) 盐碱地产权因素及引致结果：土地产权稳定性、耕地总规模、单位地块面积及田块数；(2) 农户特征：家庭劳动力、家庭收入结构、土地利用结构；(3) 其他因素：水利工程占地、政府补贴、水资源短缺程度、水利设施产权及完备程度、水费占比。	(1) 盐碱地产权因素及引致结果：土地产权稳定性、耕地总规模、单位地块面积；(2) 其他因素：政府补贴、水利设施完备程度、水资源禀赋以及水利工程占地、村庄规模。	(1) 盐碱地产权因素及引致结果：地块数(不涉及耕地占用情景下)；(2) 农户特征：户主受教育水平、户主年龄以及土地利用结构；(3) 其他因素：政府补贴、水资源禀赋以及水利工程占地等。	(1) 盐碱地产权因素及引致结果：耕地总面积(不涉及耕地占用情景下)；(2) 农户特征：家庭劳动力以及土地利用结构；(3) 其他因素：水利设施完备程度以及水利工程占地和水利设施产权。

注：表中各种影响因子按照显著性的大小从高到低排序。

二、现行产权制度安排下盐碱农用地持续利用管理方式实践及评价

1.“村集体主导＋土地入股”方式

“村集体主导＋土地入股”方式主要特点是盐碱耕地入股开发。即村集体以包产到户的责任田以外的村集体新增盐碱耕地，按人口分配到户，然后在尊重农户意愿的前提下，将这些新增盐碱耕地按照一定的价格作价入股，由村集体主导，采取入股开发的方式，承包给具有耕种能力和耕种意愿的本村或别村的农民耕种。所得承包费用由村集体和本村农户按照一定比例分成，村集体所得收益主要用于农业生产中田、水、路、林、村等基础设施的建设、维修和保护，而本村农户则充当了“持股老板”的角色，定期取得土地入股分红。

本方式以山东省垦利县永安村二十八村为典型代表。本村于 1997 年开始实行家庭联产承包责任制，分田到户的耕地共 420 亩，人均耕地面积不足 3 亩/人，仍然有大量的盐碱地资源撂荒。随着土地资源的稀缺性日益突出以及国家惠农政策和惠农力度不断增强，盐碱荒地的开发利用成为亟待解决的重要问题，但资金不足成为村集体和农户对新增盐碱耕地资源开发利用的主要障碍。1997 年开发村盐碱荒地时，主要措施是村集体与农民群众集资相结合的方式，将盐碱荒地按农户家庭人口分地，但是由于农村集体经济薄弱，进行诸如水库等重大水利设施建设、维护时，单纯依靠本村集体和农户的力量仍然不能得到充分的满足，尤其是在盐碱化程度严重的地区更不现实，常常出现农田基础设施重建轻管、难以持续的局面。目前本村已经确权的耕地资源共有 6420 亩，按照经营主体的不同，分为责任田、农户新增盐碱耕地、村集体经营耕地三种类型，所占份额分别为 420 亩、3080 亩、2920 亩。人均经营耕地面积近 23 亩/人，比 1997 年增长了 667%。由于资金短缺，在经营方式上从 2001 年起探索“土地入股”的经营方式，确保人人受益。2001 年村集体经营耕地所占股份总共吸引资金 45 万元，当年入股的每户群众分红 1500 多元，并开发苇场 1000 多亩。2003 年，第二次开发时大部分村民基本全部入股，实现村庄盐碱耕地改造 800 亩。2005 年又开发了 150 亩稻田和 260 亩的“上农下渔”项目。通过连年开发，村里修建了 3 座小型水库，总蓄水 30 万立方米，确保了农业生产水资源需求的满足，并且沟、渠、路、林、桥、涵、闸及电力设施全面配套，所有耕地实现了自流灌溉。这些基础设施的修建、维护和持续

经营主要由村集体通过水库发包等形式统一经营，农户生产成本大大降低。[1]

此方式的优点在于：通过盐碱荒地的开发，增加了农户耕地面积，并解决了村集体和农户个人在盐碱地改良及农业生产过程中资金匮乏的问题，并盘活了村集体盐碱障碍耕地资源的资产，实现了承包户、本村农户和村集体的多方共赢，促进了农业生产条件和环境的改善，进而实现盐碱地农业的持续利用。

其局限性在于：首先，该方式主要适用于集体土地所有权权属条件下，盐碱耕地资源丰富、村集体规模适中、农户认知及参与意识比较容易协调达成一致的地区，否则有可能引起村集体成员的内部矛盾；其次，承包户的土地利用行为需要村集体监管，否则承包方有可能对水库周边区域以及耕作条件较好的耕地进行短期的掠夺性经营。

2.“村集体主导＋机动地发包”方式

“村集体主导＋机动地发包”方式的主要特点是村集体将本村机动地通过发包的形式对本村村民或面向社会发包，承包人通过与村集体签订合同，每年缴纳一定份额的承包费，取得一定年限的耕地经营权。机动地发包有两种形式：农户个体承包和公司承包。吉林省镇赉县以及山东省垦利县均采用了此种方式，但实践中稍有差别。

第一，镇赉县五棵树镇且力木村。特点是面向本村农民发包，实行年租制。目前本村耕地面积11550亩，其中7050亩是1996年农村实行家庭联产承包责任制30年不变土地大调整时期的责任田，另外4500亩是2006年新增盐碱耕地，其中pH值达到8.5以上的耕地占到70％以上，约3150亩，因此盐碱化程度严重是新增盐碱耕地最大的农业生产障碍因素。新增盐碱耕地的分配，主要是在优先满足本村村民需求的前提下，采取企业承包和村民承包相结合的形式。在2006年开发的4500亩新增耕地中，农户根据自身条件和耕作意愿，自愿承包，共有2400亩向本村村民发包，2100亩发包给了企业，承包费用66.7元/亩，一年一签。对于新增耕地本村主要依托区域性统一规划，通过土地平整、增施有机肥以及合理的耕作种植进行改良等措施，基本实现农业稳产。由于土壤盐碱化严重、地势低洼

[1] 资料来源：根据村庄调研资料和《东营日报》2010年12月3日第A1版整理。

易涝、田块不平整等原因，再加上由于水田相对旱田，其生产种植在水源保障的前提下具有产量相对稳定、抗风险能力相对较强的特征，因此新增盐碱耕地中 60% 以上的土地采取了种稻改碱的方法，至 2010 年水稻产量基本稳定，达 500 kg/亩。在此过程中，通过机动地发包，每年收取承包费，使村集体获得了对本村盐碱耕地改良及农业生产条件改善的生产性开支的持续经济来源，并主要用于村集体农田桥、闸、路灯基础设施的小型维修以及渠系衬砌。

第二，镇赉县嘎什根乡后围子村的生产实践。特点是面向本村农民和社会企业发包，实行批租制。后围子村耕地资源丰富，以水田为主，但盐碱化程度较重。全村共有耕地 19500 亩，按照盐碱化程度划分，重度盐碱化耕地面积占 7500 亩，中度盐碱化耕地面积约 6000 亩，轻度盐碱化耕地面积仅为 6000 亩；按照土地利用类型划分，水田面积约 16500 亩，旱田面积仅占 3000 亩；按照盐碱地产权类型划分，其中 7800 亩是家庭承包责任田，11700 亩是本村新增盐碱耕地。1998 年洪水灾害给本村的农业生产带来较大的损失，为了鼓励农户恢复弃耕地，开始鼓励农民进行盐碱荒地开发，因此本村新增耕地较多。自 2005 年以来，本村开始收取册外耕地的承包经营使用费，但其承包费的征收方式与且力木村不同，主要区别有两点：(1) 承包费一次性征收，承包户经营期限一直到第二轮家庭承包期结束。(2) 首先，由于是本村农民自己开发的盐碱耕地，前期投入较大，因此承包费用较低，约 20～26.67 元/亩，所收承包费用全部上缴三资代理服务中心，村务开支通过报账制度使用；其次，本村于 2009 年 5 月将本村 5760 亩盐碱荒地通过承包的形式发包给白城市好雨有限责任公司经营，承包费每年 40 元/亩，承包期 30 年，公司拟开发成水田，但目前土壤还未熟化。

第三，垦利县永安镇和黄河口镇的实践。由于垦利县永安镇和黄河口镇土地开发历史相对较长，本区域主要是以村规民约为出发点，依然采取“增人增地、减人减地”的盐碱地产权政策，因此“村集体主导＋机动地发包”的方式在本区域与镇赉县略有不同，主要特点体现在承包期限和费用以及承包费的使用方式两个方面。永安镇新十五村主要将盐碱耕地以招标的形式向农户发包，承包期 5～6 年不等，根据盐碱化程度和农地质量的优劣，承包费用每年 60～150 元/亩不等。黄河口镇利林村土地承包费每年 70～80 元/亩，并且由村代表大会协商定期调整承包费用，尽管约定承包方可以无限期耕种，但承包合同一年一签。如果村集体有其他用途，可以终止合同。在承包费用使用方式上，垦利县将部分承包费用于农户经营的家庭责任田灌溉水费，农户不需要支付水费，这降低了农户个体的直接生产费用，而镇赉县农户每年需要支付约 62 元/亩的灌溉费用，这是两个县在收益分配上的最大区别。

此方式的优点在于：在村集体主导下，将盐碱机动耕地对外发包，承包费用归集体分享，增加了村集体的生产性费用开支的经费来源，为村集体农业生产公共条件和基础设施的改善提供了一定的资金支持，并避免了耕地资源的闲置，优化了劳动力资源和耕地资源的合理配置，提高了耕地利用效率。因此适用于耕地资源丰富的集体土地所有权下的区域。

其局限性在于：第一，依赖于否有具备完善的机动地发包土地管理制度与政策，是否有相关政策、规定可依，以明确发包方和承包方等各方的责权关系。需要解决的问题包括不同盐碱耕地质量优劣度的分等定级，制定合理的耕地承包费用标准；完善耕地发包合同内容，明确承包方耕地质量保护责任；完善机动地发包的法律法规及政策，确保机动地流转的安全性、稳定性，避免耕地调整纠纷等。第二，机动地承包的土地收益分配方面。机动地承包费是耕地所有权的经济价值体现，因此应该归集体成员分享。村集体将承包费用于改善农业生产公共基础设施的做法很好，但是如果将承包费用于补贴农户灌溉费用，则在一定程度上降低了农户对水资源节约高效利用行为的选择意愿。因此，机动地承包的收益分配机制需要进一步完善。

3.“村集体协商＋土地轮作”方式

“村集体协商＋土地轮作”方式的主要特点是根据区域农地水盐运动规律，结合农业生产实践，通过村集体农民协商，集体成片地统一采取水旱轮作等耕作行为，以降低农业生产投入成本，提高农业利用效益。

本方式以新疆察布查尔锡伯族自治县米粮泉村为典型代表。自 20 世纪 30 年代开始，米粮泉村就通过耕地开垦、种植水稻等方式进行盐碱荒地的农业利用，取得了较好的土地改良效果。但随着人口增长以及不合理的灌溉行为等人类活动的影响，90 年代以后，土壤次生盐渍化严重，耕地质量逐步下降、农田利用效率下滑。由于旱田与水田相比，能够明显节省劳动力和劳动时间的投入，因此1992年以后该村水稻种植面积明显减少，大部分水田改为旱田，这更进一步加剧了次生盐渍化的发生。这种种植结构发生变化的主要原因在于水稻种植相对于旱作作物而言，比较收益不明显。以小麦、大豆、甜菜、水稻为例，在调研中发现，小麦种植每亩投入约400元/亩，产出450公斤/亩；大豆种植每亩投入约400元/亩，产出350公斤/亩；甜菜种植每亩投入约800元/亩，产出6000公斤/亩；而水稻种植每亩投入700元/亩，产出800公斤/亩。按照小麦2元/公斤、大豆3.9元/公斤、甜菜0.45元/公斤和水稻2.8元/公斤的单价计算，每亩小麦收益约为500元/亩，每亩大豆收益约为965元/亩，每亩甜菜收益约为1900元/亩，而每亩水稻收益约为1540元/亩。农户通过小麦、大豆、甜菜等多种旱作物的多样化种植在满足自身多样化需求的基础上，还可以进一步提高收益水平。但水稻种植对劳动力数量投入和劳动时间投入要求比较严格，费时费力，因此近年来农户水稻种植面积明显缩减。目前全村现有耕地面积10880亩，其中有10820亩在1982年第一轮家庭联产承包责任制实施过程中分摊到户，因此小农经营明显。以条田为单位的土地利用特点决定了在土壤返盐严重的地方，通过个别农户零星的种稻改碱的措施难以实行，加上灌排渠系清淤成本较高，改良效果也不明显。因此，本村对盐碱地改良采取的措施是由村集体牵头，同一条田种植的农户采取协商的方式，根据土壤返盐程度，定期采取种稻改碱、水旱轮作的措施，实现压盐、抑盐的目的。通常情况下是种植旱田3～5年，根据耕作经验和土壤盐渍化程度，接下来种植2年水稻，进而实现条田的水盐调控。

此方式的优点在于：在现有的农村家庭联产承包经营责任制度安排下，通过农户协商和集体行动，采取水旱轮作等盐碱地改良措施，以实现耕地的水盐调控和农户收益最大化。此方式运行成本较低，适用于小农经营背景下的盐碱地规模化改良与农业利用。

其局限性在于其执行强制力较弱，主要依赖村规民约和集体协商，因此提高村集体经济组织的运行效率和农户对盐碱地改良集体行动的认知水平十分关键。

4.“政府主导＋农户参与”方式

“政府主导＋农户参与”方式的主要特点是依托政府中低产田改造项目、土地整理及农村土地综合整治工程等，采取土地平整、农田水利、道路工程以及林带与生态绿化廊道建设等综合措施，进行盐碱地改良。农户参与主要体现在投工、投劳、配合工程项目占地进行土地调整等方式。

本方式在山东省垦利县永安镇二十村、新十五村以及吉林省镇赉县五棵树镇徐家村、且力木村和嘎什根乡立新村、后围子村得到广泛应用，但山东省和吉林省具有一定的差异性。

山东省垦利县主要是由国土部门牵头，针对存量耕地进行土地综合整治。在调研过程中发现，已经实施土地整理项目的二十八村农业生产得到了很大改善，大部分农户持赞同态度。但对于正在进行土地综合整治的新十五村以及未实行任何项目的东增林村，由于本地农民具有很高的种地积极性和强烈的土地占有意识，在存量土地综合整治涉及田、水、路、林等方面时，虽然尽量依托已有建筑工程用地，但仍然不可避免进行局部裁弯取直等微调，涉及农民耕地调整，大部分农民对此持反对态度。

吉林省镇赉县正在实施吉林省西部土地整理重大工程项目，包括哈吐气片区、建平片区和黑鱼泡片区 3 个片区，其中镇赉县五棵树镇和嘎什根乡调研的 4 个乡镇属于哈吐气片区。本片区整理土地对象包括三个方面：一是利用率较低的土地；二是产出率较低的土地，表现为有效利用耕地单位面积的产量低；三是利用率和产出率都较低的土地。因此除了对存量土地进行综合整治以外，坑塘、荒草地、盐碱荒地开发也形成了新增耕地的主要来源。根据《吉林省西部土地整理项目可行性研究报告》，哈吐气片区远期规划重点进行荒草地和盐碱地的开发利用，建设规模分别为 17115.3 亩和 233272.65 亩，占区片总面积的 56.65%。规划全部实现旱地向水田转变，占地面积 92984.1 亩的旱地也全部变为水田，占据区片总面积的 22.58%。项目实施后，耕地面积及利用结构变化明显，灌溉水田将增加 370227.15亩，占项目区土地总面积的 94.42%，与规划前相比增加比例为 89.91%。

此方式的优点在于：通过政府主导，可以完成盐碱地规模化开发、改良与利用，尤其是前期土地平整，灌溉、排水、水工建筑物以及提水等水利工程建设，田间道路网络及生态防护林等配套体系建设等方面优势明显，这在农户层面上难以实现。

其局限性在于对于存量耕地的土地整理涉及土地权属调整，需要结合土地利用现状调查和土地登记等手段完成工程项目占用耕地的补偿和调整，确保产权清楚无争议；对于通过整理项目新增耕地的分配也应该遵循所有权尽量不变的原则，对新增耕地探索适当的分配方案和经营方案。

5.“政府主导＋移民工程”方式

“政府主导＋移民工程”方式的主要特点是通过移民安置等引进外来人口进行盐碱耕地资源开发与利用，按照一定的农田综合整治和基础设施配套项目，通过政府立项、项目招标的方式来实施完成，移民农户在移民办等政府及相关职能部门的各种农业生产补贴等惠农政策下进行盐碱地改良及农业利用。本方式以新疆维吾尔自治区察布查尔锡伯族自治县堆依齐牛录乡和托布中心为典型代表。

察布查尔锡伯族自治县堆依齐牛录乡牧场村共有土地面积 11300 亩，耕地面积 7600 亩，重度盐碱地面积 2000 亩。2008 年以前本村大部分机动地都是重度盐碱荒地，基本无人耕种。随着察南渠的通水，2008 年通过实施移民工程，收回了部分村民的 50 年的草原使用权证书，重新对耕地进行了分配，原来的牧区现作口粮田，包产到户，人均耕地面积 8 亩，每户一块。在土地分摊的基础上，2008 年通过国土资源部盐碱地改良及土地开发整理项目和农业中低产田改造项目等，以项目招标的形式，对村 2000 亩盐碱地主要通过农田灌溉渠系修建、配套等措施进行了投资，投资额达 460 万，修建了供水渠、排水渠、桥梁、涵洞、闸门等水利工程，一直到末级渠系的配套建设，在建设过程中地方政府和农户均没有参与。竣工验收后移交本村使用，目前设施完备程度较高，能够满足农业生产需求。目前个别地方可以种植小麦、棉花等作物，亩产小麦约 250 kg，棉花 150 kg 左右。但由于盐碱地改良投资过度依赖国家，项目建设相对滞后，通过农户和村层次调研，目前急需尽快实施项目，完善排碱系统配套。

察布查尔锡伯族自治县托布中心巴音村共有耕地 5116 亩，是典型的移民村。土地原属于托布中心种羊场的一部分，2004 年之前是重度盐碱化区域，属于未利用地。2004 年本村对接恰普其海水库移民工程，接纳人口 1460 人进行盐碱地的农业开发利用。土地分配方案主要是根据盐碱化程度和土壤质量的优劣分类，按照人均耕地面积 4 亩的标准，通过农户抓阄的形式分配。自完成土地分配以来，主要采用种稻改碱的方式进行盐碱地改良。国家移民办对移民农户进行了大量的补贴，基本承担了所有的种地成本投入，包括种子费用、肥料、农机设施、灌溉用水、水利设施建设以及劳动力补贴等。对于农户投工投劳部分，国家按照水稻12～15个工/亩、小麦7～8个工/亩等标准也给予了补贴。所有国家补贴的时间长达8年。目前本村大部分土地的土壤已经完成熟化，仅有700～800亩耕地盐碱化程度依然严重。在耕作熟化区域，水稻产量达500～600 kg/亩，有机水稻产量也在450～500 kg/亩。但目前随着国家补贴政策实施年限到期，后续投资面临着较大的资金困境，尤其是在耕作集中用水期，由于渠系流量小、覆盖面积大，灌溉用水不足，急需扩大灌排渠系配套。由于本村土壤盐渍化严重，农业收入低，因此也有部分农户外出经商、打工，真正居住在本村的农户约有900人。外出农户土地有的是以每亩地400～500元/年的标准对外承包转租，但也存在土地撂荒现象。

此方式的优点在于：通过移民工程可以实现盐碱荒地的规模化开发；新增盐碱耕地的资源分配与内地传统农作区相比，农户田块数量较少、块均耕地面积较大、细碎化现象不明显；结合政府统一规划和对农业种植的统一安排，盐碱地改良方法科学，农田基础设施配套，农业生产布局合理，基本不存在农户插花种植、互相影响的现象。

其局限性在于：首先，政府主导下的移民开发方式具有较强的强迫性，在土地熟化前期阶段对农户耕作意愿的诱导与激励机制具有十分重要的作用；其次，政府主导下的盐碱地改良配套项目招标方式，缺乏农户使用之后的问题反馈机制，水利设施等项目建设往往与服务面积不相匹配，因此，在项目建设过程中也应该增加农户、村庄和本地政府的参与；最后，过分依赖国家投入，盐碱荒地熟化之后的持续性农业耕作技术应用与推广、农田水利设施移交与维护等持续性利用和管理机制需要农户、村庄、地方政府等各个利益相关主体参与。因此，该方式主要适用于国有土地所有权权属条件下的盐碱荒地开发阶段，并且不适宜大面积推广。

6.“政府补贴＋有机农业”方式

“政府补贴＋有机农业”方式主要是在政府政策扶持和补贴下，根据不同区域土壤盐碱化程度等农业生产自然条件，不使用化学合成的农药、化肥、生长调节剂等物质，而是遵循自然规律和生态原理，采用一系列可持续发展的农业技术，维持持续稳定的农业生长过程。主要采取的措施是增施农家肥，购买菜籽饼等商品有机肥，种植豆科作物等绿肥，通过家禽过腹、粉碎堆沤等方式进行秸秆还田等方式，以及节水灌溉、合理的灌排，天敌诱杀虫害等方式，实现有机水稻生产基地转换，同时配合农业产业化、农产品品牌化经营等措施手段，实现盐碱地的持续改良及高效利用。

本方式在吉林省镇赉县、山东省垦利县和新疆察布查尔锡伯族自治县等地，通过项目规划和生产组织等形式均有出现，其中以新疆察布查尔锡伯族自治县有机水稻规模种植最为典型。

吉林省镇赉县嘎什根乡在《2011 年政府工作报告》以及《嘎什根乡 2010—2012 年强化"三项措施"实施水田提质增效实现农民增收的工作方案》中提出了推广稻田养鱼、养蟹的立体集约开发发展规划，以提高水资源利用效率，同时实现鱼稻互补，提高稻米绿色品级，创造有机绿色品牌，实现由传统农业向现代效益农业转变的发展思路。

山东省垦利县永安镇新十五村在有机西瓜种植方面也展开了探索，形成了"八大组西瓜专业合作社"，全村约种植西瓜 300 亩，采用"统一施肥、统一供种、统一销售"的方式组织生产，平均每亩投入 300 元，产出 6000 斤/亩，收益达到 3000 元/亩，实现了土地增产、农民增收。

新疆察布查尔锡伯族自治县纳达齐牛录乡清泉村、托布中心巴音村以及堆依齐牛录乡伊车村的有机水稻种植是典型的规模化的"有机农业＋政府补贴"生产方式。依托区域优越的光热水土条件，尤其是汇集天山雪水的优良安全水源，根据有机产业发展规划和农业发展规划等统一规划，从水源上游至下游，因地制宜有步骤地展开有机水稻规模化种植，全程采取"六统一"，即统一供种、统一育秧、统一施用有机肥、统一机插、统一田间管理、统一机械收获。生产过程中主要采用政府补贴、技术配套服务等措施。(1) 政府补贴包括国家补贴和县财政补贴。国家补贴主要体现在按照种植面积计量的良种补贴 15 元/亩、按照产量计量的粮食直补(稻谷)0.21 元/kg；县财政补贴标准为每亩有机水稻补贴 565.5 元，包括种子费 15.5 元、有机肥料 200 元、人工拔草补助 350 元。有机稻米必须盘育机插，育秧软盘由县财政补贴。县种子管理站负责统一供应有机稻米种子，每亩种子费 45.5

元，扣除各种补贴，农户实际自筹种子费30元/亩。有机肥也由县农业技术推广站统一供应，统一使用菜粕，每亩共需肥料款350元，扣除县财政补贴200元，农户仅需支付150元。同时展开农业保险，保险标准是20元/亩，其中国家补贴10元/亩，新疆维吾尔族自治区补贴6元/亩，县财政补贴2元/亩，而农户自己只需要缴2元/亩。在产品收割过程中，乡(镇)组织统一机械收获，拉运到指定地点晾晒。(2) 技术配套服务主要包括品种优选、机械研发、标准制定、技术人员随访等。察布查尔锡伯族自治县制定了《有机稻米生产加工技术规程》，并通过有机稻米的知识及技术资料的搜集，通过宣传册、光碟、互联网、展览会等信息工具，结合技术人员包户包片负责制，推广技术培训和标准化生产。同时完善技术的配套体系，针对拔草难、占用劳动力的特点，县农机局开发了水稻锄草机，通过机械化作业有效地提高了有机水稻的生长分蘖，同时也有助于提高水温、排除盐碱和有害气体对有机水稻的影响，促进根系生长。改制后的水稻锄草机价格低廉，结构简单，使用方便，易操作，每天工作效率为3～5亩/台，相当于15个人工。(3) 在产品生产受益方面，采用一定的价格补贴方式，确保农户受益不降低，主要措施是对有机稻米种植户按略高于当地常规稻平均亩产量水平定产，以当年市场价(含国家粮价补贴)计算产值，若市场价低于国家收购价时，按国家收购价计算产值。产品销售过程中采取“加工企业＋农户”的方式，与加工企业签有订单，确保产品的销售。根据补充调研访谈，2008年新垦盐碱荒地的巴音村2011年有机水稻产量达450～500 kg/亩，略低于常规水稻种植的产量(500～600 kg/亩)；而盐碱化程度非常严重的伊车村亩产也达300～400 kg/亩。也有资料报道，地处新疆塔克拉玛干大沙漠北缘的二十九团早年因土地含盐碱量超过5%～10%，通过实施良种工程，以施有机肥为主，全面推广了稻鸭、稻鹅、稻鱼等生物共作技术，经过多年的生态种植，土壤内的含盐碱量降到1%以下。农药和化肥的有害残留逐渐减少，各项指标达到了有机大米生产的标准和要求，产量突破800多公斤，并形成了“孔雀牌”有机稻米品牌，经过加工和包装，每公斤精米的价格近10元，比普通大米价格高一倍。[1]

［1］ 资料来源：中国新闻网(http://www.chinanews.com/df/2011/09—21/3344768.shtml)。

此方式的优点在于：通过政府主导，采用实物补贴、货币补贴、技术补贴、政策补贴等各种措施，采用生态农业生产方式，实现盐碱地改良及盐碱地农业的高效持续利用。不论是国有土地还是集体土地，均可采用此方式。

其局限性在于：稳定的盐碱地产权制度和严格的农地流转及管理制度是其得以推广的基础。此外，需要政府投入大量的人力、物力和财力，因此主要适用于国家重点扶持开发的盐碱改良及农业发展地区。

第三节　盐碱农用地持续利用管理方式集成

一、盐碱农用地持续利用管理政策手段及评价

根据公共政策学基本理论，本研究将政策手段分为法制手段、经济手段、行政手段和社会手段四种类型（表7－2）。

表7－2　基于盐碱地产权安排的土地利用政策手段对比

政策手段	主要内容	管理成本	效益评价	见效周期	适用情形
法制手段	土地登记、土地流转、盐碱耕地利用规划、盐碱耕地质量保护、农业补贴、农业信贷、农业保险	成本高；不灵活；操作难	综合效益兼顾，效果确定性强	短	问题后果十分严重；政策相对人数量少
行政手段	盐碱耕地分等定级、耕地资源价值评估	成本较高；不灵活；操作相对较难	综合效益兼顾，效果确定性强	较短	问题后果十分严重；政策相对人数量少
经济手段	征收耕地流转费、耕地使用费、灌溉水费；土地使用押金返还、拨款、补贴、优惠、奖励；押金、收费、征税、罚款	成本相对较低；比较灵活；操作相对容易	经济效益优先，但具有不确定性	较长	问题后果不严重；政策相对人较多
社会手段	宣传教育、构建服务平台、公开表扬与曝光等	成本最低；灵活；易操作	社会效益优先，但结果不确定性强	长	针对行为较微观；政策相对人较多，涉及广

资料来源：根据李金珊、叶托（2010）编著的《公共政策分析：概念、视角与途径》和陶学荣、崔运武（2008）编著的《公共政策分析》整理分析。

第一,法律手段主要是通过颁布和实施法律法规作为引导和规范政策相对人行为从而达到政策目标的手段,包括审批、发放许可、规定行为、颁布禁令等,法律手段具有很强的约束性,见效较快,效果也最为明显。

第二,行政手段主要指各级行政机关通过颁布和实施各种形式的行政条文和具体措施作为引导和规范政策相对人行为而达到政策目标的手段,例如规章、规定、标准、发展或投资计划等。行政手段也具有较强的约束性,政策实效明显,但也具有一定的局限性。例如,规定水资源配额,如果在配额一定的情况下不能满足用户需求或预期,农户则会放弃对配额资源的持续利用。因此,还需要与经济手段和社会手段相结合。

第三,经济手段主要指有关政府管理部门利用经济刺激措施作为引导和规范政策相对人行为从而达到政策目标的手段,例如拨款、补贴、优惠、奖励等激励性经济手段和押金返还、收费、征税、罚款等约束性经济手段。同时也可允许私人资本进入,与公共部门竞争,降低公共服务的成本,提高公共服务的质量。但经济政策的局限性在于相对人根据市场信息判断,效果具有不确定性,见效相对较慢。

第四,社会手段主要指通过宣传教育、构建服务平台等措施作为引导和规范政策相对人行为从而达到政策目标的手段。主要包括土地资源数量、质量、规划等信息公开、公示、监测以及舆论宣传、公开曝光、盐碱地治理与利用绩效评价和不良行为公示等。

在具体运行过程中,尚需要结合地区实际情况,根据不同政策手段优缺点进行多类型组合和方案优选。

二、管理方式集成

基于政策需求分析和我国典型地区盐碱农用地利用实践方式评价,以盐碱地产权制度为切入点,将盐碱地分成新增耕地和存量耕地,按照盐碱地开发、土地利用、农业经营、土地交易和农地保护的思路,提出盐碱农用地持续利用管理方式集成方案(图 7－2)。

(1) 盐碱农用地开发与经营方式

盐碱农用地开发与经营方式应该在确保土地产权清晰的前提下,区分国家所有和集体所有两种产权制度展开。

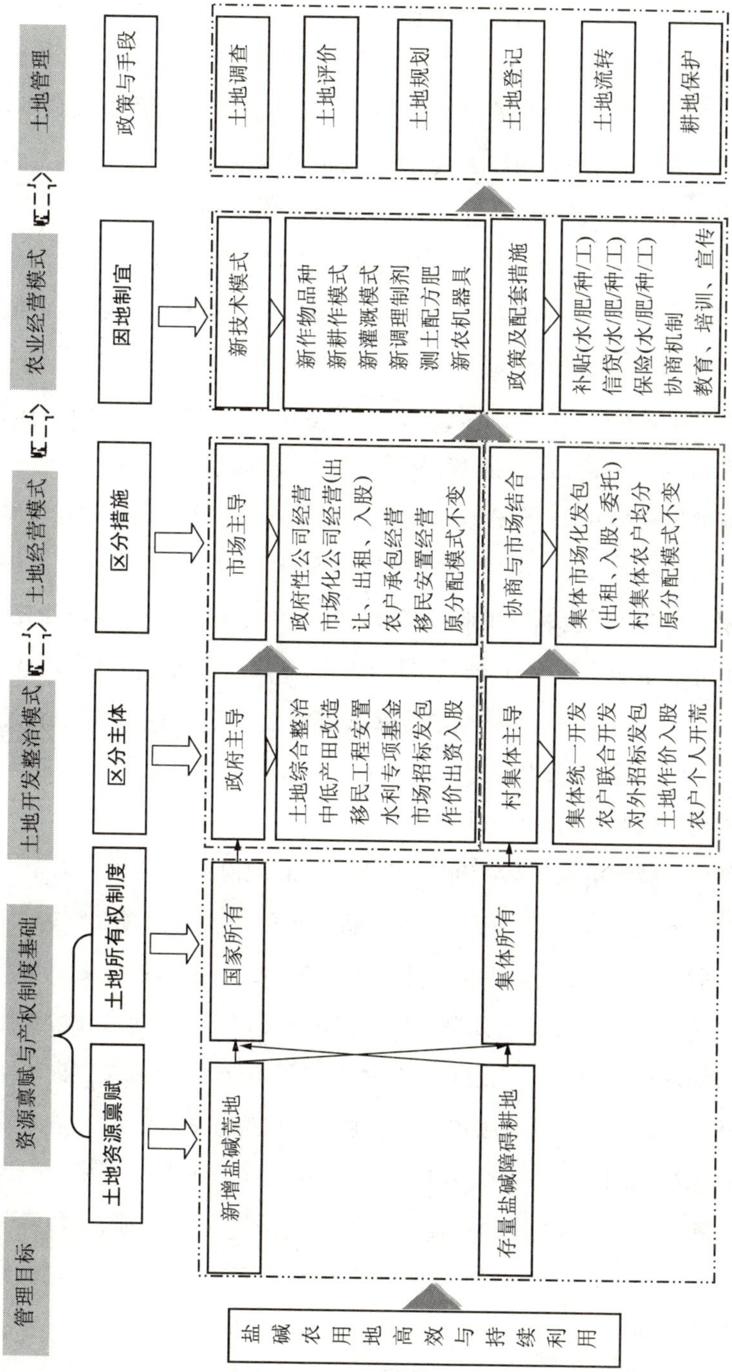

图7-2　基于产权安排的盐碱农用地持续利用与管理方式

国有新增盐碱农用地开发与整治建议采用政府主导方式。与私人开发相比，此方式具有以下特征：第一，国家作为土地所有权主体，便于统一规划、规模化开发；第二，土地平整、水利工程、道路等农田基础设施建设等中长期投资成本较高，资金不足等是私人开发的制约因素，因此容易造成基础设施不配套，或者农田细碎化开发；第三，所有权是土地占有、使用、收益和处分等权能最为完整的产权，因此政府主导方式便于从社会经济发展战略层次上对新增耕地进行经营和分配。但政府主导并不意味着完全依赖政府。第一，可以采取土地综合整治、中低产田改造、移民工程安置、水利工程建设等项目通过市场采取招标等形式将施工外包，同时政府承担投资者和监管者的角色；第二，国家作为土地所有者，可以将土地作价入股等形式，委托专门的土地开发经营公司统一进行。

国有新增盐碱农用地经营建议采用市场主导方式。这主要考虑到政府经营土地的成本高于私人经营成本，相对于政府行为而言，市场化手段更易于提高土地利用效率。国有新增盐碱农用地经营方式包括成立专门公司、政府委托经营，也可以采取完全市场化的手段，通过出让、出租、划拨或入股等方式由农业企业、农户以及安置移民来经营。国有存量盐碱农用地开发整治与经营建议在遵循原经营主体意愿的前提下，采用国家立项与市场手段相结合等方式统一进行，然后根据工程占用等局部土地调整进行补偿。

集体新增盐碱农用地开发整治与经营建议根据政府土地利用总体规划，采取村集体主导方式，集体投资统一开发、农户联合开发、村集体立项招标、村集体将土地作价入股委托专门公司以及农户个人开荒等形式。集体投资统一开发适用于社会经济条件较好的地区，开发完成之后的土地可以采取出租、入股、委托经营等形式向市场发包，也可以将土地在村集体农户间均分，以增加农户耕地经营规模。村集体立项招标包括三种形式：其一，通过立项招标委托专门公司进行土地开发，开发完成后交由村集体采用农户均分的方式进行土地资源分配；其二，通过立项招标委托专门公司进行土地开发，开发完成后采用出租、入股、委托经营等形式向市场发包或交由开发公司经营，土地经营所得收益通过租金、使用费、分红等形式实现集体土地所有权收益分配；其三，通过立项招标委托专门公司进行土地开发，开发完成后公司与村集体共同经营。

集体存量盐碱农用地开发、整治与经营建议国家立项和资金扶持相结合，发挥村集体土地所有者的功能，采取农户土地入股或维持原家庭承包责任田分配方案进行，如果在开发过程中工程占用农户责任田，可以在遵循农户意愿的前提下进行土地调整。村集体盐碱农用地也可以鼓励农户联合开发和个人开荒等形式，但需要在保证集体土地资产收益和耕地资源保护以及持续利用的原则下进行。

(2) 盐碱农用地农业利用方式

农业利用方式必须遵循耕地质量保护和高效持续利用原则，主要体现在农业技术采用及政策配套措施两个方面。在技术推广过程中，依托电视、广播、报纸、宣传手册以及远程教育等手段加大宣传推广覆盖面积和覆盖程度，同时通过农户技术培训、田间技术指导等形式，提高技术效率。由于盐碱地农业相对于一般农业而言，生态系统脆弱，经营风险大，抗灾害能力弱，同时改良周期较长，需要大量的投入资金，产出比较收益低，因此，在新技术推广时需要综合采用补贴、信贷、保险等政策配套措施。补贴包括种子、肥料、土地等实物补贴，货币补贴，政策补贴以及技术补贴等多种形式。对于种粮大户，提供较为便利的贷款，辅以贴息等手段，鼓励农户采用可持续的技术手段，加强盐碱地改良投资。在现有国家农业保险政策下，通过示范、教育、引导等方式鼓励农户参与农业保险，以降低农户生产风险。

三、不同地区管理方式优化

根据山东省垦利县、吉林省镇赉县和察布查尔锡伯族自治县等典型地区盐碱农用地持续利用政策需求分析和管理方式实践，区分土地产权类型，根据土地开发、利用与保护的思路，提出各地区盐碱农用地持续利用方案建议(表 7-3)。

(1) 共同政策

针对国有土地建议采取以政府立项为主的开发模式，完成田、水、路、林等农田基础设施建设，然后通过招标、拍卖、协议或无偿使用等方式承包给具有耕种意愿的农户和企业。在土地利用过程中，本着因地制宜原则，通过利用冬闲田进行绿肥种植、大田作物的规模化种植与适度多样化种植相结合等方式，提高复种指数和土地利用效率。在市场化发包过程中，由于各乡、镇、村土地承包费用差别较大，承包期限长短不一，因此，建议通过土地质量分等定级及价格评估等土地评价以及土地登记等手段，制定承包费用标准，保障土地流转双方权益。为防止“公地悲剧”现象发生，避免农户短视行为，建议在承包合同中增加耕地质量保护相关规定，以约束农户土地利用行为。同时，结合远程教育、技术指导等方式完善农业技术推广体系，建立政府补贴标准及退出机制，以及农业保险和信贷政策等综合运用，促进国有盐碱地持续利用。

表 7－3　典型地区盐碱农用地持续利用管理方式优化

产权类型	共同政策	差异化政策		
		垦利县	镇赉县	察布查尔锡伯族自治县
国有土地	土地开发：以政府立项为主，完成农田基础设施建设； 土地经营：通过出让、出租、划拨等方式承包给具有耕种意愿的农户和企业； 农业利用：因地制宜，规模化种植与适度多样化种植结合，鼓励种植绿肥等提高复种指数； 配套制度：完善土地分等定级及价格评估，制定承包费用确定标准；通过土地登记，保障土地流转双方权益；完善承包合同，增加耕地质量保护相关规定；通过远程教育、技术指导等方式完善农业技术推广体系；建立政府补贴标准及退出机制；结合农业保险和信贷政策等。	土地开发以政府土地综合整治立项为主，尤其对集中连片的盐碱荒地宜规模化开发替代农户零散的自主开垦； 土地分配及经营以本地农户为主； 农业利用宜以优质棉规模经营的区域优势，建立商品棉优势农产品产业区； 建立完善的农业补贴制度，扩大农业保险范围，完善农业信贷体系。	土地开发以政府立项为主，尤其对集中连片的盐碱荒地，规模化开发； 土地分配及经营宜在产权明晰的基础上，农户承包和企业承包相结合； 农业利用宜发挥丰富的后备耕地资源和水资源优势，构建水稻生产基地； 探索土地使用权抵押，完善农业信贷体系。	“政府主导＋移民工程”开发方式； 家庭承包为主的经营方式； 逐渐推广有机水稻种植方式，发展高效生态农业； 规模化经营、品牌化营销； 政府补贴为主向农户投入转变的农业生产方式。

续 表

产权类型	共同政策	差异化政策		
		垦利县	镇赉县	察布查尔锡伯族自治县
集体土地	土地开发整治:家庭联产承包责任制基础上以中低产田改造为主; 土地经营:通过村机动地发包,显化土地资产价值;稳定土地产权;以农地流转促进适度规模,建立流转制度和服务平台,保障流转安全;完善承包合同,增加耕地质量保护相关规定;赋予家庭承包责任田抵押权;工程占用土地调整; 农业利用:提高复种指数,充分利用冬闲田。 配套政策:加强农户教育、提高种地意愿和对盐碱地产权的认知水平;增大农业补贴,扩大农业保险范围;完善农业信贷体系;完善技术供给及配套体系;完善农户生活保障体制。	盐碱地产权:切实落实家庭承包经营权长久不变政策;在尊重农户意愿的前提下,以土地调整或土地流转,促进农户土地集中;机动地优先向本村农户发包;探索村企合作土地入股方式。 农户层面:通过技术宣传、示范、培训等措施提高农户教育水平;对土地综合整治的参与意愿。 配套政策:棉花为主,农户层面耕地规模化种植;促进绿肥种植及秸秆还田,加强土壤培肥,逐渐由经济效益型农业向综合效益集约型农业转变;发展节水灌溉;探索冬闲田利用,实现集约利用。	盐碱地产权:继续稳定家庭承包经营责任制;在尊重农户意愿的前提下,以土地调整或土地流转促进农户土地集中;增强农地流转的安全性;推行农地承包经营权抵押试点;探索水利工程占地调整方案。 农户层面:加强农户教育和农业技术培训,提高农户耕种意愿。 配套政策:完善农业信贷体系;季节性绿肥研发,提高耕地集约度;农田水利设施持续利用管理。	盐碱地产权:突出农地流转安全性;加强土地流转,逐渐以商业化的农业经营方式替代生存型农业经营方式。 农户层面:通过农户教育,提高农户耕种意愿;提高农户对盐碱地产权的认知水平;节约集约耕地利用。 配套政策:作物种植统一规划;规范农业补贴使用范围,建立农业补贴退出机制;农田水利设施持续利用管理。

针对集体土地建议在保证本集体农户生产意愿和农地需求的前提下,通过国家中低产田改造等项目与村集体土地入股、机动地发包等手段进行盐碱地开发整治与经营。在市场发包方式下,切实保障土地产权安全,以稳定农户生产预期。在家庭承包方式下,尽快建立土地流转制度和服务平台,保障流转安全,促进适度规模。进一步完善承包合同,增加耕地质量保护相关规定以及工程占用土地调整

方案。同时进一步完善盐碱地改良及配套技术供给，完善农业信贷体系、扩大农业保险覆盖范围，采用农业补贴、农户示范等方式，鼓励农户提高冬闲田等土地利用率和土地利用效益。

(2) 差异化政策

在垦利县，切实贯彻“土地承包经营权长久不变”的政策，稳定农户生产预期，同时通过土地流转，降低土地细碎化程度，推广适度规模经营，是提高存量盐碱农用地利用效益最重要的措施。对于集中连片的盐碱荒地宜规模化开发替代农户零散的自主开垦，并优先向本集体农户发包，通过村集体和农户示范，探索农户、企业和村集体合作土地入股方式。由于本地区优质棉规模经营的区域优势明显，是商品棉优势农产品产业区，因此农户盐碱地开发利用意愿强烈，迫切希望扩大经营规模，这对于盐碱农用地持续利用具有一定的积极作用。“土地承包经营权长久不变”的政策造成国家、省、县等不同级别的土地综合整治、中低产田改造等项目中田、水、路、林、村等工程实施困难，农户十分抵触土地调整，因此探索不同类型的农田水利设施工程用地及利用管理方式，加强农户教育，提高农户盐碱地产权的认知水平等对本地区盐碱地改良及农业生产条件改善具有重要作用。

在镇赉县，对集中连片的国有盐碱荒地主张政府立项为主，进行规模化开发。在土地分配及经营方面，对于新增盐碱地，宜在产权明晰的基础上，采用本集体农户优先承包和企业承包相结合的方式；对于存量盐碱地，由于镇赉县土地细碎化不明显，因此主张田块适度集中与分散相结合，这样既能实现土地规模化经营，也有助于农户多样化种植，以降低农业生产风险。同时，探索土地承包经营权抵押试点，完善农业信贷体系，以扩大农户盐碱地改良投入的资金来源，提高农户采用盐碱地改良技术的意愿。在农业利用方面，宜发挥丰富的后备耕地资源和水资源优势，构建水稻生产基地。但在农业种植过程中，本地区户主受教育水平越高，农户越不愿意增加盐碱地改良性培肥投入，因此通过农户教育、农户示范、合理增加政府补贴等措施有利于镇赉县盐碱地持续利用。

在察布查尔锡伯族自治县，由于地广人稀、土壤盐碱化严重，因此采取“政府主导＋移民工程”方式对盐碱荒地进行开发改良十分重要。由于农户多为游牧民族，家庭承包经营的方式有利于减少土地撂荒，提高农户种田积极性。通过移民工程，农户生活方式发生了很大转变，耕种经验不足，农户土地撂荒严重，即使通过土地流转，流入方采取掠夺式的土地经营方式也时有发生，因此通过示范推广，加强农户教育，同时提高农户对盐碱地产权及价值的认知水平，转变农民思想，有助于提高农户耕种意愿，促进盐碱地节约集约利用。由于本地区多为新增盐碱农用地，且有有机水稻种植示范点，因此推广有机水稻种植，发展高效生态农业，并通过规模化经营、品牌化营销，可以提高农民收入和盐碱农用地利用效率。与垦利县和镇赉县不同的是，本地农户虽然多主张土地承包经营权抵押，但其目的却多以发展非盐碱地农业为目的，因此，不主张在本地区推行土地承包经营权抵押试点。同时，盐碱地改良的实物补贴相对于货币补贴方式来说，更利于盐碱农用地的持续利用，但长期的补贴增加了国家和政府的负担，随着盐碱地不断改良，应建立农业补贴退出机制。

综上所述，山东省垦利县、吉林省镇赉县和察布查尔锡伯族自治县盐碱农用地持续利用管理方式各有侧重，差异明显，在实践过程中宜本着因地制宜的原则，采取恰当的管理方式。

第四节　盐碱农用地持续利用管理方式运作的保障体系设计

以促进盐碱农用地集约、高效、持续利用为目标，采用法律手段、行政手段、经济手段和社会手段等综合措施，建立盐碱农用地持续利用管理方式运作的保障体系。

一、法律手段

(1) 建议通过编制区域性盐碱农用地利用及综合整治专项规划，提高土地利用总体规划和土地利用专项规划的法律地位；

(2) 完善土地登记法律法规。建议通过土地资源调查，结合地籍测量，根据《土地登记办法》，通过盐碱农用地使用权登记制度，对耕地的数量、地类、土壤质量等要素逐一详细登记，并落实到每一户、每一地块，以明确土地所有权主体、边界，并确权发证，做到盐碱地产权明晰、稳定，强化和稳定农户的土地承包关系，以保护耕地承包经营双方的权益；在明确水利工程设施产权的基础上，进一步明晰农田水利设施用地产权，推行水利工程设施的拍卖、租赁、承包、股份合作的管理形式。

(3) 完善农地使用权承包及流转市场法律保障。规范农地使用权承包及流转合同，通过家庭承包经营责任田的流转，促进适度规模经营；根据“谁破坏，谁付费，谁所有，谁负责”的原则，完善土地承包经营合同及农地流转合同内容，在合同中增加盐碱农用地质量保护相关内容，建立农地流转市场准入条件，明确交易规则，同时强化农地集体所有权，减少农地资产的数量和质量途径流失（肖焰恒、彭新育，1999）。

(4) 建议允许国有盐碱农用地承包和农村集体土地承包经营权抵押，鼓励盐碱地资源由土地实物分配转向土地价值分配，实行农地资产化管理，减少农地利用的效率流失。

二、行政手段

(1) 严格执行土地用途管制制度。通过土地利用总体规划等手段，加强土地用途管制，确定土地利用方向和重点。明确规定利于盐碱地改良及农业持续利用的适宜的土地利用方式，对破坏地力、非持续性土地利用方式严格管制，并制定相应的奖惩标准。

(2) 建立政府领导任期目标责任制。编制盐碱地改良及农业利用专项规划，与土地利用总体规划、农业规划相结合，确定盐碱地改良及农业利用目标，保证严格执行。将盐碱农用地开发规模、保有面积、耕地质量作为硬性考核指标，层层建立规划实施的领导问责制度。

(3) 建立盐碱农用地利用与管理相关职能部门业绩评价标准。区分不同区域特征，将新垦盐碱农用地农业利用、盐碱障碍耕地中低产田改造、土壤质量及生态环境改善等作为重点考核内容，促使各级领导正确处理粮食增产、土壤改良与生态环境系统协调发展之间的关系，使盐碱农用地利用向土地合理开发、农业高效生产、生态环境改善、土地持续利用转变。

(4) 盐碱农用地流转制度建设。坚持农户的土地流转主体地位，增强地方政府和集体经济组织的作用，规范盐碱地流转行为，加强对流转土地使用情况的监督，防止经营者损害生态和生产环境、搞掠夺式经营、随意改变土地的用途，以维护农民的合法权益。

(5) 农田水利基础设施实行个体行动与集体行动相结合的分级管理方式。农田道路工程、水利工程等基础设施在合理确权的基础上，实行县、乡、村三级管理。对于受益范围明确具有一定直接经济收益的工程，可以通过承包、租赁、拍卖、股份合作等形式进行产权或管理体制改革。以公益性为主的灌排渠道、经济效益低的泵站工程为避免无人承包经营和私人承包中短期行为，尚需要村委会采取集体行动，以村为单位，进行工程建设经营与管理。

对于集体投资开发建设的农田水利设施，宜采取以村委会为主的"一事一议"直接管理方式，因地制宜的选择按耕地面积计征、按家庭人口计征等多种农田水利设施维修费征收方案，同时本着自愿互利、注重实效、控制标准、严格规范的原则，根据市场经济要求，引导和组织农民对直接受益的小型农田水利设施通过投工投劳、股份制、股份合作制或以工代赈等形式参与建设，同时对农户投工投劳开展小型农田水利设施建设予以补助；而灌区灌溉管理方式建议以推行供水到户为契机，集中水权，变多级管理为一级管理，直接量水到户、收费到户、建账到户，推广"供水单位＋农户用水协会"管理方式。

三、经济手段

(1) 地价政策。建立新增耕地及存量耕地承包及流转价格评估体系，制定地价管理政策，制定新增耕地及耕地内部流转有偿使用费标准，引入市场机制，规范土地使用权流转。

(2) 实行耕地保护与利益奖惩挂钩政策。根据盐碱农用地面积增减、土地质量变化和土地产出效益高低，制定一定的奖惩政策，促进国家、地方政府以及农户在盐碱农用地利用及耕地保护中的作用。在政府层面上，主要采用保护耕地数量的奖惩措施，具体为：第一，将耕地面积保有量和基本农田保护面积作为确定一般性财政转移支付规模的重要依据，实行保护责任与财政补贴相挂钩，充分调动基层政府保护耕地的积极性和主动性；第二，提取的用于农业开发的土地出让金，要向粮食主产区和土地开发整理重点区域倾斜，支持土地整理和复垦、基本农田建设以及改善农业生产条件。在农户层面上，主要根据农业生产条件改善和耕地质量保护情况，采取以耕地质量变化为标准的奖惩措施。

(3) 积极运用贴息、补贴、税收等经济杠杆，引导社会资本投向盐碱地开发和农业利用；完善信贷管理机制，鼓励金融机构加大对盐碱地开发及农业利用的支持力度；发展农业担保机构，切实解决盐碱地开发融资难问题。

(4) 完善水资源及水利设施有偿使用方案。制定农业灌溉用水定额标准，从基本水价和计量水价相结合的“两部制水价”逐渐向按量计征转变，并建立水资源交易市场；整合涉农项目资金，设立小型农田水利建设补助专项资金，专门用于小型农田水利建设；以“谁建设、谁所有、谁管理、谁受益”的原则，鼓励和吸引社会资金，以独资、合资、承包、租赁、股份合作等方式投资水利建设。

四、社会手段

(1) 建立盐碱农用地持续利用规划公众参与制度。增强规划的公开性、透明性和规划的社会可接受性和可操作性，尤其要注重建立盐碱地中低产田改良及土地综合整治听证和公告制度。

(2) 实行盐碱农用地持续利用规划及相关重点项目公示制度，实施社会监督。强化新闻监督和社会公众监督机制。采取公告等多种形式进行公示，将规划及相关重点项目目标、范围、实施方案、期限等主要内容告知公众。

(3) 建设盐碱农用地承包经营权流转服务平台。探索土地转包、反租倒包、土地股份制、土地流转信托等多种形式。具体可以参考浙江省土地信托中心、江苏省新风村的土地股份合作社、宁夏回族自治区平罗县土地信用社等形式(蒋省三等，2010)。

(4) 建立盐碱地改良农业技术及配套推广服务体系。通过媒体宣传、专家讲解、农户技术培训、技术员田间指导、农户示范等多种形式结合向广大群众传授推广。

第八章　研究结论与展望

第一节　本研究的主要结论

本书在对农户行为理论和盐碱地农业可持续利用理论的理解基础之上，运用问卷调查方式获得农户土地利用行为以及土地利用变化数据，通过半结构式访谈获得国家、政府、村庄等主体行为可能对农户土地利用决策的影响数据，以盐碱地产权制度为切入点，从定性和实证两个方面分析了产权制度安排对于农户土地利用行为以及盐碱农用地持续利用的影响。

第一，界定了盐碱农用地持续利用内涵及持续性利用行为。盐碱农用地持续利用的目标是提高盐碱障碍耕地质量，增加耕地有效供给数量，提高盐碱荒地及盐碱障碍耕地利用效率，即提质、扩量、增效。具体内涵包括：① 资源的生产性；② 土壤肥力持续性；③ 经济相对高效性；④ 生态可行性；⑤ 社会接受性。同时，根据盐碱地改良及农业利用的不同发展阶段，其内涵也具有动态变化的特征。

第二，在农户层次上，产权制度安排对农户经营行为选择关系密切。调研区域农户对盐碱障碍耕地的耕作行为具有以下特征：① 调研区域盐碱农用地利用主要以传统农业为主。粮食作物以水稻为主，经济作物以棉花为主，而小麦、豆类以及其他传统作物占比较低，盐土农业占比更低；② 垦利县、镇赉县和察布查尔锡伯族自治县各个区域差异明显。垦利县农户对盐碱障碍耕地耕种积极性明显，土地流入的农户比例高、耕地经营规模大，而察布查尔锡伯族自治县农户对盐碱障碍耕地耕种积极性弱，并且存在撂荒现象；③ 复种指数低，多为一年一熟制，土地利用效率较低。结合调研区域本底值特征，在农户层面上，盐碱地农业适宜性耕作行为主要包括① 耕地不撂荒、持续性耕作；② 采取种稻改碱、上农下渔、“稻-苇-鱼”等生态农业方式的传统农业；③ 种植耐盐碱粮食作物、经济作物、蔬菜、饲草以及油料和生物质能源等盐土农业等。基于以上调研初步结论，采用 Tobit 模型，以农户流转土地面积占农户经营土地总面积比重来评价农户耕种行为。结果表明：① 产权制度安排对农户土地经营的影响主要体现在盐碱地产权的稳定性、农地流转安全性以及由产权制度安排所引起的农地细碎化程度和人地资源协调度等方面。盐碱地产权稳定性每提高 1 个单位，将会使农户流入耕地面积占家庭经营总面积的比例增加 15.8%；农地流转安全性指标每提高 1 个单位，农户流入盐碱农用地占家庭经营耕地总面积的比重绝对值将会增加 0.156；农户家庭人均责任田耕地面积每增加 1%，农户流转耕地占农户家庭经营总耕地面积比例会降低 16.8%；而农户家庭承包经营的责任田田块数量每降低 1%，则会引起农户流入盐碱农用地占家庭经营耕地总面积的比重增加的绝对量为 0.198。② 影响农户土地经营的自身因素按照影响程度从高到低依次为：农户收入结构＞劳动力数量＞户主年龄＞耕种意愿＞教育水平。其中，农户收入结构、劳动力数量、农户对盐碱农用地耕种意愿、户主教育水平等因素与因变量正相关，而户主年龄与之负相关。③ 土壤盐碱化程度、农业保险、农业补贴等其他因素对农户土地经营行为也具有一定的影响。盐碱化程度越严重，农户流入农地的意愿越弱，而参与农业保险则有利于提高农户扩大盐碱农用地种植规模的积极性。农业补贴与农户流入盐碱农用地占家庭经营耕地总面积的比重负相关，这表明农业补贴并不必然的能激励农户扩大盐碱农用地经营规模，因此建议根据区域差别，实行差别化的农业补贴政策，并建立一定的约束机制。从区域差异性分析：垦利县农户扩大盐碱地耕作规模意愿最强，镇赉县次之，察布查尔锡伯族自治县最低。维护产权稳定、减少田块数量、增加单个地块面积有利于提高垦利县农户耕作意愿。镇赉县宜通过盐碱地改良技术示范、推广，通过货币、政策、实物等多样化的技术补贴，提高农户耕种规模。察布查尔锡伯族自治县则宜根据盐碱地改良的不同阶段，采取差异化、步进式补贴方式。

第三，在田块层次上，盐碱地产权安排对农户改良性培肥行为选择的影响较大，但区域间差异明显。本研究选择责任田、转包地、开荒地等不同产权类型的田块，采用有序 Probit 模型，分析了包括盐碱地产权因素在内的农户改良性培肥行为选择的驱动机制。① 从整体样本数据分析，影响农户改良性培肥行为选择的盐碱地产权因素按照显著性从高到低排序依次为：盐碱地产权类型＞盐碱地产权的稳定性＞农户对盐碱地产权的认知水平＞农户将盐碱地产权抵押的意愿。盐碱地产权越稳定，农户对盐碱地产权的认知水平越高，农户土地抵押意愿越强，农户越倾向于选择盐碱地改良性培肥行为。与责任田和转包地相比，农户更倾向于在自家开荒地上进行盐碱地土壤改良投资。除了盐碱地产权因素之外，是否有改良性培肥补贴、农户种地意愿强度、盐碱地改良技术及配套程度、田块土地利用类型等农业政策及服务体系、农户特征和土地利用特征与因变量关系均较为密切，显著性依次递减。② 根据分区县样本分析，影响农户改良性培肥行为选择的盐碱地产权因素差异较大。影响垦利县农户改良性培肥行为选择的产权因素主要指标按照显著性从大到小依次为：产权安全性＞土地调整频率＞产权类型＞农户对产权的认知水平等；其次，田块面积与农户改良性培肥行为选择正相关，而户主受教育水平、农业收入占家庭总收入的比重则与之负相关。影响镇赉县农户改良性培肥行为选择的产权因素则主要有两个指标：盐碱地产权类型和盐碱地产权抵押意愿。而田块指标和农户自身特征对因变量影响突出，其中，农地盐碱化程度、户主受教育水平、农业收入占家庭总收入的比重、农户盐碱地农业开发及耕种意愿等指标与农户改良性培肥行为选择负相关，家庭耕种土地总面积与之呈现正相关关系。盐碱地产权因素对察布查尔锡伯族自治县农户改良性培肥行为选择的影响并不明显，而改良性培肥补贴、土地利用类型、农户盐碱地农业开发及耕种意愿、农户对盐碱地产权的认知水平以及盐碱农用地利用技术及配套完备程度等则是主要驱动因素。根据回归结果，信贷的便利性以及盐碱地产权抵押意愿也是影响农户改良性培肥行为选择的重要因素，但与因变量负相关。

第四，在农户层次上，盐碱地产权制度安排对农户水资源利用行为选择的影响在区域间既有共性因素，也有明显差别。通过分析灌溉对土壤盐碱化及农业利用作用机理，结合对山东省垦利县、吉林省镇赉县和新疆察布查尔锡伯族自治县典型盐碱区域调研，采用二元 Logistic 模型，建立了盐碱地产权安排的农户水资源利用行为响应模型，并根据农田水利设施是否涉及耕地占用及调整分成两种情形。结果表明：① 全部样本数据模拟结果中，耕地总规模、土地细碎化程度、土地产权稳定性以及土地利用类型等盐碱地产权及土地资源利用因素，水资源短缺程度、水费在农业生产中的比重、农田水利设施产权等水资源利用因素和家庭劳动力等农户特征和是否有政府补贴等外部支持因素对农户行为均有密切影响。第一，耕地经营规模对农户水资源利用行为选择正相关，并且在涉及农田水利设施占用耕地及调整的情形下，影响程度显著增强；土地细碎化越严重，土地调整越频繁，农户水资源利用行为选择意愿越弱。第二，水资源保证率越低，水费在农业生产总投入的比重越大，农户水资源利用行为选择意愿越强，并且在涉及农田水利设施占用耕地及调整的情形下，农田水利设施的完备度也成为影响农户持续性行为选择的影响因素之一，并与之正向关联。第三，家庭劳动力和农业收入占家庭收入比重等农户特征与农户水资源利用行为选择负相关，而政府对于持续性水资源利用方式和农田水利设施投入的补贴则对农户的行为选择起到了催化作用。② 在未涉及农田水利设施占用耕地及调整的情形下，分县样本数据模拟结果表明，影响垦利县农户水资源利用行为选择的因素按照显著性从高到低依次为：补贴≥土地产权稳定性≥耕地经营规模＞水资源短缺程度＞水利工程设施的完备程度，政府补贴越多、盐碱地产权越稳定、水资源越短缺、水利工程设施越完备、农户耕地经营规模越大，农户越倾向于选择恰当的水资源利用行为；影响镇赉县农户水资源利用行为选择的因素按照显著性从高到低依次为：土地利用类型＞地块数量＞户主教育水平＞水资源短缺程度＞政府补贴。政府补贴比例越高、水田面积比重越大、水资源越短缺、户主受教育水平越高、地块总数量越少，农户越倾向于选择恰当的水资源利用行为；影响察布查尔锡伯族自治县农户水资源利用行为选择的因素按照显著性从高到低依次为：土地利用类型＞水利工程设施的完备程度≥劳动力数量＞耕地总面积。③ 在假定涉及农田水利设施占用耕地及调整的情形下，方程拟合优度较好，但各地区影响农户水资源利用行为选择的因素显著性不明显，并且区域间差异较大。

第五，根据公共政策供给与需求理论，不同地区宜结合区域本底值特征，区分盐碱农用地利用的不同阶段，采取不同的土地开发与整治方式、土地经营方式、农业利用方式和土地管理方式，并采用法律手段、行政手段、经济手段和社会手段等综合措施，建立盐碱农用地持续利用管理方式运作的保障体系。

第二节　创新点和研究展望

一、创新点

本书在国内外研究的基础上，尝试农户行为角度开展盐碱地产权与盐碱地持续利用的研究，创新点主要表现在两个方面：

(1) 基于农户调研方法，将盐碱地产权、农户行为和盐碱农用地持续利用置于一个系统的框架之内，构建了盐碱农用地持续利用管理研究理论框架。通过实证分析，揭示了盐碱地产权安排的农户行为响应机理及区域差异。

(2) 提出了我国典型盐碱农用地持续利用管理手段集成与优化方案，进一步完善了我国盐碱农用地利用与管理体系研究。

二、研究不足与展望

本研究的研究区域主要是针对我国黄淮海平原、松嫩平原西部、伊犁河谷盆地等盐碱地区域，在区域选择、县及乡镇村选择时，以代表性、典型性为原则，农户样本选择则采取按比例随即抽样方法，这具有一定的可行性和科学性。但是，这同时也带来了样本数据多样化，有可能影响到采用计量经济模型进行定量分析的模拟结果。同时，在此基础上形成的盐碱农用地持续利用管理方式与政策体系构建不一定适用于黄河上中游以及江苏沿海等地区的盐碱农用地持续利用管理。

本研究数据主要来源于农户、村集体和政府等多盐碱地利用与管理主体调研，但数据属于一次性问卷调查访谈数据，而非对这些主体进行长期跟踪调研数据。虽然样本村庄选择时，考虑到了盐碱农用地利用的阶段性特征，但却无法用来分析同一个区域不同盐碱农用地利用阶段的基于盐碱地产权安排的农业持续利用农户行为响应动态变化。比如，新疆察布查尔锡伯族自治县纳达齐牛录乡清泉村和堆依齐牛录乡伊车村等采用的有机水稻种植以及镇赉县大量新增盐碱农用地的承包及利用后续管理等方面，需要进一步跟踪调研。同时，对同一区域而言，随着盐碱地不断改良，盐碱农用地持续利用管理方式的动态演变也是进一步研究方向。

本研究以农户决策行为为因变量，采用自下而上的政策建立模型，其优点在于从土地利用主体的角度来解释产权制度安排对盐碱农用地持续利用的影响，但这也具有一定的局限性。比如，对于农地抵押权的认知，在农地流转比较普遍的地区，农户规模化经营，需要大量的资金，在自有资金不足的情况下就希望通过土地经营权抵押来拓展融资渠道，但国家基于农户可持续生计考虑，对土地经营权抵押持有不同的观点，因此，需要结合自上而下的政策设定模型并进行修正。其次，农户决策行为是否有利于盐碱地持续利用的相关界定主要是在已有理论研究成果的基础上，结合农户调研、田间调研、相关政府职能部门及专家咨询等方法作出的判断，需要结合采样、实验及跟踪等方法进一步论证。

在研究方法上，本研究主要采用土地利用相关主体行为调研的方法，对于样本地块盐碱化程度等土壤质量指标主要依据农户主观判断，缺乏实验数据支撑，同时对于盐碱地农业规模化开发利用的时间、空间大尺度的研究也具有一定的局限性，结合遥感手段和地理信息系统工具，采用多层次多尺度的时空数据信息，可进一步理解盐碱农用地持续利用的驱动机理。

参考文献

[1] Abdoulaye，T，Sanders，J. H. Stages and determinants of fertilizer use in semiarid African agriculture：The Niger experience[J]. Agricultural Economics，2005，32(2)：167－179.

[2] Alchian，A. A，Demsetz，H. The property right paradigm[J]. The Journal of Economic History，1973，33(1)：16－27.

[3] Arnold，J. E M. Economic considerations in agroforestry project [J]. Agroforestry Systems，1983，1(4)：299－311.

[4] Asfaw，A，Admassie，A. The role of education on the adoption of chemical fertiliser under different socioeconomic environments in Ethiopia[J]. Agricultural Economics，2004，30(3)：215－228.

[5] Baland，J. M，Platteau，J. P. Wealth inequality and efficiency in the commons Part I：the unregulated case[J]. Oxford Economic Papers，1997，49(4)：451－482.

[6] Barbier，E. B，Burgess，J. C. Tropical deforestation，tenure insecurity，and unsustainability[J]. Forest Science，2001，47(4)：497－509.

[7] Barzel，Y. Economic analysis of property rights(2nd)[M]. Cambridge University Press，1997.

[8] Becker，G. S.人类行为的经济分析[M].王业宇，陈琪，译. 上海：上海三联书店，1993.

[9] Besley，T，Property rights and investment incentives：theory and evidence from Ghana [J]. Journal of Political Economy，1995，103(5)：903－937.

[10] Bhalla，S. S，Roy，P. Mis-specification in farm productivity analysis：the role of land quality[J]. Oxford Economic Papers，1988，40(1)：55－73.

[11] Brandt, L. Farm household behavior, factor markets, and the distribution consequences of commercialization in early twentieth-century China[J]. Journal of Economic History, 1987, 47(3): 711 - 737.

[12] Brandt, L.,李果, 黄季焜, 等. 中国的土地使用权和转移权:现状评价[J]. 经济学(季刊), 2004, 3(4): 951 - 979.

[13] Broegaard, R. J. Land tenure insecurity and inequality in Nicaragua[J]. Development and change, 2005, 36(5): 845 - 864.

[14] Browder, J. O., Pedlowski, M. A., Summers, P. M. Land use patterns in the Brazillian Amazon: Comparative farm level evidence from Rondo^nia[J]. Human Ecology, 2004, 32(2): 197 - 224.

[15] ВильяМС, В Р.土壤学:农作学及土壤原理[M].傅子祯,译. 北京: 高等教育出版社, 1957.

[16] Cai X, Rosegrant, M. W. Irrigation technology choices under hydrologic uncertainty: a case study from Maipo River Basin, Chile[J]. Water resources research, 2004, 40(4):1 - 10.

[17] Cai Y. Collective ownership or Cadres' ownership? the non-agricultural use of farmland in China[J]. The China Quarterly, 2003,175(1): 662 - 680.

[18] Chayanov, A.农民经济组织[M].萧正洪,译. 北京:中央编译出版社,1996.

[19] Chen Y Q, Li X B, Wang J. Changes and effecting factors of grain production in China[J]. Chinese Geographical Science, 2011, 21(6): 676 - 684.

[20] Choudhary, O. P, Josan, A. S., Bajwa, M. S., et al. Effect of sustained sodic and saline-sodic irrigation and application of gypsum and farmyard manure on yield and quality of sugarcane under semi-arid conditions[J]. Field Crops Research, 2004, 87(2): 103 - 116.

[21] Clover, J., Eriksen, S. The effects of land tenure change on sustainability: human security and environmental change in southern African savannas [J]. Environmental Science & Policy, 2009, 12(1): 53 - 70.

[22] Coase, R. H. The problem of social cost[J]. Journal of Law and Economics, 1960, 2(1): 1 - 44.

[23] Coxhead, I., Shively, G., Shuai, X. Development policies, resource constraints, and agricultural expansion on the Philippine land frontier[J]. Environment and Development Economics, 2002,7(2): 341-363.

[24] De Jager, A., Nandwa, S. M., Okoth, P. F. Monitoring nutrient flows and economic performance in African farming systems (NUTMON): IV. Linking nutrient balances and economic performance in three districts in Kenya[J]. Agriculture, Ecosystems & Environment, 1998,71(1-3): 81-92.

[25] Demsetz, H. Towards a theory of porperty rights[J]. American Eeonomic Review, 1967, 57(2): 347-359.

[26] Dolisca, F., McDaniel, J. M., Shannon, D. A., et al. Modeling farm households for estimating the efficiency of policy instruments on sustainable land use in Haiti[J]. Land Use Policy, 2009, 26(1): 130-138.

[27] Dong, X. Y. Two-tier land tenure system and sustained economic growth in post-1978 rural China[J]. World Development, 1996,24(5): 915-928.

[28] Doole, G. J., Pannell, D. J. Evaluating combined land conservation benefits from perennial pasture: lucerne (Medicago sativa L.) for management of dryland salinity and herbicide resistance in Western Australia[J]. The Australian Journal of Agricultural and Resource Economics, 2009, 53(2):231-249.

[29] Ebanyat, P., De Ridder, N., De Jager, A., et al. Drivers of land use change and household determinants of sustainability in smallholder farming systems of Eastern Uganda[J]. Population and Environment, 2010, 31(6): 474-506.

[30] Fleisher, B. M., Liu, Y. H. Economies of scale, plot size, human capital, and productivity in Chinese agriculture[J]. Quarterly Review of Economics and Finance, 1992,32(3): 112-123.

[31] IFAD. A Common Platform on Access to Land: the catalyst to reduce poverty and the incentive for sustainable natural resource management[EB/OL]. http://www.fao.org/wssd/SARD/documents/cplatformen.doc.

[32] Fisher, M., Shively, G. Can income programs reduce tropical forest pressure? Income shocks and forest use in Malawi[J]. World Development, 2005, 33(7): 1115-

1128.

[33] Godoy, R., O'neill, K., Groff, S., et al. Household determinants of deforestation by Amerindians in Honduras[J]. World Development, 1997, 25(6): 977 - 987.

[34] Green, G., Sunding, D., Zilberman, D., et al. Explaining irrigation technology choices: a microparameter approach[J]. American Journal of Agricultural Economics, 1996, 78(4): 1064 - 1072.

[35] Gyasi, K. O., Diaz, E. C., Martinez-Torres, M. E., et al. Experts address the question: how important is security of land tenure for achieving sustainable development goals? [C]. Natural Resources Forum. Blackwell Publishing Ltd, 2007, 31(3): 238 - 240

[36] Hardin, G. The tragedy of the commons[J]. Science, 1968. 162: 1243 - 1248.

[37] Herath, C. S., Does intention lead to behaviour? A case study of the Czech Republic farmers[J]. Journal Agricultural Economics (Zemědělská Ekonomika), 2013, 59(3): 143 - 148

[38] Holden, S., Yohannes, H. Land redistribution, tenure insecurity, and intensity of production: A study of farm households in southern Ethiopia[J]. Land Economics, 2002, 78(4): 573 - 590.

[39] Jacoby, H. G., Li, G., Rozelle, S. Hazards of expropriation: tenure insecurity and investment in rural China[J]. American Economic Review, 2002,92(5):1420 - 1447.

[40] Krusekopf, C.C. Diversity in land-tenure arrangements under the household responsibility system in China[J]. China Economic Review, 2002, 13(2 - 3): 297 - 312.

[41] Kung, J. K. Choice of land tenure in China: The case of a county with quasi-private property rights[J]. Economic Development and Cultural Change, 2002,50(4): 793 - 817.

[42] Kung, J. K., Cai Y. S. Property rights and fertilizing practices in rural China: evidence from northern Jiangsu. Modern China[J], 2000, 26(3):276 - 308.

[43] Lee, L. K. The impact of landownership factors on soil conservation[J]. American Journal of Agricultural Economics, 1980, 62(5): 1070 - 1076.

[44] Le, Q. B., Park, S. J., Vlek, P L G. Land Use Dynamic Simulator (LUDAS): A

multi-agent system model for simulating spatio-temporal dynamics of coupled human-landscape system: 2. Scenario-based application for impact assessment of land-use policies[J]. Ecological Informatics, 2010, 5(3): 203－221.

[45] Lefroy, R. D. B., Bechstedt, H. D., Rais, M. Indicators for sustainable land management based on farmer surveys in Vietnam, Indonesia, and Thailand[J]. Agriculture,Ecosystem and Environment, 2000, 81(2): 137－146.

[46] Li G, Rozelle, S., Brandt, L. Tenure, land rights, and farmer investment incentives in China[J]. Agricultural Economics, 1998, 19(1－2): 63－71.

[47] Li G, Rozelle, S. D., Huang J. Land rights, farmer investment incentives and agricultural production in China [EB/OL]. http://ageconsearch. umn. edu/bitstream/11958/1/wp00－024.pdf

[48] Lv X, Huang X J, Zhong T Y, et al. Comparative analysis of influence factors on arable land use intensity at farm household level: A case study comparing Suyu District of Suqian City and Taixing City, Jiangsu Province, China. Chinese Geographical Science, 2012, 22(5): 556－567.

[49] Marshall, G. R. Farmers cooperating in the commons? A study of collective action in salinity management[J]. Ecological Economics, 2004,51(3): 271－286.

[50] McConnell, K. E. An economic model of soil conservation[J]. American Journal of Agricultural Economics, 1983, 65(1): 83－89.

[51] Measham, T. G., Kelly, G. J., Smith, F. P. Best management practice for complex problems: A case study of defining BMP for dryland salinity[J]. Geographical Research, 2007,45(3): 262－272.

[52] Meinzen-Dick, R., Raju, K. V., Gulati, A. What affects organization and collective action for managing resources? Evidence from canal irrigation systems in India[J]. World Development, 2002, 30(4): 649－666.

[53] Mundial, B. World development report 2005: a better investment climate for everyone [R].Washington, D.C.: the world bank, 2004.

[54] Mutangadura, G. The incidence of land tenure insecurity in Southern Africa: policy implications for sustainable developmentt[C]. Natural Resources Forum, Blackwell

Publishing Ltd，2007，31(3)：176－187.

[55] Myyrä，S.，Pietola，K.，Yli-Halla，M. Exploring long-term land improvements under land tenure insecurity[J]. Agricultural Systems，2007，92(1)：63－75.

[56] Newell，A.，Pandya，K.，Symons，J. Farm size and the intensity of land use in Gujarat[J]. Oxford Economic Papers，1997，49(2)：307－315.

[57] Nkamleu，G. B.，Adesina，A. A. Determinants of chemical input use in peri-urban lowland systems：bivariate probit analysis in Cameroon[J]. Agricultural systems，2000，63(2)：111－121.

[58] North，D. C.，Thowmas，R. P. 西方世界的兴起[M].厉以平，蔡磊，译. 北京：华夏出版社，2009.

[59] OECD. OECD core set of indicators for environmental performance review[J]. Environmental Monograph，1993，83：1－39.

[60] Pindyck，R. S.，Rubinfeld，D. L.计量经济模型与经济预测[M].钱小军，译. 北京：机械工业出版社，2001.

[61] Prosterman，R. L.，Hanstad，T.，Ping，L. Can China feed itself? [J]. Scientific American，1996，275(5)：90－96.

[62] Rosegrant，M. W.，Schleyer，R. G.，Yadav，S. N. Water policy for efficient agricultural diversification：market-based approaches[J]. Food Policy，1995，20(3)：203－223.

[63] Rozema，J.，Flowers，T. Crops for a salinized world[J]. Science，2008，322(5)：1478－1480.

[64] Schuck，E. C.，Frasier，W. M.，Webb，R. S.，et al. Adoption of more technically efficient irrigation systems as a drought response[J]. Water Resources Development，2005，21(4)：651－662.

[65] Schultz，T. W.改造传统农业[M].梁小民，译. 北京：商务印书馆，1987.

[66] Scott，J. C. The moral economy of the peasant：Rebellion and subsistence in Southeast Asia[M]. Yale University Press，1977.

[67] Sidibé，A. Farm-level adoption of soil and water conservation techniques in northern Burkina Faso[J]. Agricultural Water Management，2005，71(3)：211－224.

[68] Smyth, A. J., Dumanski, J., Spendjian, G., et al. FESLM: An international framework for evaluating sustainable land management[EB/OL]. http://agris.faoswalim.org/resources/land/land_resource_mgt/pdfdocs/feslm.pdf.

[69] Swinton, S. M. Capturing household-level spatial influence in agricultural management using random effects regression[J]. Agricultural Economics, 2002, 27(3): 371 - 381.

[70] Tanrivermis, H. Agricultural land use change and sustainable use of land resources in the Mediterranean region of Turkey[J]. Journal of Arid Environments, 2003, 54(3): 553 - 564.

[71] Tasser, E., Walde, J., Tappeiner, U., et al. Land-use changes and natural reforestation in the Eastern Central Alps[J]. Agriculture, ecosystems & environment, 2007, 118(1): 115 - 129.

[72] VanWey, L. K., D'Antona Á O, Brondízio, E. S. Household demographic change and landuse/landcover change in the Brazillian Amazon[J]. Population and Environment, 2007, 28(3):163 - 185.

[73] Wannasai, N., Shrestha, R. P. Role of land tenure security and farm household characteristics on land use change in the Prasae Watershed, Thailand[J]. Land Use Policy, 2008, 25(2): 214 - 224.

[74] Walker, R., Perz, S., Caldas, M., et al. Land use and land cover change in forest frontiers: The role of household life cycles[J]. International Regional Science Review, 2002, 25:169 - 199.

[75] Wen, G. J. The landtenure system and its saving and investment mechanism: the case of modern China[J]. Asian Economy, 1995, 9(3): 233 - 259.

[76] Wooldridge, J. M.计量经济学导论：现代观点[M].费剑平，林相森，译. 北京：中国人民大学出版社，2003.

[77] Wopereis, M. C. S., Tamélokpo, A., Ezui, K., et al. Mineral fertilizer management of maize on farmer fields differing in organic inputs in the West African savanna[J]. Field Crops Research, 2006, 96(2): 355 - 362.

[78] Wu J J, Adams, R. M., Kling, C. L., et al. From microlevel decisions to landscape

changes: an assessment of agricultural conservation policies[J]. American Journal of Agricultural Economics, 2004, 86(1): 26 - 41.

[79] Yang Z, Singh, B. R., Hansen, S. Aggregate associated carbon, nitrogen and sulfur and their ratios in long-term fertilized soils[J]. Soil and Tillage Research, 2007, 95(1): 161 - 171.

[80] Yildirim, Y. E., Cakmak, B. Participatory irrigation management in Turkey[J]. International Journal of Water Resources Development, 2004, 20(2): 219 - 228.

[81] 安东,李新平,张永宏,等. 不同土壤改良剂对碱积盐成土改良效果研究[J].干旱地区农业研究,2010,28(5):115 - 118.

[82] 毕宝德. 土地经济学[M].北京:中国人民大学出版社,2001.

[83] 常玉苗. 江苏沿海滩涂资源开发的政府经济行为选择[J].开发研究, 2010(3):27 - 30.

[84] 陈崇德,刘作银,田树高. 农户灌溉水资源配置行为的有效性分析.人民长江[J]. 2009(17):20 - 22.

[85] 陈恩凤,王汝庸,胡思敏. 吉林省郭前旗灌区苏打盐渍土的改良[J].土壤学报,1962, 10(2): 201 - 214.

[86] 陈恩凤,王汝镛,王春裕. 我国盐碱土改良研究的进展与展望[J].土壤通报,1979(1): 1 - 4.

[87] 陈海,王涛,梁小英,等. 基于MAS的农户土地利用模型构建与模拟——以陕西省米脂县孟岔村为例[J].地理学报,2009,64(12):1448 - 1456.

[88] 陈和午,聂斌. 农户土地租赁行为分析——基于福建省和黑龙江省的农户调查[J].中国农村经济,2006(2):42 - 48.

[89] 陈江龙,曲福田,陈会广,等. 土地登记与土地可持续利用——农地为例[J].中国人口.资源与环境,2003,13(5):46 - 51.

[90] 陈勇,韩桐魁,车裕斌. 耕地资源可持续利用与农地产权制度创新[J].农业现代化研究,2002,23(4):300 - 302.

[91] 陈佑启,唐华俊. 我国农户土地利用行为可持续性的影响因素分析[J].中国软科学, 1998(9):93 - 96.

[92] 陈志刚. 农地产权结构与农业绩效——基于转型期中国的实证研究[M].北京:中国

大地出版社,2006.

[93] 邓宏图,崔宝敏. 制度变迁中的中国农地产权的性质——一个历史分析视角[J].南开经济研究,2007(6):118-141.

[94] 董合林. 我国棉花施肥研究进展[J].棉花学报,2007,19(5):378-384.

[95] 窦菲,刘忠宽,秦文利,等. 绿肥在现代农业中的作用分析[J].河北农业科学,2009,13(8):37-38,51.

[96] 窦超银,康跃虎,万书勤,等. 覆膜滴灌对地下水浅埋区重度盐碱地土壤酶活性的影响[J].农业工程学报,2010,26(3):44-51.

[97] 杜连凤,刘文科,刘建玲. 三种秸秆有机肥改良土壤次生盐渍化的效果及生物效应[J].土壤通报,2005,36(3):309-312.

[98] 高菊生,秦道珠,刘更另,等.长期施用有机肥对水稻生长发育及产量的影响[J].耕作与栽培,2002(2):31-38.

[99] 高亮,丁春明,王炳华,等. 生物有机肥在盐碱地上的应用效果及其对玉米的影响[J].山西农业科学,2011,39(1):47-50.

[100] 高良润,王惠民,干浙民,等. 发展我国微型喷灌和滴灌设备的几点意见——访澳观感[J]. 江苏工学院学报,1983(4):1-7.

[101] 郭敏,屈艳芳. 户投资行为实证研究[J].经济研究,2002(6):86-96.

[102] 韩冰华. 再论农地制度创新与农地资源的可持续利用[J].咸宁学院学报,2004,24(3):77-81.

[103] 韩洪云,赵连阁. 农户灌溉技术选择行为的经济分析[J].中国农村经济,2000(11):70-74.

[104] 韩青,谭向勇. 农户灌溉技术选择的影响因素分析[J].中国农村经济,2004(1):63-69.

[105] 韩青,袁学国. 参与式灌溉管理对农户用水行为的影响[J].中国人口·资源与环境,2011,21(4):126-131.

[106] 郝晋珉,辛德惠. 农业—农村发展过程中土地持续利用管理[J].自然资源,1996(4):1-7.

[107] 郝仕龙,李壁成,于强. PRA 和 GIS 在小尺度土地利用变化研究中的应用[J].自然资源学报,2005,20(2):309-315.

[108] 何春阳,史培军,陈晋,等. 基于系统动力学模型和元胞自动机模型的土地利用情景模型研究[J].中国科学(D辑),2005,35(5):464-473.

[109] 何国俊,徐冲. 城郊农户土地流转意愿分析——基于北京郊区6村的实证研究[J].经济科学,2007(5):111-124.

[110] 何凌云,黄季焜. 土地使用权的稳定性与肥料使用——广东省实证研究[J].中国农村观察,2001(5):42-48.

[111] 贺雪峰,郭亮. 农田水利的利益主体及其成本收益分析——以湖北省沙洋县农田水利调查为基础[J].管理世界,2010(7):86-97.

[112] 贺雪峰,罗兴佐,陈涛,等. 乡村水利与农地制度创新——以荆门市划片承包调查为例[J].管理世界,2003(9):76-88.

[113] 洪名勇. 农地产权制度存在的问题及产权制度创新[J].内蒙古财经学院学报,2001(2):1-6.

[114] 黄河清,潘理虎,王强,等. 基于农户行为的土地利用人工社会模型的构造与应用[J].自然资源学报,2010,25(3):353-367.

[115] 黄贤金,陈志刚,钟太洋. 土地经济学[M].北京:科学出版社,2009.

[116] 蒋省三,刘守英,李青. 中国土地政策改革:政策演进与地方实施[M]. 上海:上海三联书店, 2010.

[117] 经济合作与发展组织. 中国农业政策回顾与评价[M].北京:中国经济出版社,2005.

[118] 赖力,黄贤金,王辉,等. 中国化肥施用的环境成本估算[J].土壤学报,2009,46(1):63-69.

[119] 李彬,王志春,孙志高,等. 中国盐碱地资源与可持续利用研究[J].干旱地区农业研究,2005,23(2):154-158.

[120] 理查德·桑德斯,周守吾. 中国农业的可持续发展与土地所有权(上)[J].国外理论动态,2007(3):33-37.

[121] 黎红梅. 农户灌溉行为对水稻生产技术效率的影响研究[D].湖南农业大学博士学位论文,2009.

[122] 李明秋,韩桐魁. 论中低产田改造与土地资源可持续利用[J].中国人口·资源与环境,2001,11(51):24-25.

[123] 李培夫. 盐碱地的生物改良及抗盐植物的开发利用[J].垦殖与稻作,1999(3):37-

40.

[124] 李庆梅,侯龙鱼,刘艳,等. 黄河三角洲盐碱地不同利用方式土壤理化性质[J].中国生态农业学报,2009,17(6):1132-1136.

[125] 李取生,李秀军,李晓军,等.松嫩平原苏打盐碱地治理与利用[J].资源科学,2003,25(1):15-20.

[126] 李双成,蔡运龙. 基于能值分析的土地可持续利用态势研究[J].经济地理,2002,22(3):346-350.

[127] 李文华. 中国区域农业资源合理配置、环境综合治理和农业区域协调发展战略研究[M].北京:中国农业出版社,2008.

[128] 李先,刘强,荣湘民,等. 有机肥对水稻产量和品质及氮肥利用率的影响[J].湖南农业大学学报:自然科学版,2010,36(3):258-262.

[129] 李秀军. 松嫩平原西部土地盐碱化与农业可持续发展[J].地理科学,2000,20(1):51-55.

[130] 李秀军,杨富亿,刘兴土. 松嫩平原西部盐碱湿地"稻-苇-鱼"模式研究[J].中国生态农业学报,2007,15(5):174-177.

[131] 梁慧星. 中国物权法研究[M].北京:法律出版社,1998.

[132] 林年丰,汤洁. 松嫩平原环境演变与土地盐碱化、荒漠化的成因分析[J].第四纪研究, 2005,25(4):474-483.

[133] 林卿. 农地制度创新与农业可持续发展[M].北京:经济出版社,2000.

[134] 林毅夫. 小农与理性经济[J].农村经济与社会,1998(3):42-47.

[135] 林毅夫. 再论制度、技术与中国农业发展[M].北京:北京大学出版社,2000.

[136] 刘承芳,张林秀,樊胜根. 农户农业生产性投资影响因素研究——对江苏省六个县市的实证分析[J].中国农村观察,2002(4):34-80.

[137] 刘恩科,赵秉强,梅旭荣,等. 不同施肥处理对土壤水稳定性团聚体及有机碳分布的影响[J].生态学报,2010,30(4):1035-1041.

[138] 刘凤芹. 农业土地规模经营的条件与效果研究——以东北农村为例[J].管理世界,2006(9):71-79.

[139] 刘国勇,陈彤. 干旱区农户灌溉行为选择的影响因素分析——基于新疆焉耆盆地的实证研究[J].农村经济,2010(9):105-108.

[140] 刘克春. 粮食生产补贴政策对农户粮食种植决策行为的影响与作用机理分析——以江西省为例[J].中国农村经济,2010(2):12-21.

[141] 刘守英. 中国农地制度的合约结构与产权残缺[J].中国农村经济,1993(2):31-36.

[142] 刘小京,刘孟雨. 盐生植物利用与区域农业可持续发展[M].北京:气象出版社,2002.

[143] 刘艳萍. 中国农地产权制度创新与农地可持续发展[J].山西农业大学学报(社会科学版),2003,2(3):255-257.

[144] 刘忠宽,智健飞,秦文利,等. 河北省绿肥作物种植利用现状研究[J].河北农业科学,2009,13(2):12-14.

[145] 陆大道,郭来喜. 地理学的研究核心:人地关系地域系统——论吴传钧院士的地理学思想与学术贡献[J].地理学报,1998,53(2):97-1051.

[146] 陆国庆,高飞. 沿海滩涂资源开发利用研究[J].中国土地科学,1996,10(2):10-14.

[147] 路浩,王海泽. 盐碱土治理利用研究进展[J].现代化农业, 2004(8):10-12.

[148] 芦清水,赵志平. 应对草地退化的生态移民政策及牧户响应分析——基于黄河源区玛多县的牧户调查[J].地理研究,2009,28(1):143-152.

[149] 鲁莎莎,刘彦随. 农地流转中规模经营的适宜度分析——以山东利津县为例[J].地理科学进展,2011,30(5):600-606.

[150] 罗廷彬,任崴,李彦,等. 新疆盐碱地长期利用盐水灌溉土壤盐分变化[J].灌溉排水学报,2004,23(5):36-40.

[151] 吕晓,黄贤金,钟太洋,等.中国农地细碎化问题研究进展[J].自然资源学报,2011,26(3):530-540.

[152] 马培衢,刘伟章. 集体行动逻辑与灌区农户灌溉行为分析——基于中国漳河灌区微观数据的研究[J].财经研究,2006,32(12):4-15.

[153] 马文军,程琴娟,李良涛,等. 微咸水灌溉下土壤水盐动态及对作物产量的影响[J].农业工程学报,2010,26(1):73-80.

[154] 欧阳进良,宇振荣,张凤荣. 基于生态经济分区的土壤质量及其变化与农户行为分析[J].生态学报,2003, 23(6):1147-1155.

[155] 彭建,王仰麟,宋治清. 国内外土地持续利用评价研究进展[J].资源科学,2003,25(2):85-93.

[156] 綦好东. 新中国农地产权结构的历史变迁[J].经济学家,1998(1):75-83.

[157] 钱忠好. 中国农村土地制度变迁和创新研究[J]. 中国土地科学，1998，12(5)：29-32.

[158] 钱忠好. 农村土地承包经营权产权残缺与市场流转困境：理论与政策分析[J].管理世界，2002(6)：35-156.

[159] 秦元伟，赵庚星，王静，等. 黄河三角洲滨海盐碱退化地恢复与再利用评价[J].农业工程学报，2009，25(11)：306-311.

[160] 秦钟，章家恩，骆世明，等. 基于系统动力学的土地利用变化研究[J].华南农业大学学报，2009，30(1)：89-93.

[161] 曲福田，陈海秋. 土地产权安排与土地可持续利用[J].中国软科学，2000(9)：11-16.

[162] 单光宗，祝寿泉，王遵亲，等. 徐淮黄泛平原农田生态系统演变及旱涝盐碱综合治理[J].土壤学报，1986，23(4)：345-353.

[163] 邵景安，魏朝富，谢德体. 家庭承包制下土地流转的农户解释——对重庆不同经济类型区七个村的调查分析[J].地理研究，2007，26(2)：275-286.

[164] 史清华. 农户经济可持续发展研究——浙江十村千户变迁(1986—2002)[M].北京：中国农业出版社，2005.

[165] 舒帮荣，刘友兆，陆效平，等. 能值分析理论在耕地可持续利用评价中的应用研究——以南京市为例[J].自然资源学报，2008，3(5)：876-885.

[166] 宿庆瑞，李卫孝，迟凤琴. 有机肥对土壤盐分及水稻产量的影响[J].中国农学通报，2006，22(4)：299-301.

[167] 孙国峰. 组织、产权安排与农地可持续利用——一个理论框架及变量解释[J].中央财经大学学报，2007(9)：51-57.

[168] 孙进元. 盐碱土的综合利用与改造[J].重庆师范学院学报(自然科学版)，1991，8(2)：73-78.

[169] 谭淑豪，谭仲春，黄贤金. 农户行为与土壤退化的制度经济学分析[J].土壤，2004，36(2)：141-144.

[170] 谭淑豪，王济民，涂勤，等. 公共资源可持续利用的微观影响因素分析[J].自然资源学报，2008，23(2)：194-203.

[171] 唐秀君，王志刚. 农地产权制度创新与可持续利用[J].地质技术经济管理，2001，23(6)：17-47.

[172] 王金霞,黄季焜,Rozelle, S. 地下水灌溉系统产权制度的创新与理论解释——小型水利工程的实证研究[J].经济研究，2000(4):66-79.

[173] 王金霞,黄季焜,Rozelle, S. 激励机制、农民参与和节水效应——黄河流域灌区水管理制度改革的实证研究[J]. 中国软科学,2004(11):8-14.

[174] 王立洪,万英,孙红专,等. 塔里木灌区低产田改造与盐碱土改良措施的研究[J].水土保持研究,2002, 9(1):129-132.

[175] 王强,黄河清,郑林,等. 鄱阳湖区农户经济行为变化对农业系统脆弱性的影响——基于农户问卷调查的实证研究[J].自然资源学报,2010,25(3):511-521.

[176] 王蔚斌,吴成祥,杨旭. 农户节水灌溉技术选择行为的分析[J].海河水利,2006(4):40-42.

[177] 王志春,李取生,李秀军,等. 松嫩平原盐碱化土地治理与农业持续发展对策[J].中国生态农业报,2004,12(2):161-163.

[178] 武雪萍,郑妍,王小彬,等. 不同盐分含量的海冰水灌溉对棉花产量和品质的影响[J].资源科学,2010,32(3):452-456.

[179] 郗金标,邢尚军,张建峰,等. 几种重盐碱地土壤改良利用模式的比较[J].东北林业大学学报,2003,31(6):99-101.

[180] 肖焰恒,彭新育. 农地资产流失与农地可持续利用的制度改进[J].山东经济,1999(1):41-45.

[181] 辛良杰,李秀彬,朱会义,等. 农户土地规模与生产率的关系及其解释的印证——以吉林省为例[J].地理研究,2009,28(5):1276-1284.

[182] 邢军武. 盐碱环境与盐碱农业[J].地球科学进展,2001,16(2):257-266.

[183] 邢尚军,张建峰,郗金标,等. 白刺造林对重盐碱地的改良效果[J].东北林业大学学报,2003,31(6):96-98.

[184] 徐慧,黄贤金,赵荣钦,等. 江苏省沿海地区耕地系统能值分析及高效持续利用评价[J].自然资源学报,2011,26(2):247-257.

[185] 徐美银,钱忠好. 农地产权制度:农民的认知及其影响因素——以江苏省兴化市为例[J].华南农业大学学报(社会科学版),2009,8(2):14-21.

[186] 严金泉.土地承包制与耕地持续利用问题的实证研究[J].中国农村观察,1998(6):11-15.

[187] 阎鹏,徐世良. 山东土壤[M].北京:中国农业出版社,1994.

[188] 阎文圣,肖焰恒. 中国农业技术应用的宏观取向与农户技术采用行为诱导[J].中国人口资源与环境,2002,12(3):27－31.

[189] 杨劲松. 中国盐渍土研究的发展历程与展望[J].土壤学报,2008,45(5):837－845.

[190] 杨顺顺, 栾胜基. 农村环境多主体仿真系统建构——农户模型在农村环境管理中的应用[J]. 北京大学学报 (自然科学版), 2010, 46(1):129－135.

[191] 杨晓达. 我国农地产权制度创新的一种设想[J].经济研究参考,2004(79):29－33.

[192] 杨学忠,李学文. 冀东平原保护地土壤酸化及次生盐渍化的现状与防治措施[J].现代农业科技,2011(6):309－312.

[193] 杨志臣,吕贻忠,张凤荣,等. 秸秆还田和腐熟有机肥对水稻土培肥效果对比分析[J].农业工程学报,2008,24(3):214－218.

[194] 姚荣江,杨劲松,刘广明. 东北地区盐碱土特征及其农业生物治理[J].土壤, 2006,38(3):256－262.

[195] 姚洋. 集体决策下的诱导性制度变迁——中国农村地权稳定性演化的实证分析[J].中国农村观察,2000(2):11－80.

[196] 姚予龙. 宁夏引黄灌区低洼盐碱荒地的开发利用方向研究[J].自然资源学报, 1995,10(4):364－371.

[197] 姚增福,郑少锋. 种粮大户规模生产行为认知及意愿影响因素分析——基于 TPB 理论和黑龙江省 460 户微观调查数据[J].中国农业大学学报(社会科学版),2010,27(3):176－182.

[198] 叶剑平,蒋妍,罗伊·普罗斯特曼,等. 2005 年中国农村土地使用权调查研究——17 省调查结果及政策建议[J].管理世界,2006(7):77－84.

[199] 叶剑平,徐青. 中国农村土地产权结构的度量及其改进[J].华中师范大学学报(人文社会科学版),2007,46(6):48－57.

[200] 易小燕,陈印军. 农户转入耕地及其非粮化种植行为与规模的影响因素分[J].中国农村观察,2010(6):2－21.

[201] 易永锡.中国现阶段农地制度研究[D].武汉:华中科技大学,2009.

[202] 尹建道,曹斌. 滨海盐渍土脱盐动态规律及其效果评价——野外灌水脱盐模拟实验研究[J].南京林业大学学报(自然科学版),2002,26(4):15－18.

[203] 于伯华,吕昌河. 城市边缘区耕地面积变化时空特征及其驱动机制——以北京市顺义区为例[J].地理科学,2008,28(3):348-353.

[204] 俞海,黄季焜,张林秀. 地权稳定性、土地流转与农地资源持续利用[J].经济研究,2003(9):82-91.

[205] 岳耀杰,张峰,张国明,等. 滨海盐碱地利用变化与优化研究——以黄骅市"台田-浅池"模式为例[J].资源科学, 2010,32(3):423-430.

[206] 张波,曹明明,陈海,等. 米脂县退耕还林(草)可持续发展研究[J].水土保持通报,2009,29(6):172-176.

[207] 张殿发,王世杰. 吉林西部土地盐碱化的生态地质环境研究[J].土壤通报,2002,33(2):90-93.

[208] 张凤荣,王静,陈百明. 土地持续利用评价指标体系与方法[M].北京:中国农业出版社,2003.

[209] 张红宇. 国农村土地产权政策持续创新——对农地使用制度变革的重新评判[J].管理世界,1998(6):168-177.

[210] 张锦洪,蒲实. 农业规模经营和农民收入——来自美国农场的经验和启示[J].农村经济,2009(3):127-129.

[211] 张微微,李红,霍霄妮,等.基于能值分析的农业土地利用强度[J].农业工程学报,2009,25(7):204-210.

[212] 张兴权,欧阳竹,程维新,等. 高地下水位条件下重盐碱洼地治理效果的初步观察[J].地理研究,1998,17(3): 316-320.

[213] 张忠明,钱文荣. 农民土地规模经营意愿影响因素实证研究——基于长江中下游区域的调查分析[J].中国土地科学,2008,22(3):61-68.

[214] 赵峰. 农地产权制度与农业可持续发展[J]. 农村经济, 2001(11):2-5.

[215] 赵其国,史学正. 土壤资源概论[M].北京:科学出版社,2007.

[216] 赵阳. 共有与私用——中国农地产权制度的经济学分析[M].北京:三联书店,2007.

[217] 郑鑫. 丹江口库区农户有机肥施用的影响因素分析[J].湖南农业大学学报(社会科学版),2010,11(1):11-15.

[218] 钟甫宁,纪月清. 土地产权、非农就业机会与农户农业生产投资[J].经济研究,2009(12): 43-51.

[219] 钟太洋,黄贤金. 农地产权制度安排与农户水土保持行为响应[J].中国水土保持科学,2004,2(3):49-53.

[220] 钟太洋,黄贤金. 农户土地用途变更空间决策行为分析——以江苏省常熟市如东县和铜山县为例[J].地域研究与开发,2010,29(1):104-108.

[221] 钟太洋,黄贤金. 区域农地市场发育对农户水土保持行为的影响及其空间差异——基于生态脆弱区江西省兴国县、上饶县、余江县村域农户调查的分析[J].环境科学,2006,27(2):392-400.

[222] 钟太洋,黄贤金,翟文侠,等. 政策性地权安排对土地利用变化的影响研究——基于江西省丰城市退耕还林农户问卷调查的一个分析[J].南京大学学报(科学版),2005,41(4):435-444.

[223] 钟太洋,黄贤金,张秀英,等. 基于 Tobit 模型的农户层次农业土地用途变更分析[J].水土保持通报,2008,28(5):166-171.

[224] 周诚. 对我国农业实行土地规模经营的几点看法[J].中国农村观察,1995(1):41-43.

[225] 周立. 农田水利问题关键在于种粮收益过低[J].农村工作通讯,2011(10):32.

[226] 周清明. 农户种粮意愿的影响因素分析[J].农业技术经济,2009(5):25-30.

[227] 周卫军,陈建国,谭周进,等. 不同施肥对退化稻田土壤肥力恢复的影响[J].生态学杂志,2010,29(1):29-35.

[228] 朱红根,翁贞林,康兰媛. 农户参与农田水利建设意愿影响因素的理论与实证分析——基于江西省 619 户种粮大户的微观调查数据[J].自然资源学报,2010,25(4):539-546.

[229] 诸培新,曲福田. 土地持续利用中的农户决策行为研究[J].中国农村经济,1999(3):32-40.

术语索引

X

Y

Z

后　记

本书是在我的博士论文的基础上整理修改而成的。农地产权与农户行为已有诸多研究，盐碱地改良及农业利用技术也有大量成果，但将三者结合起来，探索盐碱地产权安排的农户行为响应及可持续利用研究让我觉得艰难、复杂，纵然日钻其道，但仍仰之弥高，钻之弥坚，故行文中每每慌乱顿挫，百思不得其解。至今本书能得以顺利出版，首先要感谢恩师黄贤金教授。读书期间，导师广博的知识、独到的见解、敏锐的洞察力、严谨的治学作风以及他宽大的胸怀与谦和的风范，时时给我学习的启迪和人生的感悟。尤其在博士论文写作期间，每当我心求通而未得之意、口欲言而未能之貌之时，老师常常高屋建瓴、循循善诱，终使我拨云见日、茅塞顿开。每当我犹豫徘徊、裹足不前之时，承蒙先生不弃，言传身教、耳提面命，敦促论文完成，使我终身受益。在此，谨将对导师的敬意和感谢永记心间，并在我以后科研和教学工作道路上，将导师之风范发扬。

其次，特别感谢彭补拙教授、周寅康教授、濮励杰教授在博士论文的选题、资料收集、预答辩、评审、答辩的整个过程中提出的宝贵意见，使文章得到很大的完善。感谢冯学智教授、徐建刚教授、高抒教授等南京大学地理与海洋科学学院的老师，尽管他们研究方向各有不同，但他们精彩的课堂，常常给我打开地理学新的视野，教育我深刻的治学之道。还要特别感谢钟太洋老师、陈志刚老师和陈逸老师在我博士生求学期间及论文写作全程给予的各种帮助，往往在困顿迷茫之时，与之相问，他们常常不厌其烦，知无不言，言无不尽，对他们深表感谢与钦佩！

感谢中科院南京土壤所杨劲松研究员在论文写作资料收集及问卷设计方面给予的帮助，感谢山东省国土资源厅张婧师姐、国家土地督察局沈阳分局章波师兄、新疆国土资源厅杜文星师姐，以及垦利县、镇赉县和察布查尔锡伯族自治县政府及国土局等部门的相关领导在野外资料收集过程中给予的大量的直接帮助！

感谢博士论文的评审及答辩专家：南京农业大学王万茂教授、南京农业大学叶依广教授、中科院南京地理与湖泊研究所杨桂山研究员、中科院南京土壤研究所杨劲松研究员以及南京大学彭补拙教授、濮励杰教授、周寅康教授等。他们的宝贵意见不但使论文更加完善，也为我启开了更深一步研究思路。

感谢我亲爱的师门兄弟姐妹，他们对我的帮助、包容给了我一个其乐融融的学习氛围，他们是：于术桐、赖力、赵小风、陆汝成、张兴榆、王佳丽、高珊、赵荣钦、吕晓、赵云泰、陈艳华、李丽、张梅、揣小伟、於冉、印兴波、谢泽林、刘艳、胡初枝、谭丹、郑泽庆、王仕菊、刘欣、王倩倩、王伟林、高敏燕、李颖、赵成胜、彭佳雯、王婉晶、马文君、王海、谭梦、孙宇杰、何为、张宇辰、尹凯华、张默逸、马奔、卢俊宇，谢谢你们！感谢黄秋燕、蒙海花、谢文静、黄梅玲、李敏、孙姗姗、霍雨、谢丽、曹伟、徐金涛、徐明星、蒋海兵、董雪旺、李朝旗、胡道生、钟士恩等同窗好友的相互帮助，使我不断进步，三年来和你们一起学习、生活的点点滴滴将是我宝贵的财富。

感谢上海师范大学旅游学院的高峻教授、贾铁飞教授、温家洪教授、胡小猛教授、林涛教授等在我攻读博士期间，对我工作上、生活上、学业上的大力支持和关心！感谢地理系的所有同事以及学院教务处老师等在教学、科研等方面给予我的帮助。

感谢我的父母公婆一直以来对我的照顾、支持和宽容；特别感谢我的爱人刘正先生，他一路相伴，给了我幸福和动力。

最后，还要向其他曾给予过我各种帮助的老师和同学表示衷心感谢！

徐　慧

2013 年 8 月于南京